破局

中国服务经济15年崛起与突破之路

高蕊 著

中国友谊出版公司

推荐语

随着我国经济持续稳定发展,服务业的规模在扩大、比重在提升、结构在优化、功能在增强、创新在强劲,如今逐步成为助推产业结构优化升级的支撑力量,更是带动总体经济高质量发展的重要引擎。作者在长期分析中国服务业500强基础上深入调研服务业的典型案例,下大功夫奉献了聚焦我国服务业发展的本部力作,不仅给读者全面系统地展示了我国服务业的总体状况,更是与读者深入前瞻地探索服务业发展动态趋势及其未来前景。

——北京国际经济研究中心理事长 李明星

近年来,服务业发展突飞猛进,已经占据了我国经济的"半壁江山"。服务业的发展依托于技术的进步、政策的完善、资本的助力和需求的扩容,高蕊博士正是从这些维度考察了过去15年零售贸易、交通物流、房地产、金融、娱乐、餐饮等多个服务行业的变迁,以清新明快的语言展现了近百家企业成长和激荡的故事,并探寻了服务业发展的空间。这对未来服务业的高质量发展、现代化经济体系的构建具有重要价值。

——中国社会科学院财经战略研究院副院长 夏杰长

中国在全球的地位得益于波澜壮阔的工业化进程，也同样依赖于服务业的进步，正是现代服务业背后所蕴含的技术进步、政策调整、资本赋能和需求创造，在更深层次和更广阔范围内催生出了中国当代经济的产业结构与多元主体，并造就了中国当代文明的社会风貌与价值观念。对服务业这些年的历史回顾、梳理与总结，在百年未有之大变局的今天具有重要的启示意义和指导作用，高蕊女士这本以她多年观察和研究铸就的匠心之作，将为我们呈现其中极其纷繁精彩的一个篇章。

——新服务 30 人论坛成员　马旗戟

中国服务经济沸腾的 15 年中，互联网发展浪潮汹涌，夹杂着希望之春与失望之冬。高蕊博士的《破局》从服务业和经济发展的视角对国内典型的互联网企业进行剖析，不过多赘述、不过分夸耀，让我们看到一个朴实又强劲的"中国方案"。最近几年，产业互联网正悄然兴起，驱动着制造业的变革。我们坚信，未来中国传统产业领域将出现一个或多个大型产业互联网平台。

——找钢网创始人兼 CEO　王东

中国制造业取得了举世瞩目的成就，但也面临着低端锁定、大而不强等现实困境，以供应链管理、生产性金融服务、设计研发为代表的服务业态正在为制造业的转型升级插上翅膀，助力其探索出一条服务型制造之路，同时服务业的发展方向也由消费领域向生产领域延伸，不断壮大。对此，高蕊博士以生动的企业案例和富有逻辑性的建构给我们做出了阐释，相信有志于此的企业和个人能得到很好的启发。

——深圳市怡亚通供应链股份有限公司董事长　周国辉

中国经济从高速度"起飞"到高质量"着陆"，服务业在这一重要进程中扮演着至关重要的角色。过去我们习惯称中国为世界工厂、工业大国，学者们热衷于研究中国的工业化进程和第二产业，迄今还没有一本书来完整地回顾中国服务业的发展历程，尤其是对最近十多年来热火朝天、精彩纷呈的服务业、商业创新发展进行理论上的剖析和研究。高蕊博士的这本书填补了这方面的空白！我相信，政策层、企业家、管理者，尤其是那些在数字化浪潮中追梦的创业者，都可以在本书中得到很大的收获和启发。

——西泽研究院院长　赵建

推荐序一

中国企业联合会常务副会长兼理事长　朱宏任

每年中国企业 500 强的发布，已经成为社会各方关注的焦点。同期发布的中国服务业 500 强，由于内容的丰富翔实和分析报告的高质量，形成了整体工作有机组成的一个重要板块。日前，负责这项工作的高蕊博士手捧书稿找我，本以为是关于服务业 500 强的审校问题，没想到是她关于服务业发展的新书即将出版，请我作序。略做沟通后，我欣然从命。年轻学者依工作中的积累观察，做学术上的深入思考，结合大量工作中的生动实例，利用闲暇笔耕不辍，终于结集成书，真是一件令人高兴的事情。尤其是翻阅书稿后，不仅觉得观点鲜明，文笔清新，而且节奏明快，以实代虚。书中大量企业的案例，特别是近年来服务业中明星企业的跌宕起伏，成为论述、理解服务业作用与发展的难得写照。

服务业在国民经济中的地位和作用不言而喻，大量事实充分证明，我国服务业发展实力日益增强，在经济增长、就业等方面发挥着"稳定器""助推器"的作用。2020 年，"黑天鹅"频见，"灰犀牛"蠢蠢欲动。新冠肺炎疫情的暴发，加剧了业已开始的大国之间的战略竞争，世界性的公共卫生危机进而演变为全球经济危机和全球治理危机。国际政治经济格局和力量深刻调整，世界局势变幻莫测，逆全球化潮流势头汹涌，全球治理遭遇严峻的挑战。就业与经济增长问题成为世界各国应对疫情冲击的首要问题。中国政府在恢复经济、社会稳定发展中，把就业问题放在"六稳"工作和"六保"任务之首，服务业的作用凸显。

联系到近几年服务业的发展，书中做了明晰阐释。过去这些年，我国服务业快速增长，占GDP比重从2006年的39.5%，提高至2019年的53.9%，在中国经济发展占据了半壁江山的地位。服务业吸纳就业能力持续增强，自2012年以来，服务业就业人数保持4.4%的增长速度，平均每年增加就业人员1 375万人。截至2019年年末，全国就业人员7.7亿人，其中服务业就业人员占47.4%。工农业作为我国吸纳就业主体的状况已经改变，服务业就业人员占比连年上升，成为我国吸纳就业人员最多的产业。

更为重要的是，新一代信息技术支撑下的平台型服务、供应链服务、互联网服务等生产性服务模式崛起，正盘活着制造资源，推动中国制造业的进步。在新冠肺炎疫情影响下，在线教育、餐饮外卖、云办公和零售电商等新兴服务逆势增长，成为拉动经济增长的新动能。无论是在总量还是结构上，服务业的发展都成为推动中国经济腾飞的力量，未来将和中国制造并驾齐驱，推动中国经济高质量发展。从这个角度来说，总结阐明服务业的发展规律意义重大。

高蕊博士从读研阶段就开始关注、研究服务业企业的成长问题，而后又结合自己的工作与兴趣，持续跟踪研究中国服务业企业500强，形成了自己的学术观点和学理支撑。她注意到，这些年来，传统服务业态在转型，新兴服务业态在崛起，服务业和制造业不断融合，企业的边界发生了很大的变化，形成了区别于以往的企业成长态势和规律。书中力求展示与传统服务业研究不同的视角，从互联网技术、政策、资本和需求等外部力量观察分析了新的要素在推动服务业发展中是如何发挥作用，如何与企业和企业家、创业者产生化学反应，才成就了服务业欣欣向荣的态势的。基于这几年的研究成果，高蕊博士对未来服务业的发展和企业成长的路径也做出了颇有见地的判断，显示了一个年轻学者的努力和自信。

服务业包罗万象，企业千差万别，以此为对象做研究实属不易。相比制造业而言，服务业的统计数据不完整、不详尽，产业内部的跨度巨大。从涉及居民生活的不断丰富的海量消费需求，到金融、通信、创意设计等生产性服务业，研究不仅需要广博的学识和广泛的涉猎，还需要大量艰苦细致的研究积累和敏锐的感觉。高蕊博士勇于挑战传统、挑战自我，花费了大量的精力，在众多资料的基础上，用回顾历史的方式，以时间轴串联出代表性的事件和行业，分析服务业的跌宕起伏，描述相关企业的胜败兴衰，全景式观察过去十多年服务业的发展历程。在为她的这种精神和执着追求点赞的同时，每位拿起书浏览阅读的读者一定也会从中受益。

此外，中国企联长期致力于研究包括服务业企业在内的中外企业成长规律，以此推动我国企业做强、做大、做久。这本书既是高蕊博士作为中国企联年青一代学者茁壮成长的例证，也可以看作是中国企联研究中国服务业500强发展历程中奉献给社会的一个成果。

在此祝贺高蕊博士的新书出版，期待她不断有新作问世！

推荐序二

中国人民大学商学院教授　杨杜

衷心祝贺高蕊博士新书出版!

一、写书就要进主航道

本书就是果敢地进入我国产业变迁的主航道,抓住服务业这个有活力、有未来、有价值、有意思的重点领域的研究成果。

新中国成立七十多年来,我国经历了从第一产业为主,到第二产业为主,再到目前第三产业为主的产业结构变化,其中有几个重要的历史节点。1949年,我国三大产业占国民生产总值的比重分别为68.4%、12.6%和19%,是典型的农业国。1962年,第二产业占比升至31.3%,开始超过第三产业。1970年,第二产业开始超过第一产业,一、二、三产业占比分别为35.2%、40.5%和24.3%,中国成为初步的工业国。1980年,第二产业占比达到最高值48.5%,此后逐渐下降。2013年,我国第三产业占比首次超过第二产业,一、二、三产业占比分别为10.0%、43.9%和46.1%,中国进入服务业大国时代。2019年,一、二、三产业占比分别为7.1%、39.0%、53.9%,从20世纪70年代名副其实的"第三",到今天的"第一",服务业已经不适合叫"第三产业",而是最具重要性的"第一"产业了。本书在研究了我国服务业近十多年来是如何快速成长、如何取得中国经济中半壁江山之地位的同时，还展望了服务业可能的巨大发展空间——传统和新型服务业在西方发达国家已经达到70%～80%以上的水准。

二、写书就要挖深层矿

难能可贵的是，本书不仅从宏观上把服务业当作一个整体，而且深入服务业企业的微观层面，对服务业内部的大小规模企业之间、新老业态之间的竞争和合作、分化和融合、经验和教训、兴盛和衰落等，以时间的轴线、明快的语言、鲜活的故事延展开来，深挖下去，引人入胜。

本书详细梳理了从2006年到2020年，店商与电商、零售与新零售、网购与团购、贸易与海淘、物流与快递、住房与炒房、金融与支付、娱乐与文体、餐饮与旅游、互联网与直播、供应链与2X、双创与双新等众多行业变革，近百家企业的成长，以及耳熟能详的众多企业家的故事。并通过评述展现了技术、政策、资本和需求这四大外部力量是如何作用于服务业的成长，如何作用于服务业企业和企业家、创业者的经营管理决策的。

三、写书就要有时间轴

本书以时间为轴线研究服务业，给我们带来了更多的启示。比如，本书站在2019年回顾过去服务业的发展历史——以历史为鉴，可以知兴替；又站在2020年展望服务业的未来——以未来为标，可以做预测；这种时间轴的思维启发我们，还可以有第三种立场，即"站在后天定明天"——以后天为据，可以做布局。掌握资源和权力的领导们，可以运用想象力和假设力，对几大产业及其远景蓝图重新进行规划，设计我国的产业战略制高点，超前布局"第四产业甚至第五产业"，实现中国的产业引领。

正如作者所说，服务业是"剩余型"产业，也就是去除农业、工业外的其他产业都归为服务业，种类繁多，边界不清，复杂易变。从这个意义上来讲，服务业最符合不稳定性（Volatility）、不确定性（Uncertainty）、复杂性（Complexity）和模糊性（Ambiguity）的VUCA时代的特征。VUCA度越高，活力越强。因此，服务业中涌现的战略新兴企业也最多。高端制造业在升级，传统服务业在创新，创新服务业在涌现。

从服务业中脱颖而出的新服务业——第四产业，是不同于第一、第二以及第三产业中传统服务业的数据产业（或称知识产业、信息产业），一般认为包括智能化、医疗相关研发、高新科学器材的技术以及教育事业投资、通信信息产业、社会公共性和行政管理职能性的产业，电子商务、数据消费、现代供应链、互联网金融等就是新型数据服务业的典型代表。中国企业联合会推出的制造业500强、服务业500强、战略新兴产业100强榜单，基本符合第二产业、第三产业和第四产业的分类。国家统计局公布的2018年数据显示，租赁和商务服务业、信息传输软件和信息技术服务业增加值占第三产业增加值比重分别升至5.2%和6.9%，合计占12.1%，预示着新服务业正在从传统服务业中脱颖而出。

分析苹果、谷歌、脸书、亚马逊、高通、微软公司，还有那些医药、生物公司，那些做评级、搞指数、出杂志、办协会等公司的具体业务，就会发现它们主要卖的是数据、专利、平台、标准等，以及和战略地位、行业规则相关的东西，而不仅仅是卖物质产品和传统服务的。欧盟已发布《通用数据保护条例》（GDPR），力图掌握在数据生产和贸易领域的规则和标准制定权，美欧也因此在数据规则和数据贸易上争得不可开交。

我国是货物贸易顺差，服务贸易逆差，技术与数据贸易是更大逆差，这预示着新服务业领域是国家战略的必争之地，是我国企业未来三十年发展的战略空间。

四、写书就要有新观点

本书对服务业企业未来之路的五个设问很有意思。

第一问：企业怎么发展壮大？答：要么做平台，要么靠标准。

第二问：制造业服务化，在万物互联等趋势下，服务业企业如何存在？答：构建有机开放的组织体系。

第三问：服务业企业是不是轻资产运行？答：随着成长和规模的扩大，企业的资产将经历从轻到重、再到轻的过程。

第四问：企业的员工有多重要？答：像客户一样重要，要像重视客户一样重视员工。

第五问：技术投入对服务企业而言，意味着什么？答：意味着掌握行业话语权，意味着无形要素和有形要素之间的匹配和转换，意味着企业未来能走多远。

五、写书就要想新问题

2019年，德国服务业占GDP的比重为62%，日本为70%，英国为71%，美国占到81%，世界平均64%，我国是54%。请问，有没有一个适合我国的有效比例呢？美国在搞所谓的制造业回归，疫情期间日本也采取了资助制造业企业回国的措施，70%～80%的比例是否太高了？

产业结构可能没有绝对的优劣。从收益来看，农业最低，工业居中，服务业偏高。从功能来看，农业是根，工业是干，服务业是花果。最简单来讲，灾荒年代看农业，战争瘟疫年代看工业，和平年代看服务业！

作为一个大国，我们可能需要继续发展服务业和新服务业，但要放弃一些服务业的高利益，保障各个产业健康、协调的比例关系，做好"四要型"产业定位。第一是必要型产业。任何时候以农、林、牧、渔资源为主的第一产业都是人民生存的基础，"饭碗要端在自己手里"。第二是重要型产业，以加工制造工程为主的第二产业是国家强大基础的保证，"粮食要自己种出来"。第三是需要型产业，以金融流通文体住行为主的第三产业是国家繁荣小康的表现，"幸福生活是丰富多彩的"。第四是想要型产业，以数据信息知识网络为主的第四产业是国家强盛未来的保障，"中国梦总是要实现的"。

没有假设就没有方向，没有分类就没有量化。领导者就是要在正确假设和合理分类中定位。没有倾斜就没有政策，没有均衡就没有未来。领导者就是要在保持倾斜和均衡中前行。

半壁江山半边天，
第三产业第一篇。
登高望远绽新蕊，
策马扬鞭达名山。

是为序。
再次祝贺高蕊博士新书出版！

目 录

引子
升腾的中国力量 001

第一篇
外部力量就位（2006）

> 2006年，外贸格局形成，贸易企业遍地开花，资本领域上市股份制改革完成试点，变现渠道通畅。VC、PE纷纷成立，开启了黄金时代。技术、政策、资本和需求等外部力量全部就位，共同推动着服务业企业以一种崭新的逻辑成长起来。

2006 局势的开始   3

第二篇
肆意生长（2007—2010）

> 商超百货等传统零售享受着网购潮流未"侵袭"前的辉煌，银行们活在"无债一身轻"、安稳又富足的上半场，房地产在中国城市化进程中继续着跑马圈地，网购、快递等新兴业态冉冉兴起，团购和视频在本地生活和娱乐文化中狂热地探索着。

2007 传统零售的辉煌   25
2008 房地产进入白银时代   43
2009 网购狂欢中快递一路向前   62
2010 风口下的新生力量   76

第三篇

挣扎　较量　博弈（2011—2015）

> 移动互联全面崛起，新兴业态长大，进入传统业态的势力范围，上演着"我消灭你，与你无关"的降维打击。新老业态之间展开了一场激烈的较量。在传统行业内部，也出现了不小的分化。

2011 金融业的光环和困境　　　　　　　　　　　　　101
2012 "八项规定"下的餐饮扩张　　　　　　　　　　116
2013 流通渠道的博弈和整合　　　　　　　　　　　　131
2014 互联网的狂欢与撕裂　　　　　　　　　　　　　148
2015 双创浪潮中的打法和梦想　　　　　　　　　　　166

第四篇

融合　新市场（2016—2018）

> 2016年之后，新老业态开始携手一起，融合探索出新市场。互联网巨头进军娱乐产业，将文化娱乐产业搅出了新的繁荣。工、农、中、建四大国有银行和BATJ四大互联网公司举行了一场集体婚礼，各自探索着金融科技的范式。

2016 娱乐时代的繁荣和浮躁　　　　　　　　　　　　193
2017 供应链下的企业级服务　　　　　　　　　　　　210
2018 下半场中的价值和真实　　　　　　　　　　　　227

第五篇

回望过去　展望未来（2019—2020）

> 站在2019年回望过去，可以知兴替。技术的支撑和中立、政策的支持和束缚、资本的支援和裹挟、需求的增长和迭代，让企业速生也速亡。站在2020年展望未来，可以早布局。着眼未来，服务业的发展空间依旧广阔，技术、政策、资本和需求等外部力量犹在。

2019 一个轮回下的天翻地覆　　　　　　　　　　　　249
2020 那些可以努力的方向　　　　　　　　　　　　　266

后记　　　　　　　　　　　　　　　　　　　　　285

引子

升腾的中国力量

2020年注定要载入史册,新型冠状病毒肺炎疫情来势汹汹,席卷全球。被感染的人群和地区,数量和程度大大超过"非典"。在疫情的波及和应对中,各地陆续拉响一级预警,人们居家隔离,对病毒严防死守。一时间很多城市都大大减少了与外界的往来,全球经济受到了极大冲击。联合国秘书长古特雷斯坦言"这是'二战'以来最严重的全球危机"。

近年来,大国之间战略竞争加剧,经济脱钩和逆全球化盛行,以美国为代表,制定了出口管制清单、制造业回流一系列举措。在新冠疫情叠加之下,各国都更加重视产业链的完整性,重视提升制造业在国家经济中的地位。从高端到劳动密集型,我国制造业都遭遇着打压和困境。伴随着土地、劳动力等要素成本的上升,"世界工厂"的制造业地位弱化,对经济增长的支撑作用下降,人们对中国制造的未来充满了担忧。与此同时,制造业也在积极进取,以服务化的方式向微笑曲线的两端延伸,不断创新盈利模式,提升着企业价值创造。从研发、工业设计到供应链管理、分销服务、售后服务,这些服务环节融合到了产品供给和一体化的解决方案中。

再看服务业本身的发展,受疫情影响,餐饮、娱乐业、旅游、航空等传统服务首当其冲,"阵亡"名单不断拉长。但同时,在线教育、外卖、云办公和零售电商等新兴服务却逆势增长,以此为主要构成的数字经济获得意外发展的机遇，成为拉动经济增长的新动能。疫情之下，2020年上半年，服务业增加值占GDP比重为56.5%，创下新高；与整个宏观经济和各个产业增速全面下降形成对比的是，信息技术服务业较去年同比增长了14.5%。服务业内部冰火两重天的变化，给人们带来了切身的感知、惊喜，这个长久被误解、被低端化、被边缘化的产业以更加丰富的姿态走入了人们的视野，成为一股升腾的中国力量。

过去十多年，服务业悄然崛起，我国三大产业完成更替，由"二、三、一"为序的结构特征，进入"三、二、一"为序的阶段①，服务业对中国经济的贡献早已是半壁江山的地位。更为重要的是，新一代信息技术支撑下的平台型服务、供应链服务、互联网服务已经超出了消费端的服务范围，正大步走在生产端，盘活着制造资源，推动中国制造业的进步，也让生产性服务业的内涵和路径都更加丰富。如今，全球服务贸易快速增长，以增加值计算的服务贸易占全球贸易的比重超过40%，中国服务也正在这一浪潮中加快走向世界，成为全球服务贸易的重要参与者和服务的提供者。

当前，中国经济呈现出了以服务业和制造业并重的发展态势，服务业有了和制造业相互融合、互相支撑的发展机会。而与发达国家同阶段情形不同的是，在我国服务业的壮大过程中，新一代信息技术和新的商业模式进行了广泛的参与和渗透，这将有可能极大缓解"成本病"难题。与此同时，我国新兴服务的强势崛起，在很多领域已经形成与欧美并跑之势。在更久远的未来，无论是中国微观制造企业中的服务要素，还是服务业本身都将以一种更加崭新和有活力的面貌，切实支撑制造业的高质量发展，推动中国在全球的崛起。

一代之治，即一代之学

在大多数人的概念中，服务业是店门口三色柱不停转动中的美容美发业，

---

① "一、二、三"是指第一产业、第二产业和第三产业，这些排序代表了对GDP贡献的程度。

是受到华为、小米等公司所推崇，但终究"学不会"的海底捞这样的餐饮业，还是"十一""五一"等节假日所带动的旅游业？是那些家门口的商超百货，还是让很多姑娘只要收到就心情大好的快递业？

是的，这些都是服务业，都是我们所熟知的消费服务业。相应地，那些与生产相关的，研发设计、专业咨询、金融、物流仓储、贸易分销、信息传输等，决定的是整个经济运行效率和发展质量，是服务业中另一大组成部分。它们共同构成了一个国家服务业态的全貌。

近年来，中国服务业快速增长，占GDP的比重从2006年的39.5%，提高到2019年的53.9%，在经济发展中占据了半壁江山的地位。在服务业内部，大企业风起云涌，小企业也熠熠生辉。新老业态之间展开激烈的较量，而后在融合中找到新的增长点，不同产业间、地域间、规模间上演着兴衰和变迁的精彩故事。在服务业之外，服务业和制造业呈现融合式发展，我们观察多年的服务样本，早已经没有了当初的纯粹，都正在转型成服务型制造业，而那些我们所熟知的制造业，正进入服务领域，大放异彩。当然更有很多新生力量，在互联网的浪潮中喷涌而出，为服务业注入了新的内涵。

龚自珍说，一代之治，即一代之学也。记录好与过去这些年服务业发展相关的各项人、情、事、物，也是一件了不起的学问。正是服务业态的内涵和边界的改变，服务业所发生的跌宕、嬗变和纷繁的历程，成就了本书的写作意义。

在此基础上，我们有必要追问，中国经济的增长新引擎，形态各异又极具生命力的服务业到底是什么样的存在？又是什么力量推动着服务业的快速增长？这些存在和力量能否支撑服务业这个增长引擎持续马达轰鸣，直到服务业在GDP中的占比达到现在很多西方国家的水准？这是本书将要探讨的重点。

外部环境的魔力

服务业的发展具有很强的"被动性"，依赖于需求的出现，更加依赖于外部力量的推动。过去这些年，无论是这些力量本身的精进，还是它们带给服务业的改变，都是空前的。

首先，互联网相关技术对服务业的影响怎么强调都不过分。互联网从作为工具到成为渠道，如今已经成为一种通用的技术和思维方式，和一百年前的电力技术、二百年前的蒸汽机技术一样，对人类经济社会活动产生了深远影响。互联网相关技术不仅催生了一大批互联网新业态企业出现，优化了服务业的产业格局，也改变了几乎所有存续服务业企业的生存模式、服务方式，重塑了企业的价值构建。它正在沿着产业链往上，去重塑各个环节，让服务业企业以直面消费者的优势和平台化的力量，成为产业的整合者。

其次，政策的扶持也让服务业有了基于自身做大、做强的理想主义。过去多年，服务业发展的出发点更多在于解决就业、解决财政压力、解决国际化压力。2006年的《国民经济和社会发展第十一个五年规划》将服务业的发展由"慢"调"快"，并第一次明确提出，到2020年要基本实现经济结构向以服务经济为主的转变，服务业增加值占GDP的比重要超过50%，这对未来服务业的发展起到了提纲挈领的作用。此后，以服务业本身的壮大为出发点，内容更为详尽的系列规划出台，自上而下，服务业的发展有了更强的主动性。另外，在政策的关注之外，电商、娱乐、金融、出行等行业中互联网新兴业态悄然崛起，对原有的监管框架进行了很大突破。这些年，政策扶持和监管之间的平衡，也考验着执政者的智慧。

再次，资本对于新创企业成长的一路陪伴、裹挟，改变了很多新兴行业的走向。资本如此给力、如此疯狂、如此魔性，这在中国过往的历史上都是罕见的。它给了数以百万计的创业者用别人的钱实现自己梦想的机会，也大手笔地支援着创业者们烧钱，去抢占市场，甚至主导着很多创业公司去合并，去依附于更大的平台。这个时代，能够成为有限合伙人（LP）或者金主的资本来源也更加广泛，不差钱的银行保险券商、BAT互联网巨头、靠着煤矿铁矿发家的民营资本，以及那些积累多年的实业巨头，都希望给资金找到增值的入口，都投身到了创投领域，一大批VC、PE①顺势崛起。

最后，更为重要的是，决定了服务业发展空间的需求急速扩大。过去这些年，生活消费需求相比于生产性需求起到了更大的作用。消费的背后，是人们收入水平的提高，并由此带来的消费支出的增长。2019年城镇居民人均可支配收入42 359元，是2006年的3.6倍。消费的背后，也是人口向城镇大迁徙的支撑。城镇化进程带来了城市商业的兴旺，购物、餐饮等居民生活刚性需求的增长，交通需求的升级，市政公共服务的完备，教育、娱乐的进步，快递通信的便捷，这些直接带动了批发零售、房地产、交通运输、快递物流、教育、健康娱乐等服务业的极大增长。

2019年，我国城镇常住人口达到了8.48亿人，比2006年增加了2.71亿人，城镇化率从43.9%提高至60.6%。这期间，我国百万人口城市从57个增加到79个，这比历史上任何一个阶段增加的都要多。2019年，全国城镇消费品零售额为351 317亿元，占全社会消费品零售总额的85.34%，相比2006年提高了18个百分点。

而当城市消费接近饱和，乡村振兴战略适时推进，小镇和农村的机会又成为服务业企业们所争夺的下沉市场。服务业的发展在人口的流动中生机盎然。

较量和融合

过去十多年正是我国服务业历史上的大迭代时期，并取得了非凡的进步。

2006年，是我国加入世贸组织的承诺中，银行、贸易、快递、酒店旅游等绝大部分服务领域放开的最后截止时间点。国家层面拿出了积极的应对方案，与此相关的服务领域都被安排进了时间表。在对外开放的倒逼下，对内改革轰轰烈烈，不同所有制、不同类别的企业都可以在市场上进行一番较量。市场主体的活力，相比于任何的力量推动都更加具有内生性和原动性。也是在这一

---

① 风险投资和私募股权投资。

年,决定日后服务业走向的技术、政策、资本和需求都已经登场就位,并开始了这些力量自身的迭代和精进。因此,2006年,对这一轮服务业发展的观察具有起始意义。

服务业这些年的发展,是外部力量支撑的结果,更是一段新老业态博弈、不断突破彼此边界的结果。不同力量的较量乃至融合,让服务业在一路向前中有着明显的阶段性。因此,本书也将分为几个篇章进行阐述。

从2007年到2010年,传统服务有过非常辉煌的时代,商超百货正在门店中上演着争霸赛;银行们享受着股改上市的黄金时期,活在"无债一身轻"、安稳又富足、没有声讨的上半场;发端于网购、快递和社交领域的新兴服务也开始试探着成长。这一阶段,它们还没有明显的交集和碰撞,在各自的领域肆意繁荣。

从2011年到2016年,新兴业态逐渐发展壮大,进入传统业态的势力范围,展开了一场激烈的对抗,甚至是"战争",上演了"我消灭你,与你无关"的降维打击。传统零售经受了史上最大的"关店潮"。以支付宝为代表的互联网金融和银行之间的恩怨纷争也达到一个高点。深谙网络营销的能量,主打故事和情怀的网红餐厅,令"八项规定"洗礼下的高端餐饮摸不着头脑。出行领域,尽管政策迟迟没有给出合法性安排,传统出租罢工抗拒,但依然没有减缓网约车、共享单车普及的步伐。互联网电视的兴起,让传统电视厂商大呼惊讶,旅游酒店行业则正"抓狂"于一种叫作共享民宿的新方式。

自2016年之后,新老业态之间以及它们的内部,开始尝试着走向携手共赢。传统门店和电商平台走到一起,探索出线上、线下相融合的新零售,它们又在直播和网红的带动下,蹚出了一拨零售的新思路。餐饮接受外卖平台的赋能,又和超市完美地结合在一起,开拓出一种新的生活方式。工、农、中、建四大国有银行在一个夏天和BATJ四大互联网公司举行了一场集体婚礼,各自探索着金融科技的范式。互联网巨头进军娱乐产业,以高质量的网综和网剧,反哺着传统电视,也像一条鲇鱼一样,将文化娱乐产业搅出了新的繁荣和浮躁。

众多小微制造企业，在服务平台的赋能中，以S2b2X的方式发光发热，寻找中国制造重获新生的路径。

这样的携手和探索还在继续……

中国迎来了服务业的欣欣向荣，进入了服务经济时代。

站在2019年回望过去，一个轮回下发生了翻天覆地的变化。站在2020年展望未来，发展空间依然广阔，科技带给服务业的改变会更加深刻，融合和跨界仍会继续，产业属性将更加模糊，服务业企业做大也需要有新的思路。

十五年间，囊括的东西太多，"弱水三千，只取一瓢"。

服务业是"剩余型"产业，几乎包括了农业和工业之外的所有类别。它们的发展经验，大都自成一体。将服务业作为一个整体来观察，是个不小的考验。坦诚地讲，本书很难一一去展示每一个行业的变迁，更不用说以详述的事实去记录每一个具象企业所发生的精彩纷呈或者跌宕起伏的故事。

本书试图以观察者的角色，去评述技术、政策、资本和需求这四大外部力量是如何发挥作用的。观察那些可以载入中国服务业发展历史的企业、企业家和创业者，他们又是如何接招、布局，创新服务、燃烧激情，呈现出一段段精彩或者坎坷的成长故事。本书以此切入点，在每一个年份展现出一个产业在关键转折点上的走向，最终用十多个产业的重大变化串起服务业所发生的改变与进步。

故事是从2006年开始的。

> 第一篇 <

外部力量就位

(2006)

2006 局势的开始

2006年是中国服务业发展史上的关键之年。

这一年，是我国的入世承诺中，银行、贸易、快递、酒店旅游等绝大部分服务领域放开的最后截止时间点。此后，这些领域的中国服务业企业必须遵从国际规则，直面外资进入所带来的强力竞争。上述服务业相关的改革很早就被安排进了时间表，政策层面进行了重大突破，企业层面也在积极思变、悄然应对。

此时，全面开放的外贸格局已经形成，贸易企业遍地开花，内贸和外贸的打通，让贸易公司这个服务业中的最大主体在白热化的竞争中纷纷寻求着转型的出路。四大银行也已经完成股份制改革，相继上市，开启了银行"好日子"的上半场。这一年，邮政也拉开了改革大幕，快递这匹黑马在崛起的前夜，与邮政大哥进行着激烈的博弈。新的教育法开始实施，明确了义务教育的强制性，催生出了教育机构培养精英的新思路。

在宏观政策层面，恰逢"十一五"规划的起始之年，服务业发展有了更加积极的安排，在理想主义的召唤下，被动性发展的局面正在被打破。需求端，优化消费环境，激发大众消费活力，已经进入政策的射程之内，旅游黄金周也在此时成为潮流，消费这驾马车开始跑了起来，这对于未来服务企业在C端的深耕，是个重大起点。

日后对服务业态发展的推动可居首功的互联网，开启了"Web 2.0"时代，用户、流量成为争夺的重点，流量变现的方式也造就了后来耀眼的互联网商业。云计算等新一代信息技术也在这一年进入了企业巨头的视野，开启了商用化的征程。这将是互联网时代服务业发展的基础设施。

资本领域，上市股份制改革已经完成试点，变现的渠道通畅。在此激发下，VC、PE纷纷成立，开启了黄金时代。

2006年，互联网技术、政策、资本和需求，这些改写服务业发展的外部力量全部就位，它们共同推动着服务业企业以一种崭新的逻辑成长起来。

"Web 2.0"时代来临

在这些年内，互联网这个物种以及背后的新一代信息技术对服务业态发展的影响怎么强调都不为过。

如果将服务业划分为传统和新兴，那么互联网相关技术除了对传统服务进行"肆意"地改造外，也衍生出众多新兴服务业态。很多以互联网作为孵化地的事物不断涌现，网络文学、网络红人、网络综艺、网络影视剧、网络电视、网络原生品牌等兴盛了很多年。它们的参与者不受政策高门槛的限制，不受大投资大资金的制约，互联网所独有的"开放和共享"的基因，让每一个企业都可以深度参与，甚至让每一个个体都可以"试水"，这也是互联网伟大和繁荣的根本。2006年，经历了世纪之初的泡沫危机，互联网企业刚刚恢复元气不久，三大门户（搜狐、新浪、网易）和腾讯、百度相继完成上市，以中国概念股的标签初现海外资本市场，成为中国互联网的第一张对外名片。

这一年，无论是BAT还是ATMJ[①]的互联网格局都没有形成。阿里巴巴开始和雅虎的10亿美元联姻，淘宝已经上线，开始免费战略下的攻城略地；京东刚刚依靠论坛推广做起网购生意；美团甚至都还没有前身，它的创始人王兴还在折腾"校内网"；张一鸣刚从南开大学毕业，在一个旅游搜索网站写着代

---

① BAT和ATMJ都是中国互联网公司首字母的简称。B是百度公司（Baidu）、A是阿里巴巴（Alibaba）、T是腾讯（Tencent），在一段时间内，它们被认为是互联网三巨头。后随着J（京东JD.COM）和M（美团Meituan）的崛起，百度在竞价排名事件的沉寂，再后来又形成了ATMJ的新格局。

码。这些影响着未来中国服务业走向，甚至人们生活方式的互联网巨鳄都刚刚走上前台。

2006年，通信软件MSN已经进入中国两年，亚马逊收购了雷军创办的卓越网，准备大干一场；eBay[①]与TOM在线[②]，两大巨头推出为中国市场定制的在线交易平台。这些对于还在探索阶段的QQ、淘宝、京东都是"狼来了"的危机。但事实上，腾讯在与MSN的竞争中显示出本土互联网公司强大的作战能力；淘宝与eBay对C2C电商市场展开争夺，后者饮恨败退；京东、阿里也与亚马逊对峙了15年，最终亚马逊选择退出中国市场。中国互联网公司的本土适应性都显示出了某种魔力。很多商业模式发端于美国，却在中国发扬光大，在之后的很多年，都不断被践行。

除了与外资巨头的对战外，中国的互联网公司与国内电信巨头们有过短暂的蜜月合作后，2006年前后迎来了"将往何处去"的选择。早期的移动梦网业务中，腾讯、网易、新浪都过了几年的好日子，但随着中国移动将业务分账从"二八"变成"五五"，互联网企业们需要新的增长曲线。新兴与传统的竞争和博弈也就此埋下了种子。

于腾讯而言，移动梦网业务贡献了接近七成的营收，战略方向上的重大调整更加紧迫。手握亿级的QQ流量入口，腾讯似乎可以轻松进入任何一个相关领域，显然这在后来成了一把"双刃剑"。这个时点上，是灭亡还是疯狂，是占有还是颠覆，都流淌在腾讯选择的血液中。

这一年，曹国伟开始执掌新浪，他将带领传统门户网站走向高峰。新浪从门户到博客，再到微博，开辟了AT互联网企业巨头之外的另一种发展思路。从博客到微博，每一个产品都具有划时代的意义。相比于搜狐和网易，新浪将

[①] eBay，美国公司，主营线上拍卖及网络购物。
[②] TOM在线，中国无线互联网公司，提供多媒体增值产品及服务，包括短信、彩信、WAP、无线音讯互动服务（IVR）、内容频道、搜索、分类信息、免费及付费电邮服务，以及网络游戏的多个领域。

新闻媒介属性发挥到了极致，更代表了一种不忘初心、深耕主业的执着。后来，网易养猪，网易做电商、做社交零售，也都做得风生水起。各自都有它们的坚持和道理。

值得一提的是，游戏对互联网生态的贡献不可小觑。2006年，门户正当年，新浪的营业收入达到2.13亿美元，而游戏为主的盛大营业收入也达到2.12亿美元，旗鼓相当。2007年1月，《魔兽世界》的全球注册用户数量超过800万，中国贡献了350万，并成为那一代人的集体记忆。同时，随着网络技术的发展，在"老板眼皮底下也能玩"的网页游戏大行其道，进一步催生了这个行业的发展和电竞的职业化。直到现在，游戏都是互联网巨头的流量收割机和重要现金流。

2006年，中国的互联网用户已经突破了1亿，普通大众获得了更多的话语权。在流行的SNS（社交网络）阵地上，活跃的用户们尽情发挥着储藏多年的能量和创造力，整个互联网世界变得丰富和精彩。"由用户主导生成内容的互联网产品模式"成为主流，Web 2.0时代的序幕正在拉开。

按照行业普遍认可的说法，Web 2.0是互联网的一次理念和思想体系的升级换代——由原来的少数人自上而下地控制主导的互联网体系，转变为自下而上地由广大用户集体智慧和力量主导的互联网体系。"用户"成为创造内容的主角，而企业唯一要做的，是管理和维系塑造良好的创造氛围。由此开始，用户、流量成为争夺的重点，流量变现的方式也造就了后来耀眼的互联网商业。

2005年年底，从美国暂停博士学业的王兴和他的小伙伴，效仿在国外具有轰动效应的Facebook，创建校内网。在国内，这个以大学生为用户群体的社交网站，在发布三个月后，就吸引了3万用户，用户量暴增。坊间传闻，因为没有钱增加服务器和带宽，2006年，王兴只能饮恨将校内网卖给千橡互动集团，并被更名为人人网，资本主导下的人人网也就此开始了不一样的成长轨迹。人人网在用户群体和产品内容上进行了双重拓展，并努力抓住游戏、偷菜、停车、团购、视频等每一个当时流行的热点，甚至促成了2011年在美国纽交所挂牌上市，市值仅次于百度的辉煌。也正是这种横冲直撞和无意识的创新，人人网无暇顾及产品的精耕细作，甚至基本的维护和运营，因此在移动互联的大势中，面对微博和微信的兴起，再无招架之力。这是后话。

如同校内网的火爆，大量 Web 2.0 型的产品就此诞生和兴起。优酷、土豆等互动式视频网站，豆瓣、开心网、BBS 等互动社区一度兴旺。借由无数网络社区的力量，靠博眼球出位的木子美和芙蓉姐姐等，算是中国很早的一批"网红"。

互联网的思维丰富了服务业的生态，而这些新兴的产品和服务真正进入大众视野，离不开互联网相关技术的支撑，它们具有和水电煤、铁公基①一样重要的地位，是基础保障。此时，这些决定服务业乃至整个宏观经济发展的新一代信息技术也进入了互联网巨头们的视野。

2006 年，27 岁的谷歌高级工程师克里斯托夫·比希利亚第一次向谷歌董事长兼 CEO 施密特提出"云计算"的想法。很快谷歌推出了"谷歌 101 计划"，并正式提出"云"的概念，亚马逊 AWS、微软 Azure、阿里云、华为 Cloud 随后相继问世。

两年之后，维克托·迈尔-舍恩伯格及肯尼思·库克耶的《大数据时代》火爆起来，书中指出大数据的核心能力不在于掌握庞大的数据信息，而在于对这些富含信息的数据进行专业化处理。云计算正是这样一种专业化能力。从此，大数据与云计算的关系就像一枚硬币的正反面一样密不可分。大数据能力，也进入了那些能够迅速汇集海量数据信息的互联网巨头的视野。

2005 年 11 月 17 日，在突尼斯举行的信息社会世界峰会上，国际电信联盟发布了《ITU 互联网报告 2005：物联网》，正式提出了"物联网"的概念，并指出无所不在的"物联网"通信时代即将来临。当相比于云计算和大数据，物联网所涉及的产业领域更广、技术更复杂，射频识别技术、传感器技术、纳米技术、智能嵌入技术等也成了各国抢占的制高点。

---

① 铁公基，是指铁路、公路、机场、水利等重大基础设施建设。

这一切都昭示着，信息技术和商业模式变革的新时代正在走来。

服务业有了理想主义召唤

服务业的绝大部分行业在诞生之初就具有"被动性"，是经济和社会生活发展到一定阶段的产物。不管是老百姓手中的可支配收入提高，对于个性化、高品质服务需求的增加，还是因工业和农业的发展，所分离出来的生产性需求增长，服务企业的大发展都是由经济进步后的需求引致而来的。

从行业准入来看，服务业中很多内容都属于公共服务业的范畴，或者涉及国民经济安全领域，比如金融、电信、邮政、能源供应，以及铁、海、陆、空运输等基础服务。对于市场主体而言，这些行业存在着很高的进入门槛，不仅仅是自然垄断特征所必须达到的投资规模门槛，还有政策的准入限制，服务业具有非常大的政策供给弹性。时至今日，这些行业依然没有完全放开。

从改革动力来看，1992年国务院出台的《关于加快第三产业发展的决定》，对服务业的发展起到了开篇作用，之后大大小小的支持服务业发展的政策规划一直没有间断。然而，政策出发点更多在于解决就业以及缓解财政和国际化压力上，对服务业发展的激励更多是基于现实主义的压力，而非自身做大做强的理想主义召唤。服务业的发展也长期处于配合性和从属性的角色[①]。

因此，长久以来，我国服务业的发展具有经济自然发展中的被动性、行政管制下的缓慢性和现实目标下的配合性三个特质。

2006年，服务业的增加值占我国GDP的比重为39.5%，距离日后成为半壁江山的地位相距甚远。伴随着入世开放，银行、批发、零售、酒店旅游等服务领域要直面管理更加成熟、竞争能力更强的世界级巨头。服务业的发展要同时解决"有没有"和"好不好"的问题。

[①] 李勇坚，中国第三产业体制改革的动力与路径（1978—2000），当代中国史研究，2015（6）。

服务业发展需要具有更强的主动性。

这一年，国家政策层面对服务业发展做出了积极性的安排。2006年3月14日，《国民经济和社会发展第十一个五年规划纲要》在十届人大四次会议上批准通过，成为指导未来五年我国经济社会发展的行动纲领，为服务业发展进入快车道做出了国家战略层面的安排。

服务业的发展从此有了理想主义的召唤。

这一份五年规划中，突出强调了转变经济增长方式，其中有两个重要的转变：一是从过于依赖投资和出口带动，转向内外需协调、消费与投资双轮驱动；二是从过于依赖工业推动，转向工业、服务业和农业共同推动。它们直接奠定了未来服务业的发展和走向，因此有必要花一点篇幅阐述一下。

第一个是将消费提升到三驾马车的地位，尽管在之后的多年，GDP的增加值还是更多由以铁公基为代表的基础设施投资所贡献，尤其是在2008年的金融危机的应对中达到高潮。但消费对于经济的引领，给服务业带来的巨大红利从这里悄悄开始，并成为2013年国家统计公告中亮丽的一笔，消费贡献率超过50%，到2019年时，消费对GDP的贡献率达到57.8%。

第二个是产业结构的调整，这涉及每年的GDP构成中的考核目标，是能够促进服务业发展的硬杠杠。在具体落地上，要优先发展交通运输业，其中首要的是加快铁路的发展，其次是完善公路网络，并积极发展水路运输。在国家的政策制定中，每一个用词、每一个优先顺序的排列，背后都是由一套逻辑和相应的制度安排构成，在每一级的政策推进中，也都以此为准进行落地。

很明显，在此后的五年中，交通运输，尤其是铁路的发展，排在了最为重要的位置。而发达的交通网络，正是服务业发展的重要基础。一年以后，2007年4月18日，首趟时速200公里动车组列车在上海站始发，这标志着我国迈入动车时代，未来高铁也将成为日后中国的新四大发明之一。高铁促进了人和物最大限度的流动，促进了旅游、运输等相关服务产业的发展，甚至对于房地产在1小时经济圈内的崛起都有着重大影响。高铁在一定程度上也代表了未来这些年的中国速度。

按照新一个五年规划，2007年国务院出台了《关于加快发展服务业的若干意见》。很特别的是，该《意见》不但对未来五年的服务业的增加值做出了目标安排，更明确提出，到2020年要基本实现经济结构向以服务经济为主的转变，服务业增加值占GDP的比重要超过50%。长达十五年的目标设定，在很多产业政策的中长期规划中，并不新鲜，但在2007年这样一个时点上，在对一个五年计划的具体落地中出现这样的表述，足以说明了当时服务发展的重要性和紧迫性。这份《意见》也对未来服务业的发展起到了提纲挈领的作用。

随后几年，服务业的增加值份额、就业份额等多方面证据共同表明，中国经济进入了从典型的工业向服务业的结构转型期。2015年，我们的服务业增加值的贡献率已经达到50.5%，提前五年完成了目标。

除了国家层面，各地也加大了对服务业发展的扶持力度。其中以广东最具有代表性。无论是宏观上的服务业增加值，还是微观上的大企业数量，广东都遥遥领先于其他地区。除了作为改革开放前沿地区的地域优势，广东积极优化营商环境、强化ICT[①]基础设施、构建人才高地，最重要的是，在政企关系、金融制度等方面都进行了有效创新和尝试。不同地区服务业的发展存在差异，政府的力量和政策的到位成为重要的显性因素。

消费这驾马车提速

2006年，我国的GDP已经达到21.76万亿元，人均GDP达到2 099.2美元，其中农民人均纯收入同比增长7.4%，创十年来新高。人们的物质、精神生活得到极大丰富，服务业发展的土壤富饶起来。

从各国的经验来看，当人均GDP突破2 000美元，意味着居民的消费能

---

① ICT，Information and Communications Technology，一般指信息与通信技术。

力大大提高，消费结构也会发生变化。美国达到这一数量时，出现了 Shopping Mall 这种大型商场，因为其背后动辄数十亿的投资额，以及各项日常成本的巨大消耗，没有足够的消费能力难以支撑其发展。消费结构的变化则体现在：人们对汽车和住宅这类代表着资产和财富的商品的需求，以及对旅游、餐饮等舒适型服务的追求都在快速增长。这些在那时的中国已经出现端倪。2006 年，住宿和餐饮业零售额突破了 1 万亿元，同比增长 16.4%；汽车销量超过 720 万辆，同比增长超过 25%，中国第一次超越日本，成为仅次于美国的第二大汽车消费国。

2006 年，国家层面也进行了一系列改革，以进一步提高人们的可支配收入，改善和优化消费环境。

在"十一五"规划通过后的一个星期，财政部、国家税务总局联合下发通知，对中国现行消费税①的税目、税率及相关政策进行调整，以合理引导消费为重点，停止对已具有大众消费特征的护肤护发品征收消费税等。

激发大众消费的活力，已经进入了高层的视野。

这一年，政府还提高了最低工资标准，对西部和贫困农村地区中小学学杂费实行减免，同时改革了公务员工资制度，建立了国家统一的职务与级别相结合的工资制度和工资正常增长机制。

自 2006 年 1 月 1 日起，个人所得税起征点提高到 1 600 元。这改变了自 1980 年个税立法以来，持续近 30 年的 800 元起征点。尽管此时 1 600 元的起征点能够在多大程度上对人们的可支配收入产生积极影响引起过争论，就像在此后 14 年还会发生的两轮个税调整一样；但是，起征点的调整反映的是人们收入水平的增长——这才是决定人们消费意愿和能力的基础。

---

① 消费税是 1994 年税制改革在流转税中新设置的一个税种，为了调节产品结构，引导消费方向，又同时保证国家财政收入，在对货物普遍征收增值税的基础上，选择部分消费品再征收一道消费税。因此，纳入消费税征收的产品需要适时调整，否则很容易出现阻碍人民生活水平提高和影响经济发展的情况。

在日后产生广泛影响的旅游黄金周概念，也在这时候形成。2007年年底，国家修改了《全国年节及纪念日放假办法》，其中一个重要内容是允许周末上移下错，与国家法定节假日形成两个七天的"黄金周"（春节和国庆节）和五个三天的"小长假"（元旦、清明、劳动节、端午、中秋），黄金周和小长假概念对旅游市场形成重大利好，"吃喝玩乐"的旅游消费由此拉开序幕。

消费这驾马车很快跑了起来，这为服务业在消费端的开疆拓土开创了良好局面。此后的十几年时间，在互联网相关技术的带动下，餐饮旅游、零售百货、文化娱乐等与老百姓生活密切相关的服务业不仅在数量上有了突破，在服务方式上也发生了质的变化。

风投圈开启黄金时代

一般来说，分析商业时代的变迁，大都围绕三个变量展开，即制度变量、需求变量和技术变量。中国服务业的崛起，除了这三个主要的推动因素，资本的力量同样不容忽视。

风险投资作为一种直接融资手段，和银行贷款的息差模式[①]下的稳健投资不同，追求的是高成长、高风险和高收益。与农业和工业相比，服务业态大都属于轻资产，盘子小，资本容易撬动，也更容易变现，尤其是在新一代信息技术对传统服务的改造和自身的业态繁衍中，吸引了绝大部分风投资金。

风险投资属于舶来品。从概念的引入，到兴起和成熟，也不过二十多年的光景。推动风投在我国的发展和应用，有一个人和一个提案必须留下笔墨。1998年，成思危在全国政协九届一次会议上，代表民建向中央提交了《关于尽快发展我国风险投资事业的提案》，这在后来被称为引发了一场高科技产业新高潮的一号提案。成老也被誉为"中国风险投资之父"。此后才有了发生在风

[①] 指银行发放的贷款利息收入与存款利息支出之间的利息差。

险投资领域风风火火、惊心动魄的故事。

随着互联网泡沫给行业带来的阴影逐渐消退，熊晓鸽所率领的IDG资本进入中国，在百度、携程网的投资中逐渐崭露头角，并在它们上市后收获颇丰。还有更为极端的是，软银以4 000万美元注资盛大，20个月获得了16倍的回报。这些都给了本土风投以强大的信心去寻找"物美价廉"的互联网公司。

2004年，空中网、51job、金融界等多达8家互联网企业破纪录地在美国纳斯达克集中上市，让中国的风投者们第一次品尝到了"胜利的果实"。

2005年，美国风险投资家组成的代表团访问了上海和北京，随后凯雷、DCM、NEA一大批外资基金纷纷在中国设立机构。对中国互联网影响深远的红杉中国也在此时成立，沈南鹏被选为熟悉本土文化又具有互联网感觉的当家人，他的"赛道理论"让红杉在日后大放异彩。

"狼来了"带来的不只是冲击，还有榜样的力量。

中国资本市场也发生了重大变化。2005年，中国证监会发布《关于上市公司股权分置改革试点有关问题的通知》，宣布启动股权分置改革。经过两批试点，2006年进入全面铺开阶段。这就是载入中国资本市场历史的"股改全流通"。它打通了资本市场的一、二级市场的通道，风险投资者们此前对项目的投资布局，可以逐渐在二级市场退出，从而套现获利。这不但开启了VC、PE的黄金年代，也激发了创业者的热情，甚至激励着一些创业者深入到"创业—套现—创业—套现"的无限循环模式中。

这一年的8月8日，商务部等六部委以"2006年第10号令"联合公布了《关于外国投资者并购境内企业的规定》，给国内创业投资产业带来了更为积极的影响，投资机构的退出通路进一步拓宽。

在这一系列积极变化中，本土风投纷纷成立。

时间到2009年的10月30日，创业板在各方期待下在深圳推出，让PE/VC们更加兴奋。它打通了人民币基金的募、投、管、退全链条，使得"本土募集、本土投资、本土退出"创投模式得以形成。从此，人民币股权投资风生水起，积攒了多年的风投项目，终于在次年爆发。2010年IPO[①]数量309家，远超历年平均值142家。

如果说，政策安排让资金通路不断拓宽，那么，2015年席卷中国的"大众创业、万众创新"则在源头上提供了更多、更有价值的投资标的。风投和创业也走进了很多人的话语体系中。众多的创意走上前台，众多的模式活跃在PPT中，一时间鱼龙混杂。

新兴业态和风投在2006年或许还是一个陌生的词汇。而在此后的十多年中，它们一起携手，绽放在互联网、金融、娱乐、物流、医疗健康等众多服务业领域，也上演着狂热、帮扶和裹挟的故事。

风投自身也属于金融创新，它们的发展显然也丰富了服务业态。深创投、联想投资、创新工场、九富投资等专业机构声名鹊起。腾讯、阿里巴巴、百度也成为创业者极力依靠的大树。还有很多实体企业在产融结合的战略中，于新兴领域布局，向"企投者"转型。伴随着这些多元化的力量进入资本市场，我国本土的风投日渐强大。优势也逐渐显现出来：本土化的人才战略和管理模式，与监管层的良好关系，对中国市场和行业发展的准确把握，与当地政府引导基金的密切合作，以及在国内资本市场IPO退出方面娴熟的运作能力，等等。这些"关系化""市场化"的能力，使得本土风投发展迅猛。

时间倒回到2002年的一个晚上，IDG合伙人杨飞与李彦宏，就如何改变百度商业模式的问题，谈了6个小时。这次现代版"隆中对"也为日后百度的战略指明了方向，成就了百度的搜索霸业。那就让我们在这里抛出一个问题：除了资金和资源，投资人应该给投标的项目带来什么？这也是本土风投们所要面临的挑战。

无论如何，自2006年开始，中国风投迎来了一个"黄金时代"，它们区别于传统的力量，让服务业的发展多了一抹亮丽的色彩。

[①] IPO，首次公开募股（Initial Public Offering），是指一家企业第一次将它的股份向公众出售。

重要领域改革完成

2006年前后，金融、贸易等领域的改革相继完成，并取得了重大进展。这些领域在服务业中占据着十分重要的地位，改革的推进，为市场化竞争和行业的良性发展扫清了制度性的障碍。

根据加入世贸组织的承诺，2006年，我国全面放开外贸经营权。新修订的《外贸法》明确将外贸经营权的获得由许可改为登记制，并删除了关于经营资格条件的要求。自此，外贸领域对行业、地区、所有制、企业规模几乎没有任何限制。贸易企业遍地开花，竞争激烈，市场上鱼龙混杂。

此时，商务部已经成立三年，多年的"双轨制"结束，内外贸一体化开始。内贸和外贸的打通，又让白热化的竞争变得更加复杂。但同时，这也给外贸公司转型带来了新的机遇。它们从贸易服务起步，连接国内和国际两个大市场，并从商流逐步向集物流、资金流、信息流等全流程服务的供应链企业转型，为企业提供着一体化、一站式的服务。

2006年10月，第100届广交会成功举办，并同时宣布自第101届开始，广交会将更名为"中国进出口商品交易会"。作为"中国第一展"，广交会从1957年春天创办至今，一直是世界了解中国、中国走向世界的一个重要窗口。广交会的更名，昭示着我国对外贸易进入了一个新时期。作为中国经济三驾马车之一的外贸也将会发挥越来越多的作用。而主角——贸易公司也将承担更重要的角色，书写更为精彩的故事。

银行业是一个重要而特殊的存在，很难从企业自身这一维度去衡量其核心竞争力。因为它们不但是实体经济发展的支撑，更是国家经济安全稳定的最后一道防线。银行业多年来的"息差"模式，尽管受到诟病，但仿佛又是既能完成对经济的输血任务，又能够活跃在安全防线内的"理性"选择。当经济的发展处于持续的上升通道中时，老百姓的储蓄率又维持在高位，银行有大量廉价的资金成本去不断做大。

2006年，银行业正处于这样的黄金时期，活在安稳又富足的上半场。而这在很大程度上得益于国有银行完成了一系列改革，所以它们可以轻装上阵。

这场始于2003年的股份制改革，可谓大刀阔斧。时任国务院总理的温家宝表示，国有银行改革是"背水一战，只能成功，不能失败"。当时国有银行负债累累，处境之艰难可见一斑。尤其是2006年，加入世贸组织过渡期结束，人民币业务全面对外开放，外资银行开始享受与中资银行同等的国民待遇，同台竞争。银行的改革迫在眉睫。

此次改革的步骤明确为：重组—股改—引战（引进战略投资者）—上市。2003年年底，国家专门成立中央汇金公司，分别向建设银行和中国银行注资了225亿美元，开启了四大行股份制改革的进程。之后，引战启动，以"引智重于引资"为原则，通过引进境外战略投资者，提高国内银行业的经营管理水平。而在这之前，四大国有银行天量的不良资产剥离完毕，并相继划拨给专门接盘的四大资产管理公司（AMC），这一安排，将银行从技术性破产的边缘拉了回来，开始长达十年的低不良资产率的运行。

信达、华融、长城、东方四家AMC，与建行银行、工商银行、农业银行和中国银行一一相对应，分别接收了3 730亿元、4 077亿元、3 458亿元和2 674亿元的不良贷款，合计约1.4万亿元。四大AMC肩负的历史使命是在十年期限内专职处置政策性不良资产。事实上，这一历史任务在2007年前后已经基本完成，但始于制度安排的四大AMC并没有按时退出，而是依靠制度红利和牌照优势，开始了商业化转型，成长为巨头。

2003年4月，中国银行业监督管理委员会成立，从制度、指标、流程、技术、数据和信息公开等方面加强了银行业监管的规范性建设。

到2006年，银行业基本完成了资产剥离、股改，以汇丰、德意志、苏格兰皇家银行（RBS）为代表的战略投资者入场，银行监管逐步规范。这一场预先设定好的，国有商业银行股份制改革圆满"收官"。银行业迎来了集中上市。

2005年，建设银行率先在香港上市，拉开了四大行上市的序幕。2006年6月，中国银行在香港上市。10月，工商银行在上交所和港交所同步上市，募集资金220亿美元，创下全球之最，宇宙第一大行的狂奔也由此开始。

相比于其他几大银行，成立于1984年的工商银行，是比较年轻的，却通过十多年的时间成为行业第一，有三大原因。

一是生来就牛。工商银行成立之时，全盘继承了人民银行的商业银行业务，是当年国内唯一的商行业务，发展底子好，企业客户群体优质，人才队伍优异。

二是管理规范，企业家有担当。工行的管理水平和信息系统相对先进，又建立了铺天盖地的地面网点，既兼顾了银行的安全底线，又兼顾了服务的及时性、便捷性，后者很好地"笼络了"大爷大妈这一批人群。

三是抓住每一个重大机遇。在外贸、房地产、政府投资、铁公基、人民币国际化等金融风口中，业务得到极大拓展。在信息技术与银行业融合中，也展现出了大银行的底气和远见，没有傲慢，与时俱进，这一点难能可贵。

有一件小事，非常能说明工商银行的规模之庞大。连续多年，中国企业联合会发布500强榜单后，总是有媒体朋友看到工商银行的净利润达到千亿元时不敢相信，担心做出的报道闹出笑话，纷纷向我求证。我每次都会给出一个指标予以佐证，那就是工商银行的营业收入达到了万亿元级，10%以上的净利润水平对银行来说简直不值一提。见多识广的媒体朋友都很忐忑，对此产生一种强烈的不真实感。

2017年，工商银行的净利润达到了2 000亿元，这是个什么概念呢？这一年，中国最大的500家制造业企业的净利润总和是8 000亿元，工商银行一家的净利润相当于500家制造业利润总和的1/4。2018年，世界500强的入围营业收入门槛是235.6亿美元，折算成人民币约为1 590亿元，不恰当地说，工商银行拿净利润当收入，都能轻松入围世界500强。

2006年，于银行，是花朵盛开的一年，而工商银行无疑是其中最绚丽的一朵。

这场始于 2003 年的黄金期，大概持续了十年。

有专家统计：从 2003 年到 2013 年，银行业金融机构的资产规模从 27.7 万亿元提高到 151.4 万亿元，增长了 4.5 倍；利润从 322.8 亿元增长至 1.74 万亿元，飙升为十年前的 54 倍。与此同时，商业银行整体的不良贷款率从 17.9% 降至 1.0%；加权平均资本充足率从 −3.0% 提高到 12.2%，资产质量和资本充足率均显著改善。按照资本实力排名，中国进入世界前 1 000 名的银行从 2003 年的 15 家增加到 2013 年的 96 家，全球前十大银行，中国更是独占四席。

2006 年 7 月 20 日，国务院常务会议通过了一份《关于组建中国邮政集团公司有关问题的批复》，拉开了中国邮政改革的大幕。批复明确了两大重点任务：一是改变中国邮政长期政企合一的局面，重组国家邮政局，在各省（区、市）设立邮政管理局，同时组建中国邮政集团，经营各类邮政业务；二是明晰主业，新组建的中国邮政集团公司，主要从事普遍服务业务、竞争性业务（包括快递和物流业务）和邮政储蓄业务，中国邮政储蓄银行作为全资子公司，独立运作。

这份批复堪称未来中国快递崛起的前夜，民营快递们将逐渐突破政策的"枷锁"，成长为中国经济的黑马。邮储银行也成长为国有六大银行之一，并历经十余年实现 A+H[①]两地上市。

2006 年 9 月 1 日，新修订的《中华人民共和国义务教育法》开始实施，明确了义务教育的普及性和强制性。这同时意味着精英教育不再是国家的事情，望子成龙的父母更多要靠校外培训成就孩子进入名校的梦想，教育培训行业快速发展起来。

特别应景的是 9 月 7 日，英语培训机构新东方在纽交所挂牌上市。新东方将教育培训做成一种产业，为后来的教育从业者树立了榜样。2013 年，新东方

---

① A+H 分别是 A 股和 H 股的简称，A+H 股是既作为 A 股在上海证券交易所或深圳证券交易所上市，又作为 H 股在香港联合交易所上市的股票。

的创业故事被拍成票房和口碑俱佳的电影《中国合伙人》，激发了一批年轻人的创业热情。

2010年，环球雅思、学而思教育、学大教育等教育企业集中登陆美股，教育培训的内容也从大学生考试和出国英语考试逐渐延伸至幼儿英语、K12[①]教育，由原来的应对出国的"应试教育"，变成了从娃娃抓起的"素质教育"，这何尝不是一种深层次的消费升级所引发的教育服务业的发展。

2006年，技术、政策、资本和需求这四大外部力量同时就位，此后也推动着服务业大步向前。2006年，我国服务业增加值还仅有9万亿元，2018年达到47万亿元，对GDP增长的贡献率也高达59.7%，已然成为中国经济增长的主动力。

[①] K12，Kindergarten Through Twelfth Grade，是学前教育至高中教育的缩写，是教育领域的专有名词。

> 第二篇 <

肆意生长

(2007—2010)

过去十多年间，零售、金融、餐饮、物流、文化娱乐、房地产几乎每一个行业都发生了天翻地覆的变化，互联网新生力量和传统业态完成了一轮从各自生长、较量博弈到融合携手的完整周期。

从 2007 年至 2010 年，传统的、新兴的服务业，两种力量正肆意生长。商超百货等传统零售正享受着网购潮流未"侵袭"前的辉煌。银行们也活在"无债一身轻"、安稳又富足的上半场。房地产在金融危机中晃动了一下，又在中国城市化进程的历史机遇中，继续着跑马圈地。与此同时，网购、快递等新兴业态逐渐兴起，并上演着"风火论"的佳话。团购和视频这两个早期业态，在本地生活和娱乐文化两大万亿级规模的领域中，进行着狂热的探索。日后决定服务新兴业态的基础设施——智能手机和社交，也已经完成入场。

这个阶段，传统和新兴业态都在各自的领地繁荣着、试探着，但还没有明显的交集和碰撞。此时的服务业仍旧被传统业态所主导，无论是对金融危机重创下的经济恢复，还是于长远的经济转型，都还未显出足够的支撑能力，当然更没有半壁江山的地位。

2007 传统零售的辉煌

纵观中国服务业的发展，无论是对内放开还是对外开放，零售业都是最早的一批，市场化程度最高，当然也是竞争最为惨烈的领域。它们所展现出来的商业逻辑，并不高大上，却刀刀见血，也最为真实。零售业之于整个服务业的开放发展和转型升级都具有"身先士卒"的先锋意义，其中有太多的闪光点。

2007年，企业成长的经济环境一片祥和，中国GDP连续4年以两位数的速度飙涨，内需极大释放。根据中央经济工作会议的安排，2007年将继续加强和改善宏观调控，保持和扩大经济发展的良好势头。此时"三大件"的消费时代已经过去，基础消费占比下降，可选消费占比在攀升，消费更加多元，功能型消费正在向享受型消费转变。这给了零售业的发展极大的鼓舞。次债危机虽然已经在美国发酵，但并未传至中国。

2007年，是属于传统零售的高光时刻。它们享受着国内市场消费升级带来的红利，也经历了外资大举抢占市场的考验，由最初应对不暇的狼狈，逐渐适应并精彩起来。同时，在未来多年与之抗衡的另一种力量——电商，也在此时悄然崛起。

激烈的竞争环境让零售巨头们的内功修炼得日益精进，出现了至今仍对中国商业具有举足轻重的影响的明星企业和人物。所有的成功与失败，都值得记录。一家企业的诞生、成长，乃至腾飞的际遇或沉寂的宿命，都是响亮的时代回响。

商超百货悉数上市

传统业态是相对的,只是新事物走向舞台后C位的切换。在电商疯狂成长起来之前,今天看来是传统业态的百货、超市和卖场等也曾在聚光灯下无限耀眼,风光无两。2007年前后,那些影响中国商业零售史的大佬带着那些知名企业悉数登场,他们有的走向人生巅峰,有的却经历重大变故。

2007年,各地百货基本悉数上市,成为很多城市的名片,它们占据最黄金的位置,拥有最琳琅满目的商品,吸引最多的人流,日进斗金。还有着源源不断的、没有被电商所冲击分流的顾客,一切都是最好的模样。

它们盘踞一隅,区域垄断优势尽显,吉林的欧亚股份、广东的天虹商场、湖南的友阿股份、山东的银座商场、江苏的南京百货、北京的大悦城、上海的新世界、四川的成商百货,又有哪一个不是当地的招牌!百货业与一个城市的面貌紧紧联系在一起,其发展更迭最为直观的体验就是一个个地标起来了,又很快被碾轧了。

百货是我国最早的零售业态。百年之前,老上海的南京路上,永安、先施、新新、大新四大百货公司争奇斗艳,让上海有了购物天堂的美名。这时,百货公司无论是对一个城市还是个人消费都是奢侈的,所以才有了"中产以上的百货公司,中产以下的里弄市场"的说法。新中国成立之后,各地百货大楼日渐兴盛。1955年,有着"新中国第一店"之称的北京百货商店成立,也就是后来我们熟知的王府井百货。开业当天,客流量就达到了16.4万人次,盛况空前。同时期的天津百货大楼,在很长时间都保持着"中国北方最高建筑"的地位,难以撼动。南京百货、杭州解百、合肥百货等代表着城市消费风向标的百货大楼在各大城市相继建立。此时的百货大楼是典型的国营商业,并具有地方割据特色。

随着时间的推移,国营百货大锅饭的弊病逐渐显露,经营萎缩、亏损严重。低迷的百货市场,急需鲇鱼的出现。1992年,国务院颁布《关于商业零售领域利用外资问题的批复》，明确了商业零售领域允许对外开放的首批城市，以及开办中外合资企业的数量等。随后，日本的八佰伴、马来西亚的百盛、新加坡的新城集团等12家外资企业纷纷进入中国，并在上海、北京、成都、重庆等城市开设连锁店。外资带来了新的管理理念和经营策略，也树立了一个学习的榜样。

定位高端、业态连锁、管理先进，三大要素让中国百货业的发展进入黄金期。百货的2.0版本——百货商场登场，成为新的消费风向标，也成为此后很多年服务业中最现代、最光鲜的部分。

北京有个赛特购物中心，1992年在建国门商圈开业，是我国第一个引进外国商号（日本八佰伴）的中外混血百货。作为北京最早的高端购物中心，赛特一开始就做到了电脑联网收银系统，招聘售货员参考的是空姐的标准，只要一搞店庆，北京城往东堵车到国贸，往西堵到建国门。"店庆大挤"一度成为人们津津乐道的话题。此后，赛特兴旺了很多年，是北京乃至全国高端百货的代名词。

2007年，赛特易主，进入中国春天百货旗下，后者更加聚焦高档奢华百货和高收入人群。赛特开始在奥特莱斯这一新的零售业态中开疆拓土。此时燕莎奥莱二期已经开业，随后百联、友阿等各地百货领袖加入，还有杉杉这样的实业企业也做起了奥特莱斯的专业化经营。几年时间，200多家奥特莱斯在全国各地相继开业，鱼龙混杂。但奥特莱斯也确实以"大品牌，小价格"的吸引力和优质的购物体验分流了不少传统百货商场的高净值人群，百货商场因为业态单一受到挑战，纷纷转向购物中心模式，这是后话。

2007年的百货，仍旧是零售之王。现金流稳健，头部企业初具连锁规模，增长稳定，是市场上难得一见的优质资产。

这一年，银泰百货以240倍的超额认购，登陆港交所，一举募得20多亿元。第二年，耗资60多亿元，历时十年被称为"长安街第一高度"的北京银泰中心开业，明星大腕纷纷到场祝贺。创始人沈国军带领着银泰在全国开疆拓土,银泰也快速成长为一个跨区域的商业品牌,并成为百货业态的优秀代表。

再看看这个时候的超市。

此时,已经是张文中带领物美在香港上市的第四个年头。作为第一家在港上市的民营零售企业,光环耀眼。美国《财富》杂志这样推荐物美:"如果你想看一下零售业的未来,建议阁下省却造访沃尔玛的时间,为您自己买一张前往北京的机票,去看看物美。"物美因此被誉为"明日沃尔玛"。

可惜,好奇者尚未来得及订机票,物美就从顶点坠落。2006年11月,张文中被中纪委带走,协助调查原北京市副市长刘志华贪腐案,而后被判入狱。自此张文中和物美退出了中国零售业舞台的C位。

大润发随后代替物美站在中心,以一套被称为"葵花宝典"的SOP,即标准作业程序,称霸中国实体零售业。这套标准作业规范,打印出来的厚度超过字典,每年都会修订。大润发仅以100多家门店,就一举夺得"最受顾客欢迎、最受供应商欢迎、单店业绩最高(年均2.4亿元)"的三个第一名。

永辉此时也以生鲜为特色,从福建走向全国。并于2010年上市,坐拥140多家分店。这是一家日后在与电商的博弈和互动中,早早突出重围的企业。

随着中国入世承诺兑现,即三年内放开国内零售市场,不限地域、股权和数量,外资零售将全面进入中国。此时,沃尔玛和家乐福已经在北京、上海、深圳站稳脚跟,正加快向中西部和二、三线城市扩张,并以每年两位数的速度增设新门店,跑马圈地。

家乐福,这个欧洲最大的零售商,1995年就在中国大陆开设了第一家大卖场。经过十多年的奔跑,2009年门店数量达到了157家。相比于沃尔玛的谨慎沉稳,以及山姆会员店在中国市场的早期不适应,家乐福凭借本土化的策略和灵活授权,占尽先机,并成为当时最有影响力的外资零售品牌。

连锁小店遍布大街小巷

如果你是"80后"的姑娘，那一定记得遍布大街小巷的"哎呀呀"连锁饰品店。这正是2004年叶国富在广东佛山创立的"10元店"，此时已经从广东走向全国，店铺数量达到400家。哎呀呀凭借"平民时尚"路线，很快成为饰品行业老大，2010年加盟店达到3 000家。

在当年的零售格局中，哎呀呀独具特色，堪称中国"快时尚"的鼻祖。为了能研发出最时尚的产品，哎呀呀组建了近百人的"买手"团队，到全球各地去追踪最流行的产品，而后进行高效的"逆向研发"和生产，保证饰品的高更新率。哎呀呀的SKU（库存进出计量单位）一度达到1万多种。从北京、上海等一线城市，到偏远地区，哎呀呀随处可见，生动地诠释了什么叫作"渠道为王"。

研发和渠道是哎呀呀笑傲江湖的两大绝招，但更为重要的还是连接研发和销售终端的流转能力。2008年，哎呀呀斥资1 500万元上线ERP系统，在行业内首次实现了精细化管理，这对于海量单品的小饰品行业显然是重要的。叶国富从研发、生产、流通到终端销售的供应链思想更是难能可贵。

叶国富身上有一种持续创新的精神，他有句名言："所谓生意，就是生生不息的创意。"这种精神帮助他在未来电商起势的黄金期，依然在实体零售领域打造出遍布全国的名创优品，在关店潮中逆势增长。

电子批发市场也是那个年代的鲜明特色，到处热热闹闹。在北京的北四环，有个著名的"中关村电子一条街"，是当时国内最大的计算机与电子产品集散地。在深圳的福田区，华强北与之齐名，它们各自雄踞中国一北一南。

一百多年前，中关村还叫"老虎洞胡同"，是当时直隶海淀镇最繁华的商业买卖街，人称"小大栅栏"。历史总是在更迭中得以延续，太平洋数码大厦、硅谷、海龙电子城在这里相继开业，中关村电脑城的知名度开始在全国叫响，不少城市萌生出"××版中关村"电脑卖场。到了2007年，中关村电子市场的规模达到顶点,科贸、鼎好、e世界等大型电子卖场林立,中关村IT卖场的面积达32万平方米,相当于44个足球场。

与全国其他电子商城后来的没落相比,中关村位于众多资源聚集的北京,其走向注定不同。中关村拿下了中国第一个国家级高新技术产业开发区、第一个国家自主创新示范区、第一个国家级人才特区,它被北大、清华和人大等众多高校环绕,是IT、互联网创业者造梦的起点。1998年,刘强东在中关村租了一个小柜台,售卖刻录机和光碟,柜台名叫"京东多媒体",这便是"京东商城"的前身。2000年1月1日,李彦宏在中关村创建了百度公司。在2015年前后的"大众创业、万众创新"中,中关村又以创业大街之名,迎风跑在了前列。

武林盟主争霸

我国专业零售市场中,最耀眼的莫过于家电零售了,想想其中的原因应该还是和我国"三大件"的消费历史有莫大的关系。从20世纪90年代的老三大件——冰箱、彩电、洗衣机,到21世纪的新三大件——空调、电脑、录像机,温饱之后的消费升级都没有脱离开家电的范畴。

在2007年的家电零售业中,行业格局已经由春秋混战,演变为两强相争,黄光裕带领着国美大肆扩张,直奔行业老大而去,"美苏"之间迎来正面交锋,一时胶着。国美和苏宁相继上市,黄光裕三次荣登内地首富,张近东获得股市个人财富冠军,风光难掩,这也成为中国家电连锁黄金年代最好的注脚。后来,如果不是黄光裕涉事入狱,结局真是难以预料。被戏称为"千年老二"的苏宁后来主动求新求变,在新零售的赛道上书写"站在时代和行业最前沿"的故事。

国美创始人黄光裕是中国零售业历史上绕不开的"英雄人物",代表了那个年代中国商业的彪悍、粗放和智慧的极致。早在1993年,黄光裕就将名下多家门店统一命名为"国美电器",开始了对连锁店经营模式的探索。在当时"求大于供"的家电市场,他忍住"大口吃肉"的诱惑,确定了薄利多销的经营策略,这被认为是其迅速崛起的重要原因。黄光裕白手起家,带头颠覆了整个家电零售业的模式,有"价格屠夫"之称。

黄光裕和物美的张文中一起被评为北京两大"并购狂人"。2005年前后,国美先后收编了深圳易好家、常州金太阳、哈尔滨黑天鹅、武汉中商。在当时,这些都是一个区域内响当当的品牌。2006年,国美更是豪掷52.7亿港元收购香港上市公司永乐电器90%的股权,成为迄今为止中国家电连锁业最大的收购案。2007年,又收购了深耕北京市场的大中电器。国美坐稳了家电连锁老大的位置,也彻底改变了中国家电连锁的版图。

第三名及以下都纷纷折戟,家电连锁零售这条主干道上只剩下苏宁与国美厮杀角逐,年轻气盛的黄光裕找到张近东,想收购苏宁,被一口拒绝。张近东说:"你不要想,即使想买也买不起,如果苏宁做不过国美,就送给你。"针尖对麦芒的画面感,现实的商战可远比小说中精彩,也更残酷。

黄光裕的"彪悍风"可见一斑。但他的武林盟主之位和世界500强的梦想却"碎"得突然。

在2006年一场规格空前的"国美全球战略合作高峰会"上,200多位顶级品牌商到场站台。黄光裕扬言,到2008年,国美将实现1 200亿元的年销售目标,并进入世界500强。黄光裕说这个目标不是国美自己定的,而是中国的市场需求定的。按照家电业的发展速度,到2008年,国内家电市场将达到1.2万亿元的规模,只有达到10%以上的市场占有率,才能真正成为行业的"武林盟主",同时代的美国、日本的大型连锁企业市场占有率都在20%以上。

2008年,国美销售额真的达到了1 200亿元,这一年世界500强的入围门槛是166.91亿美元,约合人民币1 202亿元,国美多半个身子已经挤进世界巨头的阵营。只是2008年还没过完,黄光裕就因涉嫌内幕交易罪、非法经营罪、单位行贿罪,三罪并罚,获刑14年。国美就此止步世界500强。如果不是黄光裕入狱,国美会同联想、沙钢一样,成为第一批走向世界舞台的民营企业。

国美在中国零售业中的故事告一段落。此后十多年,其体量犹在,也不乏国美在老的竞争对手围追堵截和新的电商日渐崛起中的转型迷局,更有陈晓与黄氏家族的恩怨纠葛,妻子杜鹃要"打造一个更好的国美给黄光裕"的豪言和气魄,这些故事可能足够精彩,但国美已经失去了观察零售业态的典型意义。如今,黄光裕已经出狱,新国美的故事扑面而来,或许那将是未来我们观察国美的序曲。

千年老二的革新

一直在舞台中央,在C位旁边蛰伏多年的苏宁,在与国美的较量中被称为"千年老二"。

苏宁的前身是1990年南京市宁海路上一个不足200平方米的小门面,主营业务是空调配送、安装、维修一体化。这个时候全国家电流通市场,几乎被国有企业垄断,南京也不例外,新百商场、中央商场、南京商厦等八大国有商场稳稳占据了家电销售渠道的"龙头位置"。

张近东抓住国有商场体制机制僵化的弊端,以"反季节订货"模式让自己与厂家结成牢固的合作关系,其"高质低价+免费配送+免费安装"的营销模式,最终让八大商场败下阵来,在业界创造了"'小舢板'迎战'联合舰'"的商战经典案例。

根据《经济日报》记者栾笑语在大型企业传记《他们正在改变中国》一书中记载,当时苏宁刊登的一则广告颇具深意。在整幅的广告中除了列出一行行空调型号、批发价格和零售价格,还别有深意地嵌入了"后羿射日"的图案,写着"纵然有九个太阳"。后裔手中的箭被小小地标注上"苏宁"的名号,直指九个太阳,这固然有"到苏宁买空调就可对抗炎炎夏日"的意思,但也可能有苏宁"箭射"八大国营商场,只留下自己一个"太阳"的隐喻。

张近东的革新意识、抱负和气魄可见一斑。

而后，苏宁开始布局全国连锁零售战略。在世纪之交，苏宁大刀阔斧地砍掉了50%的批发业务，专注零售，布局终端。在当时，批发业务占苏宁全部业务的80%，且利润稳定。这样的决定需要"壮士断腕"的勇气，也实则是理性选择。

此时家电市场是混战的红海，仅空调行业，生产厂家就达到300家，正从"供不应求"到"供大于求"的急速转变，经销商队伍也迅速膨胀，商业流通环节增多，大口大口分食着这个行业的利润。众多厂商也开始变革市场渠道模式，以争夺终端市场控制权。美的空调举起"限制大户、扶持中户、发展散户"的大旗；春兰空调则喊出"封杀经销大户，自产自销"，要投资10个亿在全国建设3 000家连锁店；海尔也重新布局销售业务，干脆抛弃经销商，自己搞销售。

"掌控终端、实现渠道扁平化"的思路大行其道。这样的思想，在当今依然是王道。

于是，苏宁电器连锁集团股份有限公司诞生。这应该是苏宁被人记住的第一个名字，而后随着苏宁的每一次转型，都会伴随一个新的称呼，比如后来的苏宁云商和苏宁易购。

转战终端，连锁经营业态的背后，一场以"规模"为制胜要点的商战正悄然拉开序幕。这意味着不但店铺数量要上规模，经营品类也要上规模。前者，苏宁在2000年高调喊出"三年在全国开设1 500家连锁店"的口号；后者，由空调专卖店转向大型综合电器卖场，品类从家电扩展到"电脑、通信、家电三合一"，即后来成为兵家必争的3C产品。自此，规模扩张、品类扩充一直伴随苏宁成长的"主干道"。苏宁曾创下一年开店460多家、一天最高开店52家的行业奇迹。

再后来就是苏宁与国美正面对抗的老梗了。

2005年，在苏宁的大本营南京，国美新街口店开业当天，黄光裕亲临现场助阵，并霸气十足地宣称"三年不盈利"，他的目标直指离新店不过百米之外的苏宁旗舰店，为的就是以价格战，打到苏宁低头。

随着国美在全国范围内展开强烈的并购攻势，外界一度以为苏宁危在旦夕。这样的猜测也不是毫无根据的。

苏宁刚开始进行全国性布局时，国美在全国拥有近50家大型综合家电卖场；苏宁在深圳中小板上市，初始融资达到人民币4亿元，而黄光裕已经在一个月前借壳中国鹏润完成上市，成功套现26亿港币；2006年，苏宁电器年报中刚刚公布销售业绩超越国美2亿元，国美就宣布与当时排名全国第三的永乐电器合并成功，成为国内最大家电连锁集团，迅速实现了对苏宁的反超……

这些都让苏宁不得不从一开始就处于被追赶的状态，不敢须臾放松。也正是这份不敢松懈分毫的执念，以及在被黄光裕提出收购时，一口拒绝的坚决，让苏宁可以在2009年力压国美，成为中国最大的家电连锁企业。

苏宁有着耐力型选手惊人的力量，在接下来的十多年中，爬过传统零售关门潮的"死尸堆"，撑过与电商"硬碰硬"的对抗，在"智慧零售"中摸索前行，一路经历中国零售业的"起承转合"。

2007年的胡润百富榜上，黄光裕以450亿元的个人财富位列第四，张近东位列第九，马云和刘强东还没有上榜。2007年，中国连锁零售百强榜单中，国美第一名，苏宁第三，国美销售额达到1 023.5亿元，成为我国有统计以来第一家销售额过千亿的商业零售企业。

这一年，阿里巴巴的销售额刚刚突破20亿元，而刘强东刚刚将公司的名字确立为京东商城，拿到了一笔可以续命的资本，销售额还不足10亿元。

差距很大，但也成为各自的拐点。此消彼长，电子商务将以一种出人意料的方式和惊人的速度崛起，传统零售也定格在这最后的辉煌中。

电商巨头完成入场

这一切要回到 2003 年,电商元年的开启。

这时,阿里巴巴刚刚从世纪之交的互联网泡沫中艰难地挺了过来,通过裁员、压减开支,2002 年终于实现盈利,赚了 50 万元,远远超过了年初马云定下的"要赚 1 块钱"的小目标。这着实让人兴奋,阿里巴巴跑通了 B2B[①]模式。对即将到来的 2003 年,马云定下的目标是:每天收入 100 万元,这意味着一年将达到 3.65 亿元,没有员工敢相信!同样让员工怀疑的是,马云决定进军 C2C[②],建淘宝。

2003 年,刘强东从中关村的"京东多媒体"起家,连锁店铺已经发展到 12 家,他踌躇满志地要进一步扩大规模。

那一年的早春,一种叫 SARS 的病毒,传播到了北京,后来人们习惯叫它"非典"。作为全国的中枢,每天成千上万人进京、离京,北京很快成为全国疫情最严重的地区,高峰时中国大陆一半的病例出现在北京。人们对这种新型病毒,所知极少,能确定的是它能通过近距离飞沫传播,在家隔离成为当时的主流措施。

无人上街购物,京东 12 天亏损 800 万元。15 年后,刘强东在牛津大学演讲中,还心有余悸:过去 6 年赚的所有钱全部赔光,如果"非典"6 个月内不过去,我们公司就又倒闭了。但,绝处逢生。

面对上百万的库存,刘强东和员工硬是靠着"论坛推广+邮局交易"熬了过来,并惊喜地发现网上交易成本比连锁店低了 50%,这激发了刘强东做电商的决心,并在一年后关掉实体连锁店,全面进军线上。这直接引发的后果是,

---

① B2B,Business-to-Business 的缩写,是指企业与企业之间通过专用网络平台,进行数据信息的交换、传递,开展交易活动的商业模式。阿里巴巴正是提供了这样一个双方可交易的平台。
② C2C,Consumer to Consumer 的缩写,这里是指直接为个人和个人之间提供电子商务活动平台的网站。

38个员工，一下跑了十几个，因为他们觉得，刘强东疯了，明明95%的销售额、90%的利润都来自线下啊！

然而，京东上线3天，服务器就被黑掉了，黑客还扬扬得意地在网页上留言，"京东网管是一个大傻帽儿"。其实，刘强东那时根本没网管。这个未来的中国B2C[①]老大，面世之初也很草率。

但自此，未来两大电商霸主完成了入场，并开始了攻城之战。虽然个中有曲折坎坷，但中国电子商务的发展就像那穿越在曲曲折折山谷间的溪流，冲出峡谷，就是浩浩荡荡奔涌向前了。

三大战役站稳脚跟

淘宝经历三大战役，即免费、"双11"促销和对抗假货，坐稳了C2C电商的头把交椅，也让马云的"天下没有难做的生意"这一梦想具备了强大的用户基础平台，从而成就阿里生态王国。

C2C模式并非马云首创，在淘宝成立的同年，美国的互联网巨头eBay斥巨资收购了国产企业易趣，在中国做起了C2C的线上购物。eBay在中国延续了美国成熟的收费模式，不仅交易成功要收取2%的手续费，上架一个商品也要收1元~8元的费用，彼时一家独大。

面对如此强大的对手，淘宝为了抢夺用户，实行了免费策略，并把宝押在了未来用户增长上。免费意味着烧钱，需要有殷实的家底，或者巨额资本的支持，而此时的淘宝家底也不过就是2002年年底赚的那50万元。因此，当时eBay的CEO惠特曼豪言，"中国在线拍卖市场的战争会在18个月内结束"，也并非自大，毫无根据。

[①] B2C，Business-to-Consumer的缩写，是商家直接向消费者销售产品和服务商业零售模式。这里的B2C是指为买卖双方提供交易活动的网络平台。

然而马云不远万里，去美国找来了雅虎，2005 年，阿里巴巴以出让 39% 的股权，获得了 10 亿美元的注资和雅虎中国的全部资产。这让淘宝有足够的底气为淘宝商家提供三年免费政策。结局是 eBay 败走，中外互联网企业的第一场交锋结束。

这也成就了马云那句名言："今天很残酷，明天更残酷，后天会很美好，但绝大多数人死在明天晚上，见不到后天的太阳。"

淘宝的打法堪称中国互联网免费战略史的开山之作，淘宝以此将 eBay 赶出中国市场，令腾讯旗下的拍拍网失去赶超机会，让信誓旦旦进军 C2C 电商业务的百度折戟沉沙。2007 年的时候淘宝已经赢得了 C2C 市场 80% 的份额。

在淘宝一路狂奔的同时，面临着一个让人头疼的问题，即假货。当然，以马云的战略眼光定不会坐以待毙。2008 年，淘宝商城，也就是后来的天猫悄悄成立。阿里巴巴开启了 B2C 市场的征战。

此时，图书、服装、3C 等主要门类的 B2C 市场中，当当、京东占据着优势位置，收购了卓越网的亚马逊开始温和地调整，温州外贸商人沈亚创办的唯品会在广州上线。让知名品牌进驻淘宝商城并非易事，而且很多传统品牌商宁愿自己开网站做电子商务，也不愿意在淘宝上销售产品。因为当时的淘宝是小商家的天下，界面也远不如现在精美，很多低端的图片充斥其中。

各种艰难不必言说，马云亲自出面谈合作，他对优衣库社长柳井正说："你要复制在日本市场的成功，在中国开 10 万家实体店，没有 20 年是不行的。但你可以在网上做到，你来跟淘宝商城合作开官方旗舰店。"正准备在中国市场大干一场的优衣库成为第一个进驻淘宝商城的外国服饰品牌。

这在很大程度上是对实体零售和电商后期博弈的精辟解读。

阿里 B2C 的艰难还体现在潜在入局者的跃跃欲试。处于 BAT 排头位置的百度，掌握着 PC 端搜索流量，李彦宏派出"太子"李明远担任百度电子商务事业部总经理，可见在电商领域分一杯羹的决心。

商场如战场，拼的就是毒辣眼光与长远布局。2007 年 11 月开始，刚站稳脚跟没多久的淘宝就开始屏蔽百度的抓取。此前它们也曾相互取暖，亲密合作。淘宝曾将百度作为重要的网络广告投放平台，通过购买百度关键字，为商家导入流量。但为了掌控商家，建立起属于自己的流量入口，屏蔽百度这样的举动，即使放到现在，在我们已经深切感知到用户和流量对互联网企业的战略意义时，也颇有壮士断腕之魄力。

担任淘宝商城第一任总经理的黄若，现在想来仍心有戚戚。

"假如百度这时候杀入B2C，不仅和淘宝商城处在同一个起跑线上，而且百度可以转身对它的广告主们说，到我们这儿开店做生意吧，我们过去让你花钱（买广告），现在还可以让你挣钱（产生在线交易）。那么在B2C这个全新的制高点上，淘宝完全不具备优势，鹿死谁手尚未可知。"

淘宝和天猫逐渐站稳脚跟，而让阿里在电子商务市场上一路高歌猛进的还应当是"双11"的促销。

2009年，淘宝首届"双11"购物节在全场五折包邮中登台亮相，销售额达到了5 200万元，这是那个时代的购物平台极少能达到的高度，原计划的一次促销，却不小心创造了历史。而后，"双11"购物就像开了挂一样，一天时间轻轻松松就突破了线下零售巨头们一年时间积攒的成交额。这个开启了中国乃至全世界人们零点下单的购物狂欢节，成交量不断刷新眼球。

淘宝相继完成三大战役，走上电商霸主之位。

价格战的底气和成绩

2007年，京东拿到了今日资本的投资，也因为这次融资，刘强东第一次走进公众视野。

拿到融资后，刘强东宣布的两个决定备受关注，京东将从售卖3C产品向全品类扩张，同时决定自建物流体系。

在长时间亏损的考验中，刘强东将一笔又一笔的融资放到了京东的物流体系建设和服务技术研发中。哪怕是在 2008 年金融危机中，京东的现金流紧张到需要向今日资本申请过桥贷款，每年利息高达 20%，京东仍对自建物流青睐有加，这需要的不仅仅是力排众议的魄力，还有对物流体系之于电商重要性的强烈执念。重资产布局物流，在今天来看，也难以看清对错，更何况在当时。

京东在物流上的重金成就了优质的购物体验，强化了顾客忠诚，这也支撑了其打造全品类电商的野心。京东全品类电商的策略，意味着和已经在市场盘踞多年的垂直电商展开直接正面的竞争，也同时要和试图发展线上业务的传统零售巨头开始厮杀，当然一直伴随其中的还有和淘宝的持续多年的战争。

价格战似乎不可避免。刘强东带领着京东南征北伐，其中以当当和苏宁之战最为壮观。

2010 年 12 月 18 日，李国庆、俞渝夫妇在纽交所敲钟，发展十年的当当网俨然成为图书电商的老大。刘强东正是在此时发动进攻，在微博喊话李国庆："调整比价系统，从下周二开始，每本书都比对手便宜 20%！" 2011 年 3 月，刘强东继续微博喊话："今天第一次向我的团队发出威胁！我告诉图书音像部门，如果你们三年内给公司赚了一分钱的毛利或者五年内赚了一分钱的净利，我都会把你们整个部门人员全部开除！要打就要来狠的！"

这场价格战持续了一年多。与当当一战，京东凭借图书业务赢得了更多用户。2012 年，当当网积蓄 12 年，年销售额突破 14 亿元；京东图书业务上线两年，销售额就达到 15 亿元。

拿下图书市场，刘强东开始进攻 3C 领域。熟悉的豪言，殊死一搏的价格战又出现了。

此时，"美苏争霸"已然落幕，苏宁已经成为名副其实的家电连锁零售业老大，正投入重金打造旗下互联网商城——"苏宁易购"，大规模引入非家电供应商，完成全品类的战略目标。

2012 年 8 月 13 日晚 11 点，刘强东发了条微博："今晚，莫名其妙地兴奋。"这种掩饰不住的心情和"犹抱琵琶半遮面"的表达，引发市场无数遐想。

第二天，刘强东迫不及待地公布谜底："京东未来三年内大家电产品零利润，同时保证比国美、苏宁便宜10%以上。如果三年内，任何采销人员在大家电加上哪怕一元的毛利，都将立即遭到辞退！"第三天，京东写字楼内打出了这样一个条幅——"炮打苏宁指挥部"。

这个场景像极了7年前的南京新街口，黄光裕"三年不盈利"的霸气。这是一场十分直接的价格战，没有任何掩饰，双方交锋摆上了台面。

大家电，正是苏宁起家的"命根子"。苏宁被打了个措手不及，但反应迅速。凭借账面上超过200亿元的现金，苏宁祭出了"价差双倍赔付"的大杀器，并豪言道："如果比京东贵，我们就差价两倍赔！战斗已经打响！微博不是战场！请京东准备好货源！大家比比看！"

随后，京东依靠物流优势提出"211限时达"，即上午11点前下订单，当日下午送达；夜里11点前下订单，第二天上午送达。坦白地说，即使在今天，这个送货速度都可以秒杀所有电商平台。

"苏东大战"全面展开，被京东"点名"的国美随后也宣布加入其中，淘宝、亚马逊、易迅等相继陷入混战。一众电商似乎已全然不顾，奔向悬崖，拼的不过是在峭壁之前谁先勒马或者身亡。这样的打法将广泛出现在日后互联网各个业态的竞争中。

这场后来经常被人提起的"8·15电商价格之战"，给当时的消费者们留下了深刻印象，也在电商市场争夺史上留下了浓墨重彩的一笔。电商大战影响巨大，引发了市场秩序层面的讨论，最终政府部门介入调查，方才偃旗息鼓。

此后，京东凭借"正品行货"的价值主张和快速可靠物流的独特优势赢得口碑，从众多电商的厮杀中脱颖而出，在B2C领域成为领先者，坐上了中国最大的自营式电商企业老大的宝座。京东还为第三方卖家提供在线销售平台和物流等一系列增值服务，总营业收入、成交总额（GMV）不断攀升。

度过最艰难时光的阿里和京东开始稳稳占据电商行业前两名的位置。故事依然在继续的是，每年的"双11"和"6·18"，两位大佬从未停歇角逐。几年之后，马云和刘强东一同带着公司赴美上市。

不得不说，电商诞生在美国，但是阿里和京东这些最大的电商企业都出现在中国，这让两国的企业界都感到兴奋又困惑。这个现象不仅仅出现在电商、出行、本地生活等很多互联网相关业态中，土著企业都表现出了极强的生命力和影响力，后面还有很多精彩的故事。

挑战者永不缺失

如果说有一个行业被互联网影响得最为深刻，那一定是非零售业莫属。

2007年的传统零售正经历着最好的时光，商品琳琅满目，遍布大街小巷，业态繁华。但被互联网所打通的时空界面上，这些都显得极其脆弱。当你在互联网上可以看到世界上每一处的产品时，琳琅满目就显得逊色；当你足不出户，就能收到称心如意的商品，遍布大街小巷就失去了意义。电商们带着周到的服务、新奇的体验，正在打破传统零售的高贵。

然而，让传统零售彻底走向没落的，却更多是一种"我不杀伯仁，伯仁却因我而死"的无奈。电商能够迅速得到消费者的青睐，更多还是因为价格便宜。网络购物模式的精髓在于，打掉了从生产到消费之间多层的经销商体系，被高价格束缚的传统零售终端自然就失去了竞争力。面对互联网对渠道扁平化的改革，处于终端的传统零售有深深的无力感，以至于后来"关店潮"来得猝不及防。

"曾经让我们衰败的力量，或许终有一天让我们崛起。"这句话能贴切地表达传统零售的宿命。在整个商品流通链条中，传统零售最贴近消费者，最先被互联网影响，也因此最先获得生机。网购的普及，从消费者需求引导生产制造的链条被打通，长期散落在消费终端的传统零售不仅有商品销售功能，还可以提供展示体验、数据收集和物流配送服务等，成为能够承载商流、信息流和物流的小卫星。在新零售的本质在于"触达"的理念之下，遍布大街小巷的门店成了优质资产。

这是后话。

阿里和京东此时都正以挑战者的姿态出现，很快将传统零售搅得天翻地覆。

在电商行业中，阿里曾大战 eBay，将其赶出中国市场，京东曾大战当当、苏宁、国美，抢下图书与家电市场。它们屡战屡胜，平分天下。很多人都以为电商的大势已定，但有个叫黄峥的年轻人已经从谷歌离职，回到中国开启创业之旅，十年后，他创办的拼多多成功拿下马云和刘强东费尽心思争夺的"五环外"市场，甚至快速杀到阿里与京东的家门口，一跃成为排名第三的电商公司。

这就是阿里和京东面临的后来者。就像当初阿里和京东秒杀传统零售那样，拼多多以更加便宜的价格吸引着价格敏感性的五环外市场。然而，拼多多也终将像淘宝一样，必须解决假货和低品质问题，才能走得长远。可能也要向卖家收取广告费、装修费、推广费……商品价格也会水涨船高。那又如何呢？拼多多已经靠着补贴政策三分天下有其一。阿里、京东、拼多多将展开直面的较量。又或者说，十年之后，被认为没有电商基因的腾讯左手携着京东、右手握着拼多多，与阿里展开对决。

2008 房地产进入白银时代

2008年，对中国而言意义特殊。

这一年的春节，肆虐大半个中国的南方雪灾阻断了道路，数百万人滞留在天寒地冻的回乡之路上。5月12日，四川汶川发生8.0级强震，约6.9万人遇难、1.8万人失踪、37.5万人受伤，"多难兴邦"出现在了震区教室的黑板上。这是大悲大喜的一年。8月8日，北京奥运会开幕，中国夺得51块金牌，奖牌数正好100枚，成为历史之最。

9月15日，大洋彼岸的著名投行雷曼兄弟宣告破产，一场席卷全球的金融危机也蔓延到中国，波及几乎所有产业的走向，甚至每一个人的成长轨迹。10月，我国股市从6 124点的高位一路"跳水"到1 664点，前所未有的跌幅，引发了集体恐慌。经济三驾马车之一的外贸遭受重创，多年来首次出现负增长，高达60%的外贸依存度导致我国GDP增速腰斩，"物美价廉"的中国制造进入低迷期，大量工厂流水线上的工人失业。此时，仍旧以传统服务业态居主导的服务业，还没有显示出令中国经济升腾的力量。

在各国政府的集体救市中，我国也很快拿出了应对方案。2008年11月，国家出台了"进一步扩大内需、促进经济平稳较快增长"的十项措施，加快以铁公基、灾后重建和保障性安居工程为主的投资，振兴经济。这项计划共计需要投资四万亿元，因此被人们简称"四万亿"刺激计划。很快，2009年年初，信贷大幅放量，金融机构各项贷款余额同比增速出现了34.44%的峰值，大量的货币流向了国有企业，又通过它们进入了基础设施、房地产领域。

此前已经受到严厉调控的房地产企业，在金融危机的风暴下，大都到了奄奄一息的地步，但在高强度的信贷支持下，资金链难题迅速缓解。众多央企也带着无处安放的货币进入房地产市场，流动性极度充裕，地王层出不穷。房地产开发商继续跑马圈地，埋下了日后高库存的祸根。而钢铁、建材等上游产业也快速复苏，开启了新一轮产能扩张的浪潮。此后，尽管调控力度不减，房地产还是在人们的刚需、货币的催生和投机的驱使中，一路上涨。

然而，2008年之后的房地产，正逐渐告别粗放型的野蛮扩张，褪去"黄金时代"狂奔的底色，并在产业化、标准化和服务化方面精雕细琢，进入被人们称为"白银时代"的十年。改变了众多行业走向的互联网也没有"放过"对房地产的雕琢，尤其是在服务环节，互联网发挥整合能力、平台优势、智能体验，也催生出房产服务新方式。

拐点？并没有

2008年，对中国房地产而言，颇具有戏剧性，可谓冰火两重天。而冰火之间的转折点正是政策的重大变化，一如往昔。

1998年，我国取消了福利房分配政策，这个被誉为"开启中国房地产发展的根本性制度"，让房地产开始向以商品房为主的全面市场化进军。2002年，土地招拍挂政策开始实施，堪称"第二次土地革命"的制度突破，一众房地产企业开始名正言顺地"拿地、盖房、预售、回钱"。数万家开发商在各自区域内拓荒，草莽生长。

随后，2003年，国务院发布了《关于促进房地产市场持续健康发展的通知》（业内称为18号文件），首次明确指出"房地产业关联度高，带动力强，已经成为国民经济的支柱产业"，并提出对符合条件的房地产开发企业和开发项目加强信贷支持力度。

其中包含了两个重要信号。

一是国家对房地产开始"真金白银"的支持，银行所提供服务的对象从房地产商，也延伸到了普通购房者，甚至于中间的投机者，由此赚得盆满钵满。从此，房地产和金融就再也没有分开过，当然货币政策也成为房地产调控的主要手段。

二是房地产"牵一发而动全身"的地位确立。有研究表明：1元钱投入到房地产业中，可以激活128元钱的国民经济。房地产业所能影响和带动的产业，上到钢铁、水泥等大宗商品，下到硬装软装、家电家具、厨具卫浴、搬家保洁，估计不少于60个。房地产真正开始了蒙眼狂奔。土地升值，地方政府财政充裕，市政建设如火如荼，城市面貌日新月异，又进一步推动了房价的高歌猛进。因为巨大的需求或者投机，这一切都稳定地攀升在正向循环中。一个个创富神话被缔造，高收益成为行业的代名词，人们称之为中国房地产的黄金时代。

万科作为最牛的房地产企业，此时已经完成由多元化向专业化的转变，并将主业集中于住宅领域。2007年，中国股市一片繁荣中，万科的市值达到2 000多亿元，比美国最大的4家房地产公司市值之和还要高出50%。

一业兴，百业旺，房地产带动了中国经济极大发展。从2003年至2007年，是我国GDP两位数增长的时代。经济增长带给人们财富，这又极大地促进了"安家"的需求，房地产经历着辉煌的黄金时代。

这中间也不乏炒地皮、炒钢材、炒房团，令房价飙升，房地产一度过热，并招致了一轮又一轮的调控。到了2006年前后，房价问题再次成为全社会的焦点，"国六条""十五条"调控相继出台，密集又严厉。就像此后十多年一样，政策调控没有停止房价攀升的步伐，却严重影响了房地产商的现金流。与此同时，在人们的习惯性思维中，房价上涨是对房地产业的利好因素，开发商们非理性集体亢奋，并集中体现在土地市场的交易中。2007年，"面粉一度贵过面包"，土地流拍在各地上演，珠三角地区的房产交易量出现缩水。

总有一些清醒者。

这一年的年底，一场关于房地产是否已经进入"拐点"的争论展开。

房子和每个人息息相关，因此，房地产的企业领导人，相比于其他行业更受瞩目，明星大V尤其多。作为"92派"的代表，万通六君子之一的冯仑用"段子"精辟地针砭时弊。王石的个人魅力比其管理水平还要"吸粉"。自称"小潘"的潘石屹和张欣的故事被很多人熟知，生活上的亲密伴侣，事业上的互补伙伴。他们的一言一行，都成了吃瓜群众判断房价走向的"证据"。

2007年年底，王石率先抛出"拐点论"，认为房价持续快速上涨，到了需要调整的阶段，并在珠三角全线降价，业界哗然。此举还催生了一个奇葩的群体，即"退房团"。由于资产缩水，老业主们冲砸万科售楼处，甚至用送花圈、撒纸钱、念悼词的过激方式，哀悼"万科丧失商业诚信"。潘石屹则是坚挺房价的代表，他坚信房价依旧会平稳增长。

但谁都抵抗不了市场的真实和残酷。到了2008年，一众开发商齐刷刷地从遮遮掩掩的"暗扣"变成"明折"，但还是遭受了史上最冷的"金九银十"。土地端囤地造成的高成本，销售端资金回流乏力，两端挤压下，资金链困境显而易见，一众房地产商濒临倒闭。日后成为中国房地产NO.1的恒大，原定于3月的IPO计划推迟，几乎"奄奄一息"。这给跟在其后，要在资本市场努力一把的数十家中国房地产公司，无论是在资金上还是心理上都造成了巨大的影响。潘石屹说，"未来一百天是很多房地产公司发生剧变的一百天"，即著名的"百日剧变论"。

10月，金融危机到来，中国政府很快拿出了应对方案。一个月后，"四万亿"救市计划实施，国务院常务会议部署了促进房地产市场健康发展的政策措施，要加大保障性住房建设力度，加大对自住型和改善型住房消费的信贷支持力度，鼓励住房合理消费，还对地方政府"要负责稳定楼市"明确了属地责任。很快，来自银行的"雪中送炭"，让开发商们的资金难题迎刃而解。2009年，房地产拉动着上、下游产业，让中国经济率先走出了金融风暴。

2007年的刹那芳华，2008年的哀鸿遍野，再到2009年的柳暗花明，短短三年间，中国房地产走出了一条V形反转的醒目轨迹，其中冷暖已是几度轮回。2007年房地产市场的亢奋，一定程度上脱离了真实的购买力，即使没有金融危机的冲击，2008年的调整也难以避免。然而，有了金融危机，在庞大的救市刺激下，一批"富贵险中求"的企业被救活。

爆炸式的城市化进程，人多地少的基本国情，这个年轻的行业骤然承担起为数以亿计的城市家庭提供住所的重任。粗放野蛮的生长模式，高杠杆、高周转快速发展的思路，短期内难以被放弃。2008年，还是成了房地产发展的一个分水岭，在"史上最严厉的"一轮又一轮的调控中，传统的生产手段和发展模式，终究难以为继。此前，我们看到的是大地回春之后的百花齐放；此后，将上演的是大浪淘沙之后的王者归来，房地产也进入了"从量到质"的白银时代。在市场达到存量见顶之前，人口涌动中的刚需、各路资本的炒作和投机，依然会推动着房价保持上涨的趋势。

这些构成了此后十年中国房地产的复杂性。

房价！刚需！

万科的年报一直都很出彩，尤其是《致股东》的部分，不套路，真诚又华丽丽地专业！下面这段话，万科在年报中表达了多次。

"消费者的有效需求才是一个市场存在的理由。政策是市场环境中不可忽视的一个重要组成部分，但它的出发点，只会是防范市场波动带来的风险，而不可能凭空创造或者消除一个自我演进的真实市场。住宅是人类生存必需的基本物资，也是社会成员改善生活品质最重要的物质基础之一。决定住宅市场基本走势的，是经济的成长性、人口结构和居住形态的变迁。对于行业经营环境而言，只有平稳的增长才是行业之福，短期内过于亢奋的市场盛况必然不能持久，更不可依赖。同时无论一时有多少利空的消息，依靠真实需求支撑的市场也永远不会就此衰落或沉沦。"

是的，只有真实的需求与购买力才是一个行业复苏和持续成长的根本原动力。中国房地产从黄金时代到白银时代，甚至于到了被称为青铜时代的2018年，对于居住需求的挖掘和满足都是根本。这和所有的行业，别无二致。

中国正处于人类有史以来最快速的城市化进程中，行政区划的变化、城市人口自然增长、农民工进城及子女的扎根、乡村学生进城，构成了人口迁徙下中国城市迅速扩容的画卷，又在西部大开发、中部崛起、长三角经济带、环渤海经济圈的带动下，大城市快速涌现。这给中国住宅行业带来了历史性机遇。

从1998年至2018年，中国城镇人口增加了4.15亿，占目前中国城镇人口总数的50%左右，这是什么概念呢？相当于二十年的时间，中国增加了一个1998年版的中国城镇规模。这背后意味着强大需求，对住房的需求。乡村迁徙大军中，乡村学生和农民工是两大主力。他们怀揣梦想进入城市，落地生根，实现身份的转变，成为城市建设和发展的重要力量。2011年至2018年，农民工进入城镇年均约288万，乡村学生进城约654万，占到城镇人口增加量的46.7%[1]。房子于他们而言，更加刚需。

在人口快速向城镇涌动的同时，人口集聚格局也发生了深刻变化。多年来，人口涌动而来，京沪成为人才高地，也让城市的每一个角落都寸土寸金。有限的土地和房子，持续的人口输入和刚性住房需求，即使调控严厉，房价也难以降温。2004年到2018年，北京海淀区的年中均价从4 200元/平方米，增长到了88 588元/平方米，20倍的幅度[2]。同时，高速铁路网、城际交通网的兴建，也缩短了城市之间的距离，城市带加速布局，大都市周边地域的房价也跟着一路攀升。

自2017年开始，武汉、西安、长沙、成都、郑州等地先后掀起了以"降低落户门槛"为主要手段的抢人大战。其中最为抢眼的，当属西安。据说地

---

[1] 任泽平，中国人口大迁移，2019。
[2] 数据来源于安居客网站，https://www.anjuke.com。

方政府还专门开了一个誓师大会，要取得人才争夺攻坚战的胜利。当时，工作人员就在火车站办公，发现你是外地人，立马会跑上前问："你想落户西安吗？"只要你说一句"我愿意"，立马给拉到派出所，10分钟之内帮你完成落户。2018年，西安用这样的办法，让超过79.5万人落户。

随后有更多的三、四线城市，甚至是一线城市加入了抢人大战中。

"西安速度"释放出强烈的信号，人口或者人才正在成为城市竞争的高地。这背后的逻辑是在中国制造人口红利渐失的大背景下，拥有足够的劳动力才是产业崛起、地方经济发展的竞争筹码。当然，房地产经过一轮奔涌发展，每一个落户的人都在解决房子库存，甚至催生了新一轮房地产繁荣，进而推动了GDP的增长。根据统计局公布的数字，2018年全年，在全国70个大中城市，西安新房价格同比涨幅排名前五，其中有几个月，还跃居到了第二位。

除了人口的流入和聚集，人口减少的地区同样令人瞩目。在2001年至2010年，人口减少地区主要集中在中西部。2011年之后，东北地区人口减少日渐显著，无论是核心城市还是周边地区无一例外，在全国人口净流出地区的排名中当仁不让地坐上了头把交椅。三亚因为宜居，一度成了东北人的"天下"，还被人笑称为"黑龙江省三亚市"。

东北部地区人口持续减少，除了产业发展停滞，经济增速不断下滑外，给普通百姓带来的更为直观的感受，就是房价的下滑。黑龙江的煤城鹤岗，因为房子几万块钱一套，一度成了"网红"。

房地产史就是人口流动史，一点儿都不夸张。

仅有这种人口流动带来的需求是远远不够的。只有需求配上足够的购买能力，或者货币金融体系支撑的时候，才能是有效的。从2008年到2018年，大众财富显著增长，我国城镇居民人均可支配收入从15 781元增长到39 251元，翻了一番多。显然，这仍不足以跑赢房价上涨的速度，银行的贷款支援是将人们对"安居乐业"的渴望转化为真实购买的关键推动力。

曾经有个段子描述了中、美对超前消费的巨大差异。中、美两位老太太去世后相见了，各自发出了感慨。中国老太太说："攒了一辈子钱，终于攒够，可以买房子了，但生命结束了。"美国老太太说："我为了住上一个新房子，还了一辈子银行贷款，钱还完了，生命也结束了。"

现在绝大多数在城市买房安家的年轻人，都成了美国老太太。房子也成了每一个家庭的主要财富载体，房地产的兴衰已经和国民的生活状况牢牢地捆绑在了一起。

当然，房子和金融的联系，不仅仅表现在个人的房贷上，它还是重要的资产配置的选择，是金融杠杆运作的基本盘。

房子，金融标的！

2008年秋天，处于美国金融资本市场顶峰的"摩根财团"后代们，经历了史上最大的不安与动荡。贝尔斯登和美林，在美国政府和美联储的策划安排下，分别被摩根大通和美国银行紧急收购。历经了一百五十年风雨的雷曼兄弟并没有得到监管层同样的眷顾，无奈宣布破产。剩下的两家——高盛和摩根士丹利则放弃了投行模式，转型为传统的银行控股公司。美国五大投行的结局尘埃落定。

这场由房地产次级债所引发的金融危机，从一开始就将金融和房地产捆绑在了一起。

为了应对经济可能的下滑，美联储多年将利率维持在一个极低的水平，并鼓励人们贷款，通过刺激消费来促进经济增长。到了2000年以后，美国迎来了金融更加自由化的浪潮，监管层在放松管制的过程中，贷方不断降低信用要求，开始大量地向信用记录和收入状况在正常情况下难以获取贷款资格的人提供抵押贷款，这些被称为"次级借款人"和"次级贷款"。越来越多的美国人因此获得了买房的能力，房产的售出速度大幅提高，房价一路直上，房地产的非理性繁荣扑面而来。

另外，在资产证券化的普遍操作下，贷方为了分散风险，以证券化的手段将收款权利转让给他人。当一个金融机构拥有成百上千这种权利合约时，就可以发行MBS（抵押支持债券）。这些债券作为金融产品流向普通的个人投资者，也有可能被继续打包成更加复杂的金融产品销售。作为抵押资产的数千万个抵押贷款协议以及它们背后房子的价值、购买人真实的偿付能力就成了这一切得以循环的基础。

到了2008年，房地产泡沫膨胀到极点，无力偿还贷款的次级借款人变得越来越多，这场"次贷危机"的多米诺骨牌第一张倒下。贷款机构开始变得谨慎，让整个循环链条中的资金绷得一度断裂。众多的抵押贷款协议成了"有毒资产"，因持有了大量迅速贬值的债券，贝尔斯登、雷曼兄弟这些顶级投行开始摇摇欲坠，恐慌情绪在整个金融系统中散播，最终引发了席卷全球的金融危机。

2008年的中国，金融和房地产还没有发生如此紧密的互动和渗透。金融之于房地产，还更多体现在银行直接向个人提供的消费信贷，对房地产商直接发放的企业信贷上。关于房地产的政策手段，也大都是以此为着力点进行住房信贷的调控。

随着房价的一路上涨，房地产的投资属性越发显现，金融机构显然不会忽视其中的获利机会。更重要的是，2008年之后，我国展开了轰轰烈烈的金融创新浪潮，银行、证券、保险、基金等监管政策大力度放开，金融的混业经营快速活跃起来。通道业务、嵌套业务、非标资产都在表外涌现，并通过层层打包，加着杠杆，以理财和信托等方式展现给大众。"只涨不跌"的房地产自然成了这一系列眼花缭乱的金融产品的基础标的。从土地购置、房屋规划、建筑到最后的个人房贷，整个房地产链条的各个关节，无一例外，都出现了不同程度的金融化。

即使中规中矩、受到严格监管的表内业务，也是持续上升。全国金融机构中，房地产贷款余额占全部贷款余额的比例，在2014年为21.3%，2015年为

22.4%，2018年为28.4%，更大的看点还是表外部分。银行为刺激消费，推出了消费贷，尽管严格监测了借款人的资金走向，但流向房子的"首付"比例依然不在少数。一些P2P公司干脆直接经营起了"首付贷"业务。在"地王"频生的年代，巨额的购地资金，自然也少不了各类金融机构变换着名目、七绕八绕后地偷偷输血。而那些在建的房产，甚至商业地产中的意向入驻品牌商协议和应收租金都被打包成信托计划或理财产品。

近些年，有一股重要的力量改变着金融格局，对房地产的影响更加硬核。这就是低成本、大规模、长周期的保险资金，和房地产的大资金需求简直是"天生一对"。随着保险投资的监管松动，保险资金联合房企拿地、二级市场举牌上市房企、通过信托子公司入股地产项目，以泰康为代表的一众保险公司，还做起了养老地产的生意。

2015年，"万宝"之争轰动一时。宝能及其关联公司多次在二级市场举牌万科，很快控股比例就达到了22.5%，直逼万科管理层的控制权。王石批评宝能"历史信用不足、能力不够，不欢迎其成为第一大股东"。这场中国A股市场历史上，规模最大的一场公司并购与反并购的攻防战引起广泛争议，更何况争夺的对象还是万众瞩目的房地产优等生——万科。人们对万科不稳定的股权结构争论不休，但让大家一致好奇的是，这场"蛇吞象"式的交易，宝能系的资金从哪里来。前期进场的是宝能系所掌控的前海人寿的保险资金104.2亿元；之后券商资金接棒，宝能自有资金39亿元，以1∶2的杠杆撬动券商资金78亿元，合计金额117亿元；最后银行理财资金入场，组成约232亿元的资管计划购买万科股票。

一时间，金融资本纷纷入场房地产。这两个在中国所有行业中利润率稳居前列的行业就这样在众人的注视下走到了一起。从金融产品的操作层面到股权控制都紧密地关联。房企也开始积极地拥抱金融，争相参股金融机构，或者发展金融板块，形成了以房地产为核心，金融和投资为两翼的普遍模式。

2008年之后的几年，美国次债引发的金融危机的余波还没有退去，以房地产的各个环节为标的的金融杠杆越加越大，影子银行达到百万亿规模，很快金融的安全和稳定的重要性，就超过了金融创新，成为管理层的首要目标。

泡沫，谁来造？

如果说人口流动带来的真实需求，是房地产兴旺的根源。那么推动房地产价格攀升，甚至走向泡沫的，少不了各路资本集结下"炒"的力量。而这背后，是土地财政下面粉贵而后面包贵，是地方钱袋子的依赖，是众多民间资本的无处安放，是国资军团的奔"钱途"而来。这些因素相互作用、相互叠加。最终房地产不仅关乎着人们的安居乐业，甚至影响到国家的金融和社会稳定。

当一个商品具有了稳定上涨的预期，各路资本很快就会蜂拥而至，推波助澜。在我国的房地产进程中，房子一次次刷新着中国人对于获取爆炸性财富的认知，"炒房团"进入人们的视野。

率先登上历史舞台的，当属温州炒房团。

2001年8月，在温州到上海的火车上，有三节车厢里坐满了温州人，他们不为旅游探亲做生意，而是在《温州晚报》的组织下，专程到上海来买房。在上海市政府的热情安排中，温州人砸下了5 000万元。两个月后，又一拨温州看房团来临，成交8 000万元。就这样，一批又一批的温州人踏上了北上的火车，不断刷新的金额引爆了大众舆论。

温州炒房团的身影开始遍布全中国，他们的"战略路线"甚至精确到每一个城市。擅长抱团取暖的温州人，通过众筹，拿上几个亿的资金，开拔到了一个个热点城市，炒房团的构成也从单一的大小老板，壮大到一般的工薪阶层。炒房的方式也从购买房子本身，到介入地皮的买卖、接手资金不足的烂尾楼盘，甚至拿下整个小区，然后做局哄抬房价。

当然，温州炒房团只是中国房地产二十多年的进程中，炒房大军的一个缩影。房地产所带来的收益，甚至数十倍于其他行业，任何资本都难以拒绝。在房价疯狂上涨中，每一个你我都主动或者被动加入了这场波及众人的保值增值的大事件中。

如果说温州资本代表了民间力量对财富的逐利，那么以中央企业为代表的国家队入局，则从源头上添了一把火。"四万亿"的安排中，国有企业的货币极度充裕，它们开始按照政策安排，开工"铁公基"，布局关键性领域，也夹带着私货，不能免俗地奔向"钱途"，进入了房地产。

2009年，中央企业在全国各处拿下地王的消息频频传来。中化方兴以40.6亿元的天价，将北京广渠路15号地收入囊中；中铁置业在三亚市迎宾路上，以近2.3万元/平方米的价格造就了海南新地王；中海地产在上海普陀区，砸下了70.1亿元，创造了平均楼面地价为2.2万元的新高度；中泽置业在北京奥运村，以超出底价1.2倍多，刷新出1.5万元/平方米的楼面价。而这些房地产企业的背后是中化、中铁、中建筑、中国电子等著名央企。要知道2009年，上海普陀区和北京奥运村的平均房价都仅仅为1.6万元/平方米上下的水平。"面粉"已经贵出新境界，几年之后，这些地王上竖起来的"面包"价格攀升是必然的道理。

一众央企摩拳擦掌，要在房地产市场大展风采，中国建筑将要把房地产业务的利润贡献比例提升至60%；而中国中铁，则立志要进入房地产行业5强。根据《华夏时报》记者江金骐的报道，当时国资委分管的129家央企，超七成企业涉足房地产业。其中，保利、远洋、华润、中房等以"房地产开发与经营"为主业的仅有16家，而来自钢铁、冶金、医药、农业、粮油、化工等行业的78家央企，都在辅业中标注上了房地产，并快速加入了拿地大军的行列。

政治责任、社会责任和经济责任一肩挑的国有企业，要面临经济效益的考核，要完成"保增长"的目标，此时的房地产确实非常诱惑。更何况，货币是天然逐利的，无论在谁的手中。2010年，国资委紧急向78家非主业央企发出了"退房令"。但创造"地王"的，又何止央企，在土地价格越吹越大的泡沫中，没有一个房地产商是无辜的，每一家都被裹挟其中，疯狂地拿地。

说到土地源头，不得不提到土地财政。房地产行业不仅在国民经济中的龙头地位难以撼动，其对地方财政的贡献，更是其他行业都难以企及的。除了上、下游产业的带动给地方财政带来的积极影响，还有房地产行业本身的税费贡献和土地出让金，这是两大直接收益。

根据智研咨询的数据，2010年，房地产行业贡献的增值税、消费税、营业税、所得税、城市维护建设税、房产税、印花税、城镇土地使用税等占地方财政收入的比重为13%，到了2015年，提高到22%。土地出让金，俗称地方政府卖地的收入，归口到地方政府性基金收入。2008年之后的这些年，土地出让金对地方政府性基金收入的贡献更是直线攀升，一度达到了90%以上。税费贡献和土地出让金，真金白银的进项，让地方财政对房地产的依赖达到了40%以上。

在浩浩荡荡的城镇化进程中，地方政府通过招拍挂制度，成为唯一的供地者，在卖方市场的效应下，众多房地产商助推着地价一路走高。在国家层面，宏观经济的发展形成了对房地产的路径依赖；在地方层面，地方政府形成了财政依赖。无论是中央还是地方，面对房地产的持续过热，予以调控都需要极强的决心。

房产投资也成了一件可以快速完成数代人财富积累的通途。这就好像一辆快速奔跑的列车，那些没有在合适的机会购买房产的人，哪怕用尽一生全力奔跑，或许都没有机会再上车。房价上涨越快，贫富差距也就越大。

房地产市场聚集着泡沫，房价一路走高，诸多"鬼城"出现，偏离了"房子是用来住"的定位。2014年，多个城市的"去库存"周期在15个月的警戒线之上，三、四线的城市库存甚至高达30个月，这意味着这些城市现存的房子需要两年半才能卖完。2015年，中央层面开始了"三去一降一补"的供给侧改革，去金融的杠杆、去房地产的库存成为重要内容。

机遇，没辜负！

任泽平曾提出过广为流行的分析框架："房地产长期看人口、中期看土地、短期看金融。"过去这些年，尽管政策在持续调控，房地产行业时有波动，但终是向上增长的。

这是人口大迁徙所激发出的需求喷涌，也是在土地稀缺性和土地财政共同驱使的作用下，供给到市场的土地不断走高的价格，更是逐利的金融资本不断创新方式，与房地产进行深度的融合和渗透。当然还少不了房地产商队伍的不断壮大，并将这一切因素转化成繁荣的房地产业态。

万科在年报中，多次表达出：这个行业真正的价值，从来都不在于高收益率，而在于高成长性。持续增长是个很可怕的概念，其魔力就像复利计算一样。中国正在经历的高速现代化、城市化进程，是千年难求的历史性发展机遇，房地产商们显然没有辜负。

在房地产这片热土上，从 2004 年到 2014 年，万科用了十年的时间，将规模（营业收入）从 90 亿元做到了 2 000 亿元。作为全球最大的房地产企业，万科一直备受瞩目。在房地产市场混乱的飙升式发展中，万科坚持追求行业的合理利润，超过 25% 的利润不做，更多关注真实的购买力和持续的成长。当"一次性设计、作坊式生产"还是行业的普遍现象时，万科已经着手推进产品的标准化和住宅的产业化，用工厂生产住宅部件，然后像搭积木一样，把一个房子垒起来。这些前瞻性的、理性的思路，即使在后来的"红烧肉""野蛮人入侵"等事件中，都没有让人们降低对这个代表着中国高水平管理的企业的敬意。

万科以规模效应和递减的管理成本来拓展企业成长的边界，在足够大的市场中快速崛起。显然，这个足够大的市场，崛起的不仅仅是万科，产业化的单品住宅在全国拓展也不是房地产商做大的唯一路径。集中区域，坚持产品多样化，也能达到利润最大化。恒大、碧桂园、绿地、万达在多年后都出现在世界 500 强的榜单中，并在 2018 年迎来它们的高光时刻。就像 2006 年，美国的四大房地产商齐刷刷地出现在这个榜单中一样。在城市化进程中，除了关乎老百姓安身立命的住宅地产快速做大，商业地产、园区地产也以并跑的姿态成长起来。前者以万达为代表，后者以华夏幸福为标杆。

万达是我国非常具有特色的商业地产，其打造的万达广场聚集了酒店、娱乐、餐饮和百货，是一个充满休闲乐趣和丰富购物体验的活力空间，现代化的建筑群落和极为便利的交通组织，一经落成，便成为当然的城市中心。品牌商家身处其中，坐拥庞大客流，获得来自万达广场城市综合体的全面滋养。王健林说，万达的领先不是规模，也不关乎速度，而是商业模式的成功。万达首创了"订单商业地产模式"，与众多商家品牌结成战略合作伙伴，确保每一座万达广场先租后建、满场开业。在另一端，王健林说服正在为城市扩容雄心勃勃的市长们以极其低廉的价格拿出一块地，营建面积在40万平方米到200万平方米的万达广场。当万达以城市综合体的姿态成为一个城市现代化的标志时，无论是万达自身、商家品牌还是地方发展都是正向的力量。

如果说万达商业地产的崛起很好地契合了地方城市发展的需要，那么以华夏幸福为扛旗者的园区地产则迎合了地方政府招商引资的刚性需求，地方政府作为甲方客户的属性更加明晰。相比于卖地的一次性收成，招商落地和产业发展带来的持续税收和就业更加可贵。华夏幸福从基础建设、修路、制定园区规划做起，而后再建房子、卖房子、做招商落地，贯穿始终。两部分中，前者政府会按成本的110%左右给予补偿，后者会按落地投资额的45%给予抽成。但通常地方政府都不会拿出真金白银来支付，而是以赠送土地来抵销，这驱使着园区地产商不断做大、不断循环，在建房的同时，还要将园区服务、园区管理和产业集群等通盘考虑，才能获得可持续性的收入。

住宅、商业和园区可以被称为房地产的三原色，随着老龄化社会的来临，人们从对衣食住行的物质需求转向康养娱乐的精神健康需求，房地产的业态也扩展出康养地产、物流地产、教育地产、体育产业等更加多样化的种类，并从地产本身延伸至物业、社区和经营等维度，三原色编织成了丰富的地产彩虹。

从1998年开始，中国房地产行业经历了长达二十年的繁荣，不但催生出世界级体量的企业，具有极强地域属性的小型地产商、企业集团中的房地产业务也成千上万地涌现出来，从一、二线城市，到三、四、五、六线城镇，在辽阔的中国大地上，分食着市场。大型房地产商们群雄逐鹿，小型地产偏安一隅，各自抓取着中国历史进程赋予房地产的时代机遇，并在存量调整之前，各自都开始培育新的增长点。

服务：另一个战场

以 2008 年为转折，房地产开启的白银时代中，地产商一边跑马圈地，一边精雕细琢，努力从"产销模式"向"资管模式"转变。地产商从注重销售和规模向注重持续现金流转变，从"买地造房卖房"向"资产整合优化运营"转变，从衡量规模、周转、利润率的简单价值模式向复杂结构化的金融体系搭建及金融产品开发转变。"房地产+服务"正在取代"房地产+钢筋水泥"，物业社区的经营成为另一个战场。在互联网广泛应用的洗礼中，物业将和零售、本地生活进行更加紧密的关联，被打造成"以人为中心"的社区生态。

早在 1990 年，王石就受索尼售后服务理念的启发，成立了物业公司，为房地产开发提供"售后服务保障"。多年过去，多少人因为万科的物业，买了万科房子。物业服务对万科品牌的加持已经超过了锦上添花的意义。物业自身也从成本部门，变成利润中心。2015 年，万科物业的营业收入已经达到 29.7 亿元，营业利润率 17.38%。

随着地产商将一栋栋房子建造在全国各地，物业服务的市场也迎来了广阔的天地。相比于卖房子的一次性收入，房子里的人的需求才是源源不竭的现金流。房地产面临持续调控的压力，各大地产商和资本市场更加看明白了这个道理，物业被纷纷拆分上市。2014 年，第一家物业公司彩生活登陆资本市场，2015 年头部企业中海物业在香港上市，拉开了物业公司上市的大幕。2020 年，上市的物业公司数量达到 30 多家。而那些早早在实践中探索的物业服务公司，也开始了"管理和服务"的对外输出。后房地产市场，对存量房的管理、服务和运营将成为新的增长标的。

这一阶段，正值互联网大肆改造线下，电商全面铺开社区店建设的时期。

社区是人和不动产结合的产物，从地产商分离而出的物业企业具有天然的优势。国安城市提出要在2020年打造万家国安社区店，绿地的G-Super零售，保利的"若比邻"社区超市，佳兆业的CASA MIA精品超市和生鲜便利店，都是房地产企业在社区生态布局中向零售拓展的典型代表，而这也仅仅是物业服务中的普通一环，挖掘并满足多样性的居住服务需求，才是更大的市场。

那些难以在社区物业服务上形成规模效应的区域房地产企业，进行了更加大胆的探索。地处江苏的弘阳地产，要在聚集着20万人口、8平方公里的南京江北打造智慧小镇。这个具有未来感的小镇，以强大的技术服务平台作为支撑，将人们的生活、健康、教育、娱乐等需求和商圈的供给实现互联互通，同时辅助于人脸识别、车辆识别等技术，将居民的生活数字化、智能化。如此，弘阳小镇所提供的服务，不仅仅是对居民，还有政府的管理和产业的引进，堪称居民生活版的华夏幸福。

顺应大势，守正出奇的不仅仅是地产商，房屋中介在"服务"这件事情上做出了更加接近于互联网思维和本质的改变。中介，大都以信息不对称起家，是中国最草莽、最传统的行业之一，更是人们普遍认知中的服务业。在互联网的广泛应用中，信息的对称和触达得到了本质上的解决。一众房屋中介，渐渐告别了资讯和媒介服务模式，开始深入交易环节，也开始搭建透明对称和基于服务本身的基础设施。

诞生于2011年的房多多，怀着打造"房产界淘宝"的梦想，建立起一个买房者、房地产商（业主）和经纪人的多点连接平台。高举高打的房多多，曾尝试像滴滴、美团等在消费互联结出硕果的企业一样，重金To C，做一个直接服务买房者的房产中介电商。但是，来自互联网打法下的转化效率与经纪人的私域流量相比，并不尽如人意。在赔钱赚吆喝式的遍地撒网中，缺乏对经纪人环节获益的考量，尽管交易体量在上升，但交易质量和体验不可避免地有所下滑。更何况在房子这个庞大的商品面前，资本补贴之下的客户几乎没有黏性，没有复购的可能性。房多多逐渐退居平台角色，转向服务经纪人、地产商，并借助移动互联的大势,力图实现房产交易业务场景的全面App化。房多多还参照淘宝的信用价值,用70多个维度建立经纪人信用体系,以激励经纪人的活力和效益。

相比于其他商品,房产的交易环节偏重线下又十分复杂,强调专业能力和服务意识,经纪人的角色不可或缺。对行业缺乏深刻理解的互联网后来者,哪怕以资本拼杀和烧钱补贴,真正立足并不容易。但互联网化的作业方式,却能够推动房产经纪行业进入一个新的里程碑。

成立于2001年的房屋中介领头羊链家,早早完成了IT化改造,建立了房产服务平台链家网,将房源信息搜索、服务标准建立和大数据处理融于一体,又率先开展"真房源行动",乃至用真金白银的兑付来承诺各项安心服务,在草莽的行业竞争中脱颖而出。这为链家此后携手众多经纪人进军线上,横向拓展出贝壳找房,提供了思想上的准备和技术上的支撑。

在互联网大潮的洗礼中,计算机专业出身的链家创始人左晖显然不会任凭线上的力量来颠覆传统服务,而是将传统的房产经纪秩序与互联网精神进行了线下和线上的融合,构筑了贝壳找房,甚至还给行业建立了操作系统。贝壳一方面用移动App和VR看房连接着用户,另一方面又通过几十万经纪人去跟进、黏住、服务客户,线上线下,两张网相互促进。更引人注目的是,贝壳一手将链家缩进贝壳,让链家成为一个入驻品牌,另一手以"共享真实房源信息与链家管理模式"为号召,构筑开放平台,服务不同品牌中介,建立经纪人合作网络。贝壳与链家也变成了京东平台和京东自营的关系。

左晖用互联网的力量,合纵连横,试图初始化行业秩序,这也在很大程度上打乱了行业格局。原本是竞争对手的房屋中介变成了合作对象,原本是上、下游关系的58同城,则因为"信息服务"的同质变成了竞争对手。一时间,行业中充满了争议。在推出贝壳之前,链家也早早进行了准备,2015年启动全国扩张,收购了上海德佑、深圳中联、成都伊诚等一众中介品牌,一年间完成11笔并购交易。这为后来贝壳模式的跑通拿下了房产经纪人的基本盘。

当企业成长到一定阶段，竞争力的表达已经超脱了规模、效益这些浅层次的衡量标准，而是体现在规则和标准的制定上。链家在17岁的成年之际，重磅推出贝壳找房，这是链家对于行业理解和服务能力的一种输出，更是对行业话语权的掌控。随着贝壳的支援者腾讯要布局B[①]端，全面进军产业互联，贝壳的定位将更加清晰，那就是服务好中经纪公司，打造行业层面的居住服务平台。

以上就是2008年金融危机之后，进入白银时代的房地产行业发生的故事。跑马圈地和精雕细琢并重的年代，成千上万的房地产商也迎来并购整合，二八法则哪怕在这个上升的行业中，也依旧具有普遍的适用性。轰轰烈烈的十年，地产商和中介商数量大幅减少，依然留在牌桌上的胜者综合实力将大幅提高，根据不同的先天禀赋及专业走向，逐步形成新三股势力：资源储备商、专业开发商、专业运营商。专业能力和服务能力成为日后竞争的筹码。

---

① B端，即企业端。

2009 网购狂欢中快递一路向前

2009年，中国经济尚处于金融危机的重创中，无论是产业基本面还是微观企业都乏善可陈。而在这一年，淘宝举办了第一届"双11"购物狂欢节，而后京东、苏宁鼎力加入，网购蔚然成风。

电商体内蕴藏的巨大能量彻底将快递公司征服，同时"爆仓"这个金融常用语也随着"双11"成交量的一路狂奔，让快递公司"痛感"明显。更为重要的是，2009年10月1日，修订后的《中华人民共和国邮政法》（以下简称《新邮政法》）正式颁布实施，民营快递终于摆脱"黑快递"的身份，正式获得法律地位和认可，自此快递开始一路向前，并成为中国经济的"黑马"，得到总理点赞。

电子商务的壮大以及快递业的崛起，不仅成为未来十年新经济的重要组成部分，也改变了人们的消费方式，外卖、闪送等本地生活服务大行其道，甚至影响了制造和流通的方式，C2M[①]方式蔚然成风。

2009年，中国服务业发展中的佼佼者正受到"高光"关注。这一年，中央电视台经济频道举办中国十大经济年度人物评选中，服务业领域的企业家第一次占到了半数，他们是民生银行董文标、深创投靳海涛、凤凰出版谭跃、新浪曹国伟、新东方俞敏洪。

《经济观察报》社长刘坚撰文写道，"在这样的一个时代背景下，我们更需

---

① C2M是英文Customer-to-Manufacturer的缩写，是指由用户驱动生产的反向生产模式，强调生产制造从客户需求出发，因此客户需求数据的收集能力和分析能力至关重要。

要由创造、创新、提高效率而带来的经济增长。中国经济必须寻找到一种更有韧性的发展模式"。服务业之于中国经济的发展，似乎正是承担了这样一个重任。这是新业态的创造、新经济的蓬勃发展所带动的经济增长点，是流通渠道整合、物流交通大发展带来的经济运行效率的大提高，也是互联网新生活、大文娱的产业化带来的消费新趋势。

2009年的这样一份人物榜单，更像是服务业为人们标注的一个鲜明注脚。

民营快递有了合法性

2005年，国务院常务会议的一份批复打破了中国邮政长期政企合一的局面。大陆31个省、自治区、直辖市的邮政管理局相继成立，邮政快递的监管机构铺设完备；中国邮政集团以企业法人主体的身份进入市场，一个新的大型中央企业浮出水面。政府依法监管、企业自主经营的新格局成型，中国邮政与民营快递、外资快递开始同台竞技。

故事到此时，开始有了波澜。

在原有体制下，中国邮政在履行"推动流通发展、促进经济增长"的市场功能之前，它首先是一个国家重要的社会公用事业，承担着邮政普遍服务的义务。我国幅员辽阔，在很多偏僻、地广人稀的地区，非国家意志难以保证邮政的普遍性，这也成为国有企业必须承担社会责任，甚至是政治责任的重要体现。

打破"政企合一"的局面，中国邮政集团公司如何分拆普遍性业务和竞争性业务，如何平衡中国邮政的普惠性和竞争性，中国邮政又如何与其他快递公司开展竞争？这些都是不小的难题。各方聚焦到了邮政专营权的界定上，因为这不仅是普遍服务的边界，更意味着中国邮政集团垄断性服务的边界。前者大概率会亏损，而后者则意味着利润的保障，是一种补偿性收益。但如果边界过大，就一定会对其他市场主体造成不公。

这其中充满了激烈的博弈和妥协，并直接体现在对《新邮政法》修订的旷日持久的拉锯战上。《新邮政法》从 2002 年开始修改，历经十一稿的讨论，都是在小范围内征求意见。一轮又一轮的修改稿都没有确定经营合法性的边界。2008 年，第一个修订草案终于进入公众视野，仍没有明确规定邮政专营权的范围。这让民营快递不安地挣扎在"大限将至"的边儿上，集体抗争也由此被激发。

最终，历时 7 年，这部堪称行业的"根本大法"《新邮政法》在 2009 年 10 月 1 日正式颁布实施。其中，各方关注的邮政专营范围表述为"国务院规定的范围"，回避掉了备受争议的邮政专营的单件重量。

这于民营快递的发展算是一种默许和鼓励。每一项改革之艰难，各方博弈的纠缠，在《新邮政法》的修订上体现得淋漓尽致。值得庆幸的是，政策制定者最终选择了有效激发市场活力，用国有企业的亏损来支撑起邮政的普惠性。

这一版的《新邮政法》为非邮快递赋予了合法身份，为民营资本进入快递流通业拓宽了通道。如果说这为快递业的发展清理了一系列政策性障碍，那么此后以"双 11"为代表的电商爆发则为我国的快递业打开了一片市场新大陆，让中国快递从默默无闻成长为中国经济的"黑马"，并为服务业贡献了巨大增量。

网购如风　快递如火

11 月 11 日，因为形似四根棍子，而在年轻人中流传为娱乐性节日——光棍节。它在年轻人心中所引起的共鸣，在日后的购物狂欢中似乎也得到了某种延续。

2009 年，阿里巴巴举办了第一届"双 11"，因参与商家的数量和促销力度均有限，只有 27 个品牌参与了活动，却达到了远超预想效果的营业额——5 200 万元！

原本的一次促销，让阿里看到网购的巨大潜力。

自此，每年的 11 月 11 日成为阿里举办大规模促销活动的固定日期，随后京东和一众电商鼎力"竞争",网购蔚然成风。这一热情甚至延续到了国际,"双11"后来更名为全球购物狂欢节。在那24小时里,下单买买买成为一种神秘的仪式。零点开抢,一波又一波商品折扣激发了人们的消费欲望,当天24小时的交易额也在不断刷新纪录。到2019年的"双11"当天,天猫的总成交额达到2 684亿元,京东披露的数字是2 044亿元。2 000亿元,这意味着什么?2019年,中国共有107家企业在这一年的营业收入达到了2 000亿元以上[①]。以"双11"为代表的网购促销呈现出了一种非典型的经济状态,以此为代表的电商增长势头一发不可收拾。

火起来的网购考验着支付、物流、数据计算等方方面面的能力,也成为现代商业基础设施完善的催化剂。

第一个大考验,就是物流难题。

对已经获得正式法律地位的几大民营快递来讲,正铆足了劲要大干一场,当时申通日均业务量已逼近百万大关。2009年,淘宝的第一个"双11"产生的26万件物流订单,确实显得"僧多粥少"。淘宝在最初与快递公司合作时是艰难的,没有足够的物流订单来满足快递的日常吞吐量。此时谁都没预料到这位客户日后的飞速发展,更想不到快递公司的命运会与这个大客户紧密相关。

2010年"双11",交易额达到9.36亿元,同比增长1 772%。这一天共产生物流订单1 000多万件,较前一年暴增近40倍。

2011年是淘宝举办的第三届"双11",因为有3个"11",这一年的"双11"也被大家戏称为"世纪光棍节",话题感爆棚,消费热情更是空前。当日交易额飙升至33.6亿元,里程碑式的飞跃,是上一年的约3.6倍,开场8分钟成交额就破亿,物流订单产生的快递包裹量达到2 200多万件,较2010年翻倍。

若干年后再看这样的成绩显然微不足道,但当时让所有人为之兴奋,快递公司开始"痛感"明显。包裹的增长量大大超出预期,虽然事先也进行了精心

[①] 数据来自中国企业联合会发布的2020中国企业500强榜单。

准备，但面对潮水般涌入的包裹，转运中心根本无力应付，几近瘫痪。

全国各地驶来的大货车，在转运中心外围排起绵延数公里的长龙，有些快递重镇的交警部门都接近崩溃，跟快递公司一起加班加点，24小时疏导。作为管理部门的国家邮政局也在网站上首次开设快递旺季服务保障的专题页面。

然而，在"双11"的重压下，原本2~4天的包裹时效，延长到1~2周的时间。直到12月下旬，"双11"的包裹才慢慢消化完毕。由此带来的延误、破损甚至丢失等服务问题，更是让快递、商家、平台倍感煎熬。

"爆仓"成为那一年媒体关注的焦点。

这一役过后，所有人都开始复盘、总结和反思。痛定思痛的快递公司意识到，电商包裹超过商务件成为最大的业务来源，并以难以估量的速度增长。快递公司也开始在全国布局，还大力度进行信息化建设。

此后，在电商引领、政策护航下的国内快递，进入了发展的快车道。

据国家邮政局的统计数据显示，自2011年开始，我国快递业务量连续四年保持在50%以上的增速，并在2014年突破100亿件大关，跃居世界第一快递大国。此后，仍保持每年递增100亿件的高速度。

2013年，马年春节到来之际，李克强总理来到位于西安市肖里村的顺丰速运，看望慰问快递员工。总理称赞快递业是中国经济的"黑马"，并祝大家在马年快马加鞭、万马奔腾、马到成功！

2015年，李克强总理在全国"两会"上，回答《新京报》记者"关于如何看待网购和实体店之间关系"的提问时，说"我很愿意为网购、快递做广告。因为它极大地创造了就业岗位，刺激了消费"，再次让行业振奋。

"经济黑马"的定位，无疑是2009年《新邮政法》实施后，国家对快递业，尤其是民营快递最大的肯定和褒扬，为行业发展注入了强大的信心。

这一年，国家邮政局局长马军胜非常形象地总结了电商和快递之间的关系。"快递如同是火，网购如同是风。火借风势，风助火威，二者相互作用，相互促进。"中国的网购和快递两大服务领域就这么风风火火地发展起来了。

"风火论"一时成为佳话。

2016年，网上出现了一句流行语，"you need cry, dear"和"有你的快递"，在安慰姑娘这一千古难题上，中、美两国之间达到了发音和效果上的一致性。这也生动地显示了女性在"买买买"这个事情上的强大需求和潜力。

以"双11"为代表的网购发展不仅改变了传统快递和物流的生态，还改变了制造和生产的方式及人们的支付方式，反过来这些又一起改变了人们的生活方式，甚至是中国经济的发展模式。网购在消费和供给之间进行了更为有效的衔接，并构建出一套新的基础设施。未来，它们将是触达8亿用户的电商销售渠道，4～8元的费用让一件商品通达全国的物流体系，以及从消费需求数据出发的反向生产定制能力。这是电商蓬勃发展给服务业的发展、改变制造业的困境、促进中国经济进步带来的终极意义。

三通一达出桐庐

说起快递业，有个地方不得不提，那就是被称作"民营快递之乡"，位于浙江省杭州市的桐庐县。这个有着40万人口的小县城高峰时期有超过一半人都在干快递或从事相关工作，向中国快递业输送了四大扛把子。2009年，中国前十大快递公司，有6家创始人（申通陈德军、圆通喻渭蛟、中通赖梅松、韵达聂腾云、汇通徐建荣、CCES方里元）均来自桐庐，甚至是同一个乡，同一个村的。后来，汇通被百世快递收购，CCES因为债务问题，业务日渐萎缩，逐渐淡出人们的视野。剩下来的三通一达（申通、圆通、中通、韵达），至今仍旧活跃，依然坚挺。

中国有很多产业聚集地，比如晋江的鞋业、义乌的小商品，但由同一个地方起家发展的企业，对全中国全行业都产生举足轻重影响的，尚不多见，尤其是在服务领域更不容易。因为制造业可以大规模生产，并在全国流通中产生放大效应，从而容易形成全国性的品牌。服务业发展所依赖的海量员工、关键技术和基础硬件，任何一项都不是创业所在地所能给予的，在全国做出"动静"实属不易。

一个小县城成就了快递的半壁江山，是怎么做到的？

有一次，中通快递董事长赖梅松在接受媒体访问时，总结了"乡情、亲情、友情"六个字。其实就是两个字："信任"。早期的快递没有二维码溯源技术，行业收件、派件最需要诚信，老板们不用担心熟人的孩子偷件、丢件，亲帮亲、邻帮邻就能把这个行业撑起来。

如果说地域所培养出来的信任关系成就了快递们的起步，那么三通一达快递巨头的发展壮大则很大程度上得益于加盟模式。

加盟制存在于各个行业，是网络型商业的一种常见组织形式，在餐饮、教育、酒店等行业非常普遍。它具有天然的优势：几乎零成本的网络扩张，品牌影响力得以迅速扩大；分散各类风险和规避外部成本；各加盟商独立核算，追求自身利益最大化，从而带来全网的高效益。

对电商快递商而言，服务的对象不仅是终端消费者，更是电商平台上的商家。由于包邮政策的普遍存在，快递们必须在低价格和高效率两个方面同时下功夫。和一般的网络组织不同，快递网络一环扣一环，单个网点的效率高低会影响全网体验，某一个网点瘫痪，那么由这个网点发往全国和全国发往这里的快件都会停摆，因此快递的加盟制对网络控制力和稳定性要求更高。

快递总部通过面单、标准化运营、严格的考核这三大支柱对整个网络实现了强有力的控制。就这样，三通一达快递巨头一边升级加盟制，一边在各地攻城略地，扩大市场版图。在网购形成的强大需求中，三通一达日均业务量先后突破100万件大关，随后"组团"挺进资本市场，争相上市。

2015年年底，申通借壳艾迪西，吹响上市冲锋号，中通、圆通、韵达随后做出反应，欲以最快的速度抢下"中国快递第一股"这个桂冠。于是，在一年内，三通一达全部实现敲钟亮相。

快递企业上市，有企业发展到一定阶段都要拿到资本市场"检阅"的惯性，还与快递行业自身的特点密切相关。现代快递业是典型的规模经济，兼具劳动密集、技术密集和资金密集。加上在网购庞大需求的刺激下，网络布局、运输设施、转运中心、自动化设备等都需要快速升级。大资金的支撑，非常急迫。

随着中国邮政EMS、圆通等开始拥有自有飞机，重金布局全国物流体系，"一向不差钱"的顺丰也拥有了紧迫感，诉诸资本市场谋求发展，2017年年初在深交所敲钟，正式登陆A股。连续四个涨停板，将快递江湖这场持续了一年的资本盛宴推至高峰。以快捷、品质和安全著称的顺丰和低调的王卫进入人们的视野。

顺丰是快递市场中，不同于三通一达的另一种存在。

1993年，王卫在广东顺德创办顺丰，早期也曾尝试采用加盟制，但由于与顺丰强调体验和品牌的文化格格不入，于是果断转为直营。管理标准化、信息化、机械化的程度和整体服务质量大大领先于同行，成为中国快递响亮的品牌。顺丰是最早成立航空公司、打造航空枢纽的快递公司，打着"飞的"送快递，为人们津津乐道。顺丰持续奔跑在高端服务的路线上，并获得了相对垄断地位。

在阿里的扶持下，三通一达的硬件配置和服务能力不断提高，直逼顺丰，在顺丰具备强大优势的"商务件"上，服务质量已经相差不大。而领跑的中通快递连续三年业务量居行业第一位，在网购下沉中市场空间继续扩容。

就这样你追我赶，中国的快递业不断向前。

菜鸟的合纵联盟

"双11"的爆仓事件让阿里巴巴饱受快递差评之苦。而京东在同一时间推出的"211限时达"服务更让阿里有了相当大的危机感。2010年，阿里巴巴开始在物流方面加速布局。此时，还没有接棒马云掌管阿里，正担任淘宝网副总裁的张勇宣布推出淘宝大物流计划，完成从网购订单、流转到实物包裹递送的统一标准服务。

作为未来阿里菜鸟的胚胎，这个大物流计划囊括了整个流通产业链上的各个环节，阿里要做物流园区建设的投资者，流程、作业标准服务的制定者，运输、配送的服务商，技术支持和数据接口的软件提供商，包装材料的供应商，以及流通融资的服务商，等等。

总之，我们能够想象到的和物流相关的各个环节，都被阿里安排在"射程"之内。

2013年，阿里与银泰、复星、富春、三通一达和顺丰等共同组建了菜鸟网络科技有限公司，专注物流网络的平台服务。雄心壮志的菜鸟，试图与合作伙伴搭建起一张覆盖全球的智能物流骨干网。在这张网中，中国范围内24小时送货必达、全球范围内72小时送货必达。

接下来，菜鸟左手以资本手段，纵横联合快递公司组建菜鸟联盟，发挥各家优势，以服务分层来提升电商平台的物流体验；右手全力推进全物流行业的自动化程度和数字革命，以标准和技术提高行业配送效率。

左手一侧

早在2008年，阿里巴巴就以1 500万美元扶持百世快递；2010年收购汇通快递；2015年入股圆通，持股20%；2018年入股中通，持股10%；2019年，阿里以46.6亿元入股申通，获取14%的股权。资本维度的关联，让电商快递与阿里成为更加紧密的命运共同体。

2016年3月，菜鸟联盟宣布成立。众多快递公司、仓配服务商、落地配送企业等陆续进入这个体系。阿里也从快递公司的一个"普通大客户"慢慢转变为物流服务的集成商。阿里和快递商之间也从此前的客户服务，逐渐演变为共建协同的联盟。坚持不自建物流、不做快递的阿里，以投资等方式在物流业纵横联合，不断影响着中国快递业以及物流行业的格局。

右手一侧

为应对再次爆仓的风险,菜鸟通过大数据提前分仓,并通过物流雷达进行实时预警和调配,保证物流的顺畅。同时,菜鸟正式上线电子面单、四级地址库和仓储管理系统。很快,国内排名前15的快递公司全部实现电子面单的普及使用,这意味着国内90%以上的快递流通完成了基础业务的信息化。

客观来说,电子面单在整个行业的普及,切实帮快递公司解决了一个关键问题,那就是数据即时采集和信息前置。得益于此,转运环节的智能分单、海关通道的秒级清关、分拣中心的摄像头视觉识别、流量流向预警的物流天眼以及人机协同的机器人分拣系统等,一系列智能化操作和黑科技应用才真正有了用武之地。

和信息化一起,自动化也是快递发展中的主旋律。事实上,菜鸟网络也推动着合作伙伴进入了技术改造升级的通道,仓储、分拣、运输节点、车辆、包裹等环节变得更加智能。中通、韵达和申通都在转运中心引入了"小黄人"自动化分拣设备,与以前的人工操作为主相比,该设备可以节省70%~80%的人力成本。菜鸟与圆通速递在圆通杭州运转中心联合启用了超级机器人分拨中心。高峰期内,2 000平方米的场地内,350台菜鸟"小蓝人"昼夜作业,每天可分拣超过50万包裹,机器人三天的行驶里程足足可以绕地球赤道一圈。

阿里"搭建物流平台"的商业逻辑,在电商、金融、技术等每一个板块中都能找到一致的遵循。阿里平台超越了"连接、沟通"的基本功能,以开放为之赋能,为各个参与主体之间构建了强大的基础设施和操作系统。从另一个视角来看,阿里也在遵循着一流企业的成长逻辑,逐渐增强对这个行业话语权和核心价值的掌控。而对行业话语权的争夺中,一直充满着合纵和博弈。

在菜鸟联盟的旗帜之下,快递商们有被赋能的欢喜,也有深深的担忧。担心被一统快递江湖的阿里控制,也担心阿里因掌控了庞大的电商业务,而"挟天子以令诸侯"。于是,在菜鸟之外,顺丰联合申通、中通、韵达、普洛斯,共同投资创建了丰巢科技,打造智能快递管理终端。又随着菜鸟电子面单的推动，整个快递业都看到了物流里大数据的价值，随后顺丰和菜鸟相互关闭数据接口，巨头决裂，引发了一场全行业站队的"丰鸟"大战。京东、美团、网易纷纷站顺丰，全面接入丰巢。阿里方面的小伙伴也毫不示弱，圆通、苏宁、EMS携手菜鸟一起为商家提供寄递服务。

记得菜鸟网络成立之初，顺丰是菜鸟1%的股东。那又如何？商战从来都是成本和利益的考量。快递业的纷争还在继续。

京东重资产布局

说阿里，不得不提到老对手京东。

阿里以资本纽带和平台优势让"菜鸟"整合了大半个快递行业，在网购浪潮中实现了腾飞。一直与阿里竞争的京东，早早布局，以一己之力，在全国范围内建立起高效的配送体系。京东的快速送货能力和优秀的服务品质，如强力胶般吸引着消费者。

京东物流之快的根本在于仓储配送模式。在多年执着于物流布局中，京东在每个城市都配有一个本地仓。2018年前后，京东建立了7大物流中心，拥有仓储面积900万平方米、近7 000个自提点/配送站、30万个末端服务网点、25万辆物流服务车、405个大型仓库，覆盖全国2 830个区/县。本地仓，让"211限时达"在逻辑和基础支撑上都实现了完美自洽。

对物流快递更具革命性意义的还是京东全力打造的"亚洲一号"，手笔之大，在业界堪称楷模。

2014年，投资建设两年的智能物流园区在上海落地应用，这就是备受关注的"亚洲一号"，代表了此时国内智慧物流发展的最高水平。大型成套的智能储存和分拣设备，智能的WMS仓库管理系统，地狼、天狼、交叉带分拣机、AGV叉车、机械臂等令人眼花缭乱的机器人，均在其中。未来京东将在全国建立起二十几座"亚洲一号"，这些将全力支撑京东全国物流的高效运转。

如此硬核的"亚洲一号"怎么工作呢？

"亚洲一号"收到货物之后，借用AS/RS系统（自动存取系统）实现高效入库，并存放到立体库区；收到订单后，由机器设备拣选出相应货物，经由传送带运送到生产作业区进行复核打包；打包区打包机器人自动打包，打包好的包裹通过自动化输送系统从出货分拣区流出，装上货车。概括成一句话，就是货物入库、存储、包装、分拣的全流程无人化作业。

据统计，1分钟时间内，"亚洲一号"的智能设备可为商品拍照32万次；智能大脑可为机器人计算千亿条路线；分拣机器人可奔跑19.62万米；拣选机器人可完成商品抓取近2 000次；码垛机器人能为55吨5 120件商品完成智能打包；交叉带分拣机能使员工减少弯腰6 000次！

物流高科技和现代化的既视感扑面而来。

以一家企业之力，打造覆盖全中国的智能化物流体系，难出其右，其魄力、胆识和能力令人敬佩。另外，京东对物流的投入以及日常运转所涉及的资金难以估量，不断优化的物流体验砸下去的都是真金白银，多年持续亏损是京东难以撕去的标签。2019年，京东终究还是没有顶住亏损的压力，刘强东开始大刀阔斧地剥离京东物流，将其变成独立的单元，同时增加京东物流的业务范围，像普通的快递公司一样开展私人承揽和派送业务，这对于前期巨额资本的投入是一种"摊薄"，于快递市场格局也是一大新的变量。

至此，阿里、京东全国布局基本完成。菜鸟物流所支撑的网络快递和京东重资产布局所成就的仓储配送，共同推动了物流快递的快速发展。前者，网络快递成本低，覆盖范围广，适用于非标品、长尾商品，为平台上的卖家所青睐。后者，仓储配送模式，以配送更及时、服务体验好著称，为多数品牌卖家所选择。随着网络快递公司的发展，仓配模式的服务优势也将逐渐被追平。

京东和阿里一起，快速提高了我国的物流服务标准和行业竞争水平。2018年，在发改委、交通运输部共同发布的《国家物流枢纽布局和建设规划》中，还特别将菜鸟、京东等建成的物流枢纽考虑其中，地位可见一斑。

中国快递业持续走在进步的路上。

用"二维码"代替"大头笔",用标准化门店代替"摆地摊",快递业已今非昔比。曾经2 200万件的快递量就导致了全网性的爆仓事故,也成为一个很久之前的黑色幽默故事,中国快递商家的峰值处理能力不断创出新高。到2019年的"双11",世界各地有200多家跨境物流商、300多万物流人、20多万快递网点、20多万物流车辆与菜鸟紧密协同,把商品送到全球224个国家和地区,颇有全球物流大协同、社会化大协作的场景即视感。

江浙沪包邮区

经常网购的人一定知道一个词——"江浙沪包邮",这也被笑谈为"三大不平等条约"(无座火车票原价、江浙沪包邮、北方集中供暖)之一。包邮也一度成了江浙沪的代名词。包邮的背后,是电商发展对区域经济发展的积极影响,继而形成的特色。

电商从这片土地上起步,江浙沪地区,电商平台总部优势显著。杭州的阿里、南京的苏宁都是响当当的大鳄,后起之秀拼多多在上海起家,京东的创始人刘强东怀着对家乡的惦念和回报,计划在江苏宿迁成立第二总部。

同时,这个区域聚集了全国密度最大的电商卖家。处于浙江义乌的淘宝卖家账户就达到十万个,在全国的县级区域中,销售额位居第一。这个区域每日货物进出量是其他地区的数十倍甚至上百倍。在规模效应下,分摊到每件货品上的快递价格迅速降低,许多卖家也就愿意用"包邮"来吸引消费者。

这个区域不但卖家集中,购买力更是不容小觑。在江浙沪,快递揽收量占全国1/3以上,快递投递量占全国1/4,卖家和买家相对集中,促使快递运营效率不断提高,价格持续下降。而且江浙沪区域面积小,仅有20多万平方公里,在中国960万平方公里的广袤大地上,实在是人口稠密、购买力强的宝地,包邮的成本显得微不足道。

再看看在买和卖之间的流通商——快递。江浙沪也是中国快递最发达的地区，三通一达、百世、德邦、苏宁、天天等大批快递企业总部集聚于此。

江浙沪在全国率先实现快递网点乡镇100%覆盖，一些城市如义乌，快递服务已实现普惠，均等化程度全国遥遥领先。江浙沪快递拥有"低价、优质、便捷、高效"的美名，所依赖的正是不断地"去中心化"和高度中心化。这与企业管理中的"扁平化"在逻辑上是一致的，即不断压缩中间流转的层级，在全程全网的高度上，来优化一个包裹的流转效率，这就要求被保留下来的"中心"具备更强的辐射能力，能够完成从中心直接到网点的两级作业。中国邮政在南京建设的中邮航空速递物流集散中心，在上海率先落地的京东"亚洲一号"，都在朝这个方向努力。

快递企业区域集散中心的建设，使得中心与城市间形成小循环，淡化了城市的行政级别，快递业在"去中心化"和高度中心化的过程中实现了区域运行一体化。

江浙沪快递发展所带来的流通优势，吸引了大量电商企业将发货地选择在此。规模集中后，又激发了企业选择本地生产，浙江小商品生产基地的地位得以巩固，江苏现代制造业基地优势逐步形成，货源辐射和通达能力让江浙沪的区域优势更加显著。与此同时，快递与产业之间从过去提供简单的产品寄递服务已经发展至供应链协同的层次，快递大数据为企业生产提供了更精准的市场信息。

2010 风口下的新生力量

经过三十年的壮观增长，2010年，我国GDP达到40万亿元，超过日本，成为仅次于美国的世界第二大经济体。也是在这一年，中国制造业产出占全球的比重达到19.8%，终结了美国从1895年起，制造业产出占比一直位居世界第一的纪录。在全世界500多种主要工业品种中，中国有220多种产品产量位居世界第一。

这在全球经济领域、传媒领域都极具话题性，让人们为之兴奋。

与此同时，制造业所依托的人口红利消退，成本优势正在丧失。在金融危机的影响下，传统外贸市场急剧萎缩，中国制造该往何处去成为一种直击中国经济灵魂的拷问。中国经济继续保持高速增长的动力何在？一众新兴服务业态的发展正在给出答案。

这一年，一大批互联网公司不约而同地冒出来，小米、美团、B站和爱奇艺纷纷成立，日后成为社交主战场的微博和微信相继出现。苹果在这一年发布了被誉为史上最精致，也最经典的一部手机，开启了移动互联时代的流量入口和基础设施的布局。

2010年，不仅是互联网发展中从PC走向手机的重要转折点，也是未来几大超级风口的"种子基地"，比如智能硬件、本地生活、社交和娱乐文化。在电商这样已经风靡许久的领域，凡客体的火热及其探索出的制造基地直供模式也为后来者提供了经验和借鉴。已经入场的三巨头（BAT）在这一年都经历了转折之战。今天来看，如果它们做了另外一种选择，或许是另一番模样。

这一年，我们在团购、电商和视频领域感受到资本的强大，看到资本裹挟中的补贴大战、跑马圈地,也看到了日后将在共享经济、P2P金融等互联网业态中频繁上演的"百团大战",以及从百家混战到剩者为王的狂热和惨烈。

这一切我们都愿称之为新生的力量。

团购盛极一时

团购模式在迄今为止的新兴业态发展中并不出众,无论是对行业的触动,还是持续的时间,都显得轻微。然而,团购从诞生到没落,短短两年,线上线下、混战烧钱、人肉地推等故事,在互联网业态中都具有极强的普遍性。后来,无论是视频网站、本地生活、共享出行,每一个新兴事物,都能看到此时团购行业的影子。从这个意义上来说,诞生于2010年的团购,极具代表性。

Groupon在美国风生水起。受这种模式启发,2010年刚过去16天,国内首家团购网站"满座网"上线了,并一口气开通了北京、上海、青岛三大城市的分站。这个外观、运营模式甚至域名都有着明显模仿痕迹的网站,拉开了中国团购元年的序幕。

这样的模仿并不陌生,早期的通信软件ICQ,电商eBay、亚马逊、搜索谷歌,后来的共享出行Uber,在国内都出现了对标者。而我们更有兴趣的是,对标者如何日渐强大,并成长为全球的巨头?

"持续创业者"王兴也看上了这一模式,3月成立美团网。因为王兴所携带的标签和热度,美团网刚一上线,就立即引起了广泛关注。随后淘宝推出利器"聚划算",搜狐、腾讯、新浪的团购频道陆续上线,Groupon模式在中国遍地开花。

拉手网也已经入局,凭借其强大的市场推广团队,迅速在全国100多个一线城市拉开架势。拉手网还开创了"G+F"的独特模式,即Groupon模式和Foursquare模式相结合。Foursquare是美国一家基于LBS(Location Based

Services，基于位置的服务）的手机网站，鼓励手机用户同他人分享自己所在的地理位置以及位置之上的各类信息，通过商业广告和挖掘用户信息而获得收入。G+F在那个年代具有先进性，几乎实现了基于用户消费行为而形成的商业闭环逻辑。在众多大同小异的团购版本中，拉手网独树一帜。

随着团购网站数量的急剧增加，团购导航网站应运而生。到了2010年年底，团购导航网.com在后台收到了2 612家团购网站的收录申请。这一年的12月，我国团购交易数量超过416万次，这意味着每秒钟产生1.6个团购订单。

与Groupon的创始人Andrew Mason同为美国西北大学校友的王启亨提出了团购3.0。它面向行业，通过在团购平台聚合大量C端需求触达B端。这些特定的需求就像不断聚拢的云团，并在最合适的团购网站上完成"云团购"。云团购模式将最大限度地合理配置社会资源，提高社会生产效率和服务意识。但此时的团购3.0并未激起多大浪花，但其所构建的消费者、商家和团购网站的生态圈在未来将欣欣向荣。八年后，它广泛发生在社区团购中，邻邻壹、你我您、松鼠拼拼、虫妈邻里团等平台兴起。电商巨头们日后也以此凭借强大的流量来激活中国广袤大地上的产业带。中国制造业的优势以及出路，将以不同于以往的思路被呈现出来。

团购的迅猛发展吸引了风投资金争相进入。

2011年，拉手网、美团、F团、满座网等均已完成两轮融资。窝窝团的A轮融资达到了2亿美元，投资方分别为鼎晖、天佑、清科等，每一个都是大牛。在山西起家，名不见经传的阿丫团在上线不足半年就获得了山西财团1.1亿元的高额投资。据网络公开资料统计，2011年全年，中国团购行业的融资规模接近10亿美元，极大地推动了中国团购的迅猛发展。2011年的5月刚过半，国内团购网站数量就已经突破5 000个，达到5 016家。

竞争的白热化和风投的进场极大地刺激了团购的烧钱混战，广告大战、跑马圈地随即上演。拿到更多的市场份额，给资本市场讲一个更好听的故事成为大家心照不宣的目标。

糯米网发起首轮攻击，宣布投放 2 亿元广告，率先登陆央视，然后铺向地方卫视及各地方频道，包括此时正在江苏卫视大红大紫的《非诚勿扰》，各大城市地铁以及楼宇分众广告终端更是不在话下。

几乎同一时间，团宝网亦豪掷千万元，签下何润东、秦岚、于娜三大明星代言，并宣布 2011 年将投放 5.5 亿元广告费用。日后的主角，美团网也表示将进行 1.3 亿元的广告招标计划。

为了抢一个大商户，十几家团购网站坐在一起竞标，每家都竭力讲述能给商家带来什么。到了最后，争执不下的团购网站使出"撒手锏"："不就是为了提高销量吗，你还差多少业绩，我给你包销。"

第二天，500 万元到账。

这是团购血拼最激烈的情景之一。

2011 年年末，计划登陆资本市场的拉手网在最后时刻折戟，这让整个行业感到寒冷——疯狂烧钱换来的市场份额，资本市场可能觉得不值一文。

与此同时，团购市场也爆发出了一系列问题。

团购网站 1288 由于商家卷款走人，导致消费者付款后不发货，然后又拖延退款，从而被警方调查，成为国内首家团购骗子网站。成立不足 60 天时间被迫关闭，引起了社会对团购网站道德诚信问题的广泛关注。糯米网搞过一次 43 元团购电玩城兑换券，因电玩城关张遭消费者围堵，参与团购的人数达 13 333 人，糯米网承诺要承担消费者的所有损失，支付赔偿费近 57 万元，这成了中国团购史上最大一笔赔偿。

团购的乱象加速了行业的淘汰和整合，大规模并购随后发生。一线主力求夺冠，二线退之求"卖身"，5 000 家团购网站，倒下的比例超过了 95%。在最后的角斗场上，已然杀红了眼。美团接受阿里入股，苏宁入手满座网，大众点评牵手腾讯，糯米"卖身"百度，曾经的团购老大"拉手网"被三胞集团收购。

团购行业快速崛起又迅速被收编，它们曾以简单粗暴的方式触达了数亿的用户和近百万家商户。这是一块硕大的土壤，孕育着深耕行业的无限可能。从千团大战中一路杀出来的美团将在本地生活领域中大放异彩。

团购的出现，第一次将互联网与人们的生活密切连接起来，"线上+线下"的互动拉开了日后广受质疑又不断发展进化的O2O序幕。当线上线下被精准地翻译为"虚拟交易"和"现实场景"相结合时，在零售、旅游、出行等诸多互联网业态的发展中都被赋予了新意。

团购模式对线下的触达，还让我们真切感受到地推的强大力量。地推也在某种程度上构筑了新生业态的底色。当美团在团购领域取得突破性优势后，内部总结经验：第一，美团没有加入线下广告投放大战，保证了资金链的安全；第二，美团的地推团队势如破竹，效率更高。

地推即地面推广人员，是渠道销售们经常使用的概念，并不新鲜。在千团大战中，地推疯狂扫街，目标就是要说服各个店铺的老板进驻自家的团购平台。2010年，还没有成规模的O2O地推团队，推广者主要是房产中介、保险推销人员，以及快消品的渠道销售，业内称之为"销售铁三角"。当然，他们和以前一样，少不了体验客户的暴躁、无常、狡猾和冷眼，以及与同行的争抢和冲突等。

他们终于在团购大战中成长起来，并成为铁军。在此后的外卖、无人货架、共享充电宝等每一个和小商家相关的新兴业态的推广和普及中，都成为稀缺资源。一时间如美团这样的先行者还会成为各大O2O公司的人才库。

说起先行者，有一支最神秘的部队，那就是阿里的中供铁军。

中供是中国供应商的简称，中国供应商是阿里巴巴在1999年孵化出的一个B2B电子商务平台，中供铁军的任务就是向中小型企业推销每年不低于4万元的网站服务。中供铁军成立时是阿里巴巴最艰难的时候，但就是凭借着"铁人三项"的"纪律"，中供铁军不仅解了阿里巴巴资金短缺的燃眉之急，还为后期的淘宝和支付宝不断输送资金补给，被誉为阿里巴巴的"现金奶牛"。中供铁军还向国内互联网行业输出一批领军人物，比如滴滴创始人程维、美团前COO

干嘉伟、赶集网前COO陈国环、大众点评网前COO吕广渝、同程旅游创始人吴志祥、去哪儿网前总裁张强等。

时至今日，诸多新兴业态的模式创新中，所依赖的仍旧是密集的劳动力，除了不断壮大的地推团队，还有外卖小哥和快递小哥。一批又一批的大专毕业生、村镇小城年轻人涌入城市，追赶着互联网的热潮，从事着这些机械化、看似没有太多技术含量的工作。2018年，美团的外卖骑手已经超过270万，饿了么蜂鸟骑手已经超过300万，中国快递从业人员达300余万，再加上其他即时配送平台，这些年轻人的数量不少于1 000万，还引发了快递小哥的未来与中国经济希望的讨论。有人说这是对庞大劳动力的浪费，有人说这是中国服务业发展的人口红利。

美团发布的《城市新青年：2018外卖骑手就业报告》显示，在美团270万的外卖骑手中，来自国家级贫困县的骑手达67万，他们覆盖了全国94%的贫困县；有1/3的骑手在送外卖之前，职业身份是产业工人，而且主要从事服装、电子等产能过剩行业。

这份工作成了小镇青年们改变生活的理性选择，是他们走向大城市、迈向互联网世界的第一步，他们怀揣着变得更好的念头，被再教育、训练，终成长为城市新青年。

视频的战场

历史不一定会重复，但总惊人地相似和押韵。

更何况同一个时期的互联网江湖，视频网站们也拿到了几乎和团购一样的脚本，在自己的领域内演绎出一样的疯狂。

2010年前后，视频行业已经经历了野蛮生长，进入到群雄征战的阶段。

这时候，酷6已经被盛大收购，成为全世界第一家上市的视频网站；还没有合并的优酷、土豆先后在美国上市；乐视网也登陆了创业板；爱奇艺从百度独立出来；腾讯视频也正式上线，搜狐视频带着第一美剧平台的特质风光无限，PPLive、PPTV、56、PPS、迅雷等一众视频都还独立着，存在着。

这个时期，视频行业正在进行着反盗版大战，纷纷要拥抱正版。

搜狐、激动网和优朋普乐等110家企业和机构组建了"中国网络视频反盗版联盟"，并宣布在未来一年内陆续对所有的侵权网站提起诉讼。反盗版联盟成立一个月后，就南下深圳，在迅雷的总部对其进行起诉。

相比于我们熟悉的口水战和对话解决问题的协商机制，这是一场真刀实枪、毫不手软的战争。

这一年，似乎有诉不完的讼。

优酷起诉酷6，酷6起诉土豆，优朋普乐起诉迅雷，乐视起诉优视。各家网站相继进入了版权连环诉讼中，每个企业似乎都成了视频版权的"卫道士"，但又很少能逃过被告的角色。

矛盾的持续爆发，主管部门正式介入，大大小小的视频网站选择了"壮士断腕"的方式寻求解脱出口。酷6网、土豆声称已全面删除没有版权的视频内容，并停止用户上传影视剧。酷6还与搜狐共同建立1 000万美元的"国际影视版权联合采购基金"，专门用于购买海外影视剧。

这个时候的乐视堪称走在正途中的一股清流，敏锐的贾跃亭从2005年就开始布局正版。截至2010年4月，乐视拥有电影版权2 324部，电视剧版权4.31万集。当视频行业在近身肉搏时，乐视不仅作壁上观，还做起了版权分销的买卖，让乐视的财报一度亮眼。更重要的是，借此乐视早一步进入了互联网电视领域，即使日后的乐视轰然倒塌，乐视的超级电视依然是一块优质的资产，甚至是卷土重来的资本。

另一个层面，广电总局加大了对互联网上视频内容乱象的整顿，采取"集成播控平台+内容服务"的双牌照管理模式[①]。2010年,广电总局发放了国内首批三张互联网电视牌照,分别是:央视打造的中国网络电视台(CNTV)、上海广播电视台打造的东方传媒集团(SMG),浙江电视台和杭州广播电视台合资的华数传媒。一些实力强大的地方电视台,如湖南广电宣布旗下网络电视芒果TV也开始在视频方面进行布局。此举意味着以央视为代表的"国家队"正式进入视频行业,并获得了正版优质内容打造的先发优势。

此后,重金布局正版资源的时代开启,更多人也开始通过正规渠道观看画面优质的视频内容。相比于团购和后来的"败家子"们,视频行业天生所带的内容基因,以及背后的影视乱象和明星身价的不断飙涨,就决定了视频行业不砸钱不行,但砸钱好像砸了更多无底洞。平台之间互相竞价,优质影视资源价格坐着火箭飙升,而后视频行业进入了另一场疯狂和混乱中。

在拥抱正版的轨道上,视频网站也分化出另一种模式,以用户自制、分享和互动为核心内容,比如优酷和央视的"爱西柚"。优秀的UGC(用户生产内容)和PGC(专业生产内容)们也成为各大视频平台争夺的重点。2010年,一家叫作哔哩哔哩(B站)的网站悄悄成立,带着动漫和鬼畜文化迅速崛起,很快,B站将用户的才华发挥到极致,满屏的弹幕晃得我们脑壳疼。

互联网业态的发展是一个开枝散叶的过程。阿里的中供铁军输送出了一批响当当的人物。在视频行业,搜狐也是一个高级人才基地,爱奇艺的龚宇、优酷的古永锵、酷6网创始人李善友和韩坤都曾是张朝阳的得力干将。然而,冰出于水而寒于水,后来在"爱优腾"的三巨头格局下,形势发生了变化,视频

[①] 广电总局作为视听传播的监管部门,出台了《互联网电视内容服务管理规范》和《互联网电视集成业务管理规范》,即"双牌照"管控。这意味着我们在互联网上所接受的网络视听节目,必须有"信息网络传播视听节目许可证"和"内容集成牌照"两个出生证。前者即为互联网电视牌照,由视听制作平台所取得,后者与电视机客户端完全绑定。从2010年开始,广电总局先后发放了两批互联网电视牌照,包含CNTV、SMG、杭州华数、南方传媒、芒果TV、CRI和CNR7家。其他的内容制作方、电视机厂商需要与互联网电视牌照持有方合作,才可以推出互联网电视和网络机顶盒等产品。

行业的走向让张朝阳感受到了压力。

在 8 年以后，张朝阳有一场誓师式的演讲，主题是"又逢盛夏，归来"，之后"We are back"广为流传。搜狐视频领导过著名的打击网络盗版运动，亲手推动了版权价格爆炸式飙涨，但在日后的烧钱大战中，搜狐显然力不从心。然而，烧钱者也还没有烧出更坚实的护城河。张朝阳说："这不是世界末日，不到竞争的终局，谁又能说自己一定会笑到最后呢？"

老骥伏枥，对于这个"99 派"的互联网元老，我们选择祝福和拭目以待。

凡客横空出世

2010 年，让我们不能忘怀的，还有布满地铁站台的一则广告。

"爱网络，爱自由，爱晚起，爱夜间大排档，爱赛车，也爱 29 元的 T-SHIRT，我不是什么旗手，不是谁的代言，我是韩寒，我只代表我自己。我和你一样，我是凡客。"

另类的广告表达手法，尽显出这个陌生的服装品牌的自我路线和个性化形象。

这就是著名的"凡客体"，看似"无心插柳"之举，却在网络上掀起一场大范围的"病毒营销"，一众明星纷纷遭到恶搞。引起围观的还有凡客和它的创办人陈年。

陈年很早就在互联网折腾了，曾担任图书 B2C 卓越网总编辑。这次，陈年卖起了衬衣，创办凡客诚品。衬衣和图书的不同在于，具有鲜明的个性化和非标性。于是，陈年从最轻快、最简单的男士 T 恤和帆布鞋切入，来提高产品的标准化程度。向工厂直接采购，然后通过密集的广告轰炸，分别以超低的 29 元和 59 元价格售卖，打造低价爆款。

凡客还推出很多特别的售后服务——全免运费、24 小时送货、30 天无理由退换货且运费由凡客承担。这堪称集成了淘宝的"7 天无理由退货"和京东

"211限时达"服务的组合拳,这些极具电商色彩的手段,在传统服装从业者看来很不可思议。

2010年,凡客取得了非凡的成功,卖出了3 000万件衬衫,这是最大的传统衬衫企业、创建时间超过30年的雅戈尔的5倍多。凡客震惊了整个中国服装业。一位服装企业老板去凡客参观后,很感慨地说:"我们做生意,算的是销售额、毛利率,凡客算的是获客成本、复购率。我们卖的都是T恤,但玩的是两个游戏。"

陈年道出了其中的秘密:"凡客首先是一家品牌公司,其次是一家资源组织公司,再次是一家服务公司,最后是一家技术公司。"这可以用一个词来概括,那就是当互联网思维席卷全国时,我们总能听到的"颠覆"。

凡客的典型意义还在于它是第一家硅谷式的、被风投用钱"烧"出来的知名互联网公司。2010年年底,凡客已经完成第五轮融资,公司估值10亿美元。此时独角兽概念还未流行,不然凡客一定位列其中。凡客身上显然也有资本加码下"钱多花不完"的浮躁。2011年,陈年提出了"今年我们做100亿元"的宏愿,接近5倍的增长目标,不光让凡客扩充了几十倍的商品种类,也让它收到了数千倍的退货投诉。在产品的能力边界之外,大干快上、急于求成,凡客随后犯了一系列匪夷所思的错误,终于成功地错过了中国B2C电商发展的黄金年代。

走向消亡者,让后来者有了借鉴和遵循,中国商业才会大路朝前。瞧,凡客作为最早用互联网的手段挖掘中国制造优势的典型企业,在众人关注下衰落了。几年后,名创优品和网易严选起来了,它们将中国制造的成本优势和国际大牌代工的经验能力,发挥得淋漓尽致,互联网+传统制造业又有了新经验。

凡客横空出世,背后正是电商的蓬勃发展。此时,京东和淘宝已经进入高速发展的轨道,垂直领域,当当网已经在美国上市,市值高达9.35亿美元。唯品会靠着"名牌折扣+限时抢购"的闪购模式,在这一年取得了近100万单的生意,并获得了风险投资。出生于1983年,刚刚从美国斯坦福大学拿到MBA

文凭的陈欧归国创办了化妆品特卖商城聚美优品,他于 2014 年去纽交所敲钟,成为该所 222 年历史上最年轻的上市公司 CEO。

智能手机时代

2010 年 6 月,苹果发布了 iPhone 历史上最重要产品的之一——iPhone4,并一举超越诺基亚 N97,摘下销量桂冠。"再一次,改变一切",这句伴随着 iPhone 4 一起横空出世的口号现在听起来仍然豪气十足。此时,华为也刚刚发布了 Android 智能手机,消费业务的开展,让一度神秘的华为开始在公众面前慢慢活跃了起来。脱胎于步步高的 OPPO 和 vivo 也开始在县乡市场布局,多年之后牢牢掌握着这片广受人们关注的"下沉市场"。

这一年,小米成立。雷军以对性价比的极致追求,利用社交媒体、线上渠道创新的影响,强烈冲击了僵化的、不思进取的传统手机产业。小米最为人所称道的当数"粉丝营销"和"饥饿营销"了。雷军在互联网上运营了一个叫 MIUI 的社群,聚集了数万名对智能硬件感兴趣的发烧友,声称小米手机"为发烧而生"。他把手机的发布会选定在北京 798 艺术园区,场内有 400 个座位,其中 200 个留给了 MIUI 的发烧友。

身穿黑色 T 恤和蓝色牛仔长裤的雷军出现在小米手机的发布会上,像极了乔布斯的扮相,因此被戏称为"雷布斯"。雷军用了足足两个小时,向人们描绘了即将诞生的手机。

"它是国内首款双核 1.5G 手机,全球主频最快智能手机,小米手机的运算速度是苹果 iPhone 4 的 3 倍",并亮出了中国式利斧,定价 1 999 元,不到苹果 iPhone 4 的一半。

再后来,米粉们就展开了对小米的抢购,狂热程度不输于任何一次 iPhone 的新品发布,一时间小米成为最畅销的手机品牌,半年时间销量狂飙般地突破 100 万台,而且交易全部在线上完成,完全没有地面渠道的支持。这是一个奇迹。

对此,雷军说,在这个风云激荡的大时代,你必须勇敢地拥抱趋势,"站在风口上,连猪都会飞起来",这就是广为流传的"飞猪论"。

手机的全新时代到来了,玩家更替,打法新奇,智能手机全面入场。而这是移动互联时代到来的硬件终端基础。

根据中国互联网络信息中心的报告,截至2010年12月底,中国网民规模达4.57亿人,手机网民规模达到3.03亿人,占比大幅提高至66.2%。整个互联网发展呈现出从PC端向手机端迁移的历史大趋势,未来10年这个比例将无限趋近于100%。

这归功于已经入场的各大厂商,它们携带着智能手机攻城略地和深耕细作。手机这个巨大的流量入口也成为各大互联网巨头争夺的战略高地。

2011年,腾讯为智能手机量身定做了通信软件,微信横空出世;随后淘宝涅槃出了"手淘",百度直接收购了91无线,通过这个国内最大的第三方应用下载渠道,巩固了百度在移动互联网入口的地位。BAT三巨头基于原有优势的布局延展,百度驰骋于搜索、腾讯矢志于社交、阿里痴迷于电商,在移动端继续跑马圈地。未来新入场的互联网巨头们,是依托大平台快速获客,还是开发独立的App牢牢掌握流量入口,在短期内成为一个重大抉择。

社交格局初定

社交网站Twitter在美国的成熟和火热,引发出国内的众多模仿者。

早在2007年,还没有参战到团购大战的王兴就创办了饭否,半年时间用户激增到百万,但很快因为内容问题遭遇监管,被关停了500多天,2010年被"复活"之时,早已错过了发展良机。

2009年8月,新浪上线了140字的迷你博客网站,取名微博。门户时代,新浪在博客上积淀的推广经验、娴熟的媒体运营手段和强大的明星号召力,让微博很快火了起来。这一年，已举办多年的"新浪网络盛典"也更名为"微博之夜"，摇身变为娱乐圈最经典的活动之一。

新浪微博，以令人吃惊的速度吸引了网民的眼球。成立8个月，用户数量就超过了1 000万，成立两年后，用户达到了1亿，成为当时中国社会最受瞩目的现象级产品。织微博和此前的上校内，和此后的刷朋友圈、刷抖音一样成为一种无聊的时尚消遣。上亿级的投票参与量、十亿级的阅读量、千万级的讨论量，让新浪微博成为明星品牌传播的最重要的平台。一大批名人和意见领袖在微博平台上迅速占领阵地，吸引无数草根用户围观，明星的表达欲与粉丝的窥视欲不谋而合，同时众多传统媒体、众多公司机构都在新浪上开通官微，微博有了更强的媒体属性。

已经创办聚美优品的陈欧凭借"陈欧体"走红网络，"我是陈欧，我为自己代言"成为当年微博用户竞相模仿的金句。姚晨，竟然在短短3年内积累超过1 000万粉丝——这意味着，她的舆论话语权，已经超过了大多数电视台。李开复更是以理工科的思维，以机器人的运营模式让粉丝数量维持在前5名，影响力很长时间都稳居第一。

微博成为一块大蛋糕。在新浪的带动下，搜狐、网易、腾讯、百度等也很快跟风布局。但显然，在互联网的马太效应中，它们都晚了一步。

2010年10月19日，有一款叫作kik的社交软件登陆苹果商店和安卓商店，在短短15日之内，就吸引了100万名使用者。这是一款基于手机通信录的即时通信软件，简单到极致，不能发送照片，不能发送附件。

反应迅速的小米准备研发模仿kik的产品。此时的互联网领域，大家对与腾讯竞争都心存忌惮。雷军快速地对腾讯总部进行了摸底调查，确认腾讯没有类似的安排。于是信心满满，在12月10日，发布了米聊。

但事实上，后来被称为微信之父的张小龙几乎同一时间注意到了kik，并在远离腾讯深圳大本营之外的广州，组建了一个团队，完成了微信第一代产品的研发，并在2011年1月21日对外发布。虽有不甘，但"识时务"的雷军很快就放弃了这个未来移动互联的巨大风口，回归硬件领域。

此时很多人尚未看到移动互联的大势，也自然不明白这个看起来和QQ别无二致的产品好在哪里。半年的时间，微信的用户数都未曾突破100万。在腾讯内部，半年用户数不能超过百万的产品几乎不值一提。微信拿出大招，推出"查看附近的人"功能，日增用户数一跃达到惊人的10万以上。这是在没有动用任何QQ资源的前提下实现的，算是对社交所蕴含的惊人力量的牛刀小试。

而开启微信成功之路的是通信录匹配。这是将人们的社交互动向另一个平台工具上的整体迁移，而这个工具的通话费用更低，更为便捷，后来还有了朋友圈、公众号和红包的黏性。

从此，微信的普及一发不可收拾。

2012年3月29日凌晨4点，马化腾在腾讯微博上发了一个六字帖："终于，突破1亿！"此时，距离微信上线仅433天。在互联网史上，微信是迄今为止增速最快的在线社交工具。在线用户数突破1亿，QQ用了将近10年，Facebook用了5年半，Twitter用了整整4年。

虽然市场上不乏竞争性的产品，但微信的发展几乎是一帆风顺的。

早在2007年，中国移动就推出了震惊业界的飞信业务，可短信可语音，可PC可手机。然而在两年后，飞聊注册用户数只维持在了300万的规模。2013年7月，中国移动暂停了这一业务。人们将其中的原因归结为国有企业的封闭、保守。当时除了中国移动用户，电信、联通用户一律不允许注册飞信，据称中国移动此举是为了逼电信、联通用户换移动号，借此扩大用户规模。试想一下，如果不是将飞信视为一个延伸服务，而是当成另一个"中国移动"来打造，那可能会是另一番天地。

2013年，网易的丁磊联手中国电信推出微信类产品——易信，中国电信给出了短信免费，注册即送流量的两大优惠政策，丁磊甚至宣称"易信的语音通话质量比微信好4倍"。但是，2013年微信的用户数量已经突破3.6亿。易信进场实在是太迟了，市场和用户没有给丁磊证明自己的机会。

这些都进一步强化了人们对巨头所携带的互联网基因的认识，"腾讯的社交、阿里的电商和百度的搜索"，无人能敌。

如果说微信发展中有什么风波，那就是做通信录匹配前后所承受的压力和不确定性。通信录是用户的隐私，作为市场化的产品不应该去"窃取"，在中国移动发展飞信之初也曾面临这样极有诱惑力的难题，很显然中国移动并没有使用中央企业的先天性优势，去获取发展先机。微信此举，一方面面临工信部的约谈、惩罚以及可能的灭顶之灾；另一方面是电信运营商的强烈阻拦，手机联系人导入微信好友，这会严重影响移动运营商的收入。

最终，微信还是冲破了规则的限制，打造了一个建立于手机上的熟人社交圈，微信也从通信工具升级为社交平台。毫不夸张地说，微信创造了另外一个腾讯。在微信推出5年后，实现了活跃用户数对QQ的超越。

从此，微信微博走入人们的生活，走向传播的舆论场，走向企业的经营战场。社交的市场格局也初步确定。

社交作为服务业发展中的一种重要力量浮出水面。随着社交的不断发展，一批具有共同爱好、身份、价值观和审美的人聚集在一起成为社群，通过社群内的交流互动和分享协作，这一批人不仅成为优质内容的创造者，更是电商、传播的最佳入口，由此催生出了诸多千亿级的产业平台。刚刚成立的小米和B站，正是其中优秀的玩家代表，它们依靠米粉和UP主，将雪球越滚越大。企业依靠社群与粉丝的互动，将改变销售者、内容生产者与消费者之间的单向关系。此后的网红经济、粉丝经济和直播经济，大都来源于此，小米和米粉、B站和UP主、偶像和粉丝在互动中激发出的社交力量，将逐一颠覆我们的原有认知，并迸发出巨大的商业价值。

巨头的转折之战

2010年注定要载入腾讯的发展史册，甚至在中国互联网的历史上，都应该为其附上浓墨重彩的一笔。

2010年的腾讯，凭借着"出外抢地盘，对内重协调"，在互联网丛林里，很快膨胀为一个巨型动物。这一年的中报显示，腾讯的半年度利润是37亿元，百度约13亿元，阿里巴巴约10亿元，搜狐约6亿元，新浪约3.5亿元，腾讯的利润比其他4家互联网巨头的总和还要多。

无所不做的企鹅帝国，在赢得爆发式扩张的同时，也获得了"全民公敌"的绰号，腾讯被指控为"抄袭者"，QQ浏览器被指抄袭UC，QQ音乐被指抄袭酷狗音乐，拍拍网被指抄袭淘宝网，搜搜被指是百度的临摹者。

这时，互联网老江湖周鸿祎通过杀毒软件永久免费策略，在一个不被巨人看到的小市场里，硬是撑出了一个亿级规模的流量空间。短短1年，360浏览器的用户数从1 800万增长到了1.06亿。周鸿祎通过开放平台，引入网页游戏、团购网站、软件应用等众多第三方合作伙伴，硬是凭借在安全需求上的单点突破，让360迅速覆盖电脑客户端。

此时，腾讯也将QQ医生升级到了4.0版，并更名为"QQ电脑管家"，涵盖了360安全卫士所有的主流功能，二者的用户体验也几乎一致。这被周鸿祎认为是全面抄袭360安全卫士。

2010年7月24日，各大网站突然被一篇檄文覆盖，标题十分血腥且爆出粗口。这是两天后正式发行的《计算机世界》周报的封面文章，作者是该杂志的记者许磊，在采访写作一个多月后，认定腾讯的核心能力就是"抄袭"。

360会成为QQ"杀戮"名单上的下一个牺牲者吗？

在周鸿祎的认知中，"做互联网的人，一定会遇到三个无法回避的问题：生、死、腾讯"。周鸿祎在随后的中秋节给马化腾打了个电话，希望腾讯停止用后台静默的手段给用户强制安装QQ电脑管家，马化腾语言缓和，宽慰周鸿祎"腾讯不会把360置于死地"。求和被拒的360于是发起了正面攻击。

个中细节难以用精彩或者惨烈形容，用"战争"更为合适。

360发布了直接针对QQ的"360隐私保护器"，同时网站上开设了"用户隐私大过天"的讨论专题，直指腾讯侵犯用户隐私。其中汇集了大量有针对性的文章，标题都带有强烈的谴责口吻。360甚至还推出了"谁在偷窥你的隐私——传图得iPhone 4"的有奖晒图活动。

腾讯以"QQ弹窗回应+法律起诉+同盟呼应"三板斧应对，但自始至终都没有从技术的角度向用户解释"为什么没有窥探隐私的行为"。

双方的刀来剑往，引起了公众极大的恐慌。周鸿祎适时地祭出更致命的一招。

360上线了一款名为"扣扣保镖"的新工具，用户在"提示"下选择"修复"后，将被系统重装，QQ安全中心则会被360安全卫士替代，QQ用户的好友关系链被360备份，即所有的用户关系将被导入到360的操作平台上。

这被腾讯的技术团队称之为"非法外挂"和"全球互联网罕见的公然大规模数量级客户端软件劫持事件"，并举报到了公安部。在三天时间内，"扣扣保镖"截留了2 000万QQ用户，QQ用户有极大的流失殆尽的风险。

破釜沉舟，腾讯发表了《致广大QQ用户的一封信》，表达这是深思熟虑之后的艰难决定，同时推出不兼容页面，要求所有用户在"卸载QQ"和"卸载360"之间，必须"二选一"。

这场大战，各方利益集团被纷纷卷入。金山、搜狗、傲游、可牛、百度5家公司联手举行新闻发布会，表示不兼容360系列软件。周鸿祎被举报，360赴美上市的主承销商撤退，一时"惨烈"。工信部、中国互联网协会要求360与腾讯双方不要再起争执。

随后360下线"扣扣保镖"，宣布QQ与360恢复兼容，双方各自鸣金收兵，引得全国几亿人关注的"3Q大战"就此停息，但此后双方进行了长达四年的诉讼与反诉讼。

在2010年的夏秋之际，这场战争吸引了数亿人的目光。从竞争的角度分析，360有着先天的弱势："战斗"在对方的领地上进行，在技术上几乎没有决定性反超的可能，而且在资本、人力、用户关系上，这都是一场不对称的"战争"。

周鸿祎从一开始就"定义"了这场"战争"的性质，那便是"草根创业者对垄断者的反叛"，他在微博中写道："3Q之争，本质上不是360和腾讯的斗争，而是互联网创新力量和垄断力量的斗争，360在垄断力量挤压下找到一条生路，也是为其他互联网创业公司找生路。与其苟且活着，不如奋起抵抗。"

最后一句话引起了公众极大的好感。周鸿祎的冒险取得了空前的商业成功，360借势一步，继续上市计划。2011年3月30日，奇虎360在美国纽交所上市，融资2亿美元，盈率高达360倍，一跃成为市值第三的中国互联网上市公司。

周鸿祎对互联网舆论的超凡理解及掌控，前所未见。大战之后，他的知名度暴增，成为颠覆式创新的标志人物，因为在公开场合经常穿红色的衣服，被尊称一声"红衣教主"。当然也因为这种活跃和直言，常被称为"红衣大炮"。很多年后，巨头们在互联网江湖中插旗圈地，人们表示很怀念当年那位敢于直面"权贵"的"红衣教主"。

在这场战争中，腾讯显然输了民心，开始反思过去的商业模式。后来发生的种种变化证明，3Q大战的确是腾讯的里程碑式的事件。它甚至在某种意义上改变了马化腾的性格，在外部沟通上，他也渐渐变得柔软和开放，开始重新思考腾讯的平台策略以及公共属性。以此为转折，腾讯也成长为更具包容和共享特质的中国互联网巨头。

2010年3月，谷歌声称因在监管上面临无法躲避的挑战，经过决策层反复争论，要将中国的搜索服务由内地转至香港，关闭了CN域名。这也就是大家经常说到的谷歌撤离中国内地市场。谷歌从2004年起进入中国，2006年1月谷歌上线，服务器放置在中国，经过几年的努力，逐渐占到了22%的市场份额，与百度形成对峙之势。

谷歌退出，让百度获得一家独大的史诗级机遇。它的市值在2011年几乎翻了一番，一度跃居中国互联网公司第一。在BAT的格局中，百度坐稳了搜索领域的头把交椅，并确确实实过了一段好日子。直到2016年"魏则西事件"爆发，让百度竞价排名的模式遭受了大众的持续质疑，甚至不可饶恕，百度在道德的低谷盘旋许久，一时未有大的起色。

谷歌退出所以才成就百度的说法，李彦宏显然并不接受。

从事实数据来看，在谷歌退出之前，百度就获得了非常迅速的成长。其市场份额从2003年的11.2%快速增长到2009年的63.9%，排名也从第四跃居榜首。

回过头来看，谷歌的退出，不一定是百度崛起的主因，但却是百度备受拷问、饱受煎熬的开始。在保护下长大的企业从不会伟大。过度的舒适不仅会让它逐渐失去进取的野心，更重要的是难以关心用户的真正需求，以及对规则、对市场、对道德和生命最起码的敬畏。

2010年，于百度无疑是重大转折。Life is a Package①，好的坏的都分外鲜明。

2010的阿里也已经小有所成，"双11"的爆发式增长使其大放异彩。这一年的阿里，并没有人们熟知的大事发生。但当我们回顾过往时，猛然发现马云对已经成立一年但困境重重的阿里云表现出强力坚持的态度，给阿里帝国的建设打下了牢固的基础。

为了帮助阿里云的试错与成长，阿里金融以捆绑创业的方式成了阿里云的第一个客户。然而，此时的阿里云经常出现不稳定以及数据出错等情况，刚成立一年的阿里金融眼看着就要被无休止的故障拖垮了。日后被选为中国工程院院士的王坚，因为主持这个云计算项目终不见起色，正经历着黎明前最黑暗的时刻。整个阿里董事会对阿里云也是一片质疑。

---

① 英文谚语，大意是生活就像一个大包裹，有好的，也同时包含了不好的。通常引申为：你不能只要好的。

此时担任阿里金融总裁的胡晓明，跟马云在西湖散步时说："马总，您能不能放我一马？"马云的回答很确切："不可以，阿里云是未来，每年阿里会对云计算投入 10 个亿，连续投 10 年。"

以电商起家的阿里巴巴在技术上的坚持令人钦佩，也硕果累累。三年之后，是被 IT 历史记住的时刻。2013 年 5 月 17 日，阿里最后一台 IBM 小型机在支付宝下线，阿里完成了去"IOE[①]"化。不断飙升的电商业务，对 IOE 庞大的采购需求难以想象，仅这一项投入，就可能让阿里破产。去"IOE"化，不但大幅降低了阿里巴巴的运行成本，对阿里云未来的发展，更是"破釜沉舟"般的激励。

十年之后，阿里云成长为全球第三大公有云厂商，40%的中国 500 强企业和 80%的科技类公司都将会集在阿里云之上，使用着阿里云提供的云服务。2019 年，天猫"双 11"订单创建峰值达到 54.4 万笔/秒，创下新的世界纪录。这一天，阿里巴巴还祭出了大招，将 100%的核心系统都迁移到了阿里云上。阿里云智能总裁张建锋自豪地说，中国有两朵云：一朵叫作"阿里云"，还有一朵叫作"其他云"。

2017 年，阿里还成立了新技术研究院，并取了一个特别阿里化的名字——达摩院。阿里聚集着全球达摩祖师，主攻核心基础技术研究，在机器学习、下一代人机交互、视觉计算、芯片技术、量子计算等领域不断攻克难题。2018 年，阿里的研发强度达到 15.5%，研发人员的占比将达到 51%，跃居全球知名科技公司首位。

在阿里的发展中，一直以商业与技术并重，也因为技术的强大，阿里可以信心满满地做好基础设施，逐梦平台之路，并在日后的财报表现中更加坚挺。

[①] IBM 的小型机、Oracle 数据库、EMC 存储设备，合称"IOE"，这是 IT 设施的标准架构。

有法可依的轨道

2010年，国家各部委密集出台了对互联网业态的监管规范，很多都具有"开篇"意义。

5月31日，国家工商行政管理总局正式公布《网络商品交易及有关服务行为管理暂行办法》。这是我国第一部规范网络商品交易及有关服务行为的行政规章。

6月3日，文化部公布了《网络游戏管理暂行办法》，这是我国第一部针对网络游戏进行管理的部门规章。

6月14日，中国人民银行公布《非金融机构支付服务管理办法》，业内翘首盼望的网络支付纳入监管范围。第三方支付"牌照"问题终于明朗化。

10月9日，国家新闻出版总署出台《新闻出版总署关于发展电子书产业的意见》，依法对从事电子书相关业务的企业实施分类审批和管理。

在很多行业发展的初期，国家为了支持其发展，总是给其提供宽松的环境，因此可能会出现一些打擦边球、钻空子的行为。但当一个行业发展到一定程度特别是高速发展的时期，国家有关部门就会开始进行管理，提供必要的、有效的规范、监督与管理，以保证行业能够继续健康发展。

互联网的发展也不例外。对于网络购物、网络支付、网络游戏、网络文化，2010年这个年份，主管部门集中出台了管理办法，纳入监管范围，无异于在另一个层面证实了这些行业发展的蓬勃，却也肆无忌惮。和其他产业相比，互联网业态的发展更多是源于市场，源于技术，自下而上地涌现，其生长充满了创新、突破和颠覆。从一开始，这一业态的发展就伴随着对国家现有政策的试探和政策边界的突破。规范办法的出台和牌照资质的发放，逐渐将整个行业推向"有法可依"的正常轨道。对互联网新兴业态的牌照式管理序幕就此拉开。企业能否领先一步，快速获得牌照成为重要的竞争力。

> 第三篇 <

挣扎　较量　博弈

（2011—2015）

从 2011 年到 2016 年，移动互联全面崛起，新兴业态长大，进入传统业态的势力范围，上演着"我消灭你，与你无关"的降维打击。新老业态之间展开了一场激烈的较量。在传统行业内部，也出现了不小的分化。

金融业，互联网金融的"宝宝们"欣欣然起来，用可观的收益率打破了银行高储蓄率的好日子，P2P 甚至用更加极端的方式吸引着人们手中跃跃欲试的货币，银行们奋力跨越自身的三重门，彼此间的恩怨和纷争达到高点。餐饮业，面对网红餐厅主打的故事和情怀，一众传统餐饮有点蒙，又在"八项规定"的洗礼下，权贵餐饮和大众餐饮此消彼长，在管理、运营、服务创新上下功夫成为行业共识。零售业、网购成为流行，史上最大的"关店潮"席卷而来，经销商们的命运也多舛，流通领域进行着激烈的自我革新，物流运输的整合也伴随其中，围绕着商品流转的信息流、物流出现了空前的协同。出行、服装、食品、家政、电视、医疗和教育等传统行业也都面临着来自互联网力量的压力，众多不知如何归类的业态崛起，让"在位者"摸不着头脑，几乎所有行业都被"互联网思维"搅得天翻地覆。

新兴业态内部的合纵联盟也精彩，对移动互联高地的抢占中，巨头们互相封杀、各自结盟，上演了一场让人眼花缭乱的军备竞赛，一众创业者甚至走向了不是阿里就是腾讯的命运。诞生于新一代信息技术的新生业态，在资本的加持中速生，不仅是它们自身始料未及，监管层对此也没有做好准备。因此，对政策的突破，与监管的博弈，也伴随其中。

在不同力量的较量中,服务业正在崛起。2012年,服务业占GDP比重超过制造业,成为第一大产业;吸纳的就业人数占比达到35.7%,首次超过农业。在这些数字的背后,显然有制造业在金融危机中受到重创,尚未恢复的反衬。但此后,服务业进入更快的发展通道,成为中国经济升腾的力量。

2011 金融业的光环和困境

2011年，金融业的"好日子"备受瞩目，但高光中的"不厚道"也饱受质疑，银行业尤其突出。

金融业，属于强管制、垄断性行业。也因此，长期被误解为"低端边缘"的服务业中，研究者们往往忘记了对金融服务的关注。金融业的高利润、从业人员高收入的光环，时刻提醒着金融是服务业中不一样的存在。被羡慕，也容易招黑。2011年，"银行利润太高不好意思公布"成为人们茶余饭后的谈资，算是对这么多年来银行"好日子"的戏谑式诠释。这也引发了各界对银行侵蚀实体经济利润的广泛讨论。"只会锦上添花，不能雪中送炭"的息差模式受到实业的普遍"攻击"。

也是在2011年前后，我国进入金融自由化的浪潮，大资产管理时代，人们发现了非标资产、资管嵌套、资金池中的巨大利益空间，影子银行肆意生长。几年之后，资管新规①出台，一众金融机构必须去解决金融创新和"去杠杆"之间的难题。在"四万亿"的刺激下，信贷大规模快速扩张，银行的不良率也在这一年出现上升苗头，互联网金融和金融科技等外部力量强势崛起，传统银行有些慌张地进入了下半场。银行业前程大好，也跌跌撞撞。服务实体经济、服务消费者个体的本质如何回归，新的服务模式如何建立，成为此后多年传统银行不断寻找的答案。

---

① 2018年4月27日，人民银行、银保监会、证监会、外汇局联合发布《关于规范金融机构资产管理业务的指导意见》，被业界称为"资管新规"。

2011年，金融业正经历着重大变化，这极大程度上影响了此后金融业的发展方向。

银行业的三重门

2011年，在一次论坛活动上，民生银行行长董文标发表了一个诚恳的观点：和制造业的困境相比，银行利润太高不好意思公布。这句大实话很快走红。银行业亮丽的数字，与尚未从金融危机中走出来的中国制造业所面临的资金压力，形成强烈对比。

这一年中国企联发布的中国企业500强榜单，给出了佐证。这500家中国最大的企业所实现的净利润总计为2.1万亿元。其中，最大的5家商业银行的净利润高达6 745.49亿元，占比为32.2%，与之形成鲜明对比的是，其中272家制造业企业的利润占比仅为25.04%。

此前，在中国企业500强中，银行业的利润占比持续高于制造业，这已经不是什么新鲜事儿。但这次呈现出的是，5家银行和272家制造业之间利润的巨大差异，引发了人们对实业部门与商业银行部门效益"鸿沟"的广泛讨论。长此以往，资本必然流出实业部门，流向金融部门，我国制造业也必然出现"空心化"趋势。这成为大家共同的担忧。

产、学、研、政各个领域，都为这个难题绞尽脑汁。这样的诟病和"官司"甚至都摆到了习近平总书记在2018年于11月1日召开的民营企业座谈会上。2019年2月14日，中办、国办联合发布了《关于加强金融服务民营企业的若干意见》，俗称"金融服务民营企业18条"，"震动"了不少人。熟悉政策制定的人都知道，对一个具体的安排，动用"两办"如此高的规格，实属非常规操作，这既彰显了高层的决心，更是在诉说融资的难解。

过去几年，我有幸参加了国务院组织的几轮关于"融资难、融资贵"的调查、核查和督查工作。有一个强烈的感觉，企业资金危机和债务暴雷，不少都源于在宽松货币政策下，企业不能坚守主业，肆意多元化投资所致。经济在高速发展期，用"新账还旧账"还有操作的空间，但当经济出现波动，银行在风控的要求下，就会以闪电般的速度，一刀切式地将某一个行业或者区域划入"黑"名单，企业的资金链遭遇突然"袭击"，危机爆发难免。而一张多米诺骨牌的倒下，甚至会引发一个地区的风波，2012年的温州担保风波，以及之后几年的山东债务风波莫不如此。换一个角度来看，那些一门心思做主业、强主业的企业大都活得都还不错，并在危机中更加显示出它们的优势。然而，必须承认的是，这些优质企业很多时候也要面临着银行主动送上门的贷款，同时还要配一些存款的无奈。企业的战略定力，显得十分重要。

客观地来讲，风控要求以及存贷比的考核，决定了银行对企业"雪中送炭"的确困难。而企业面临银行的"锦上添花""诱惑"，也确实难以冷静和理性地应对，从而将"过剩的流动性"投放到了企业的多元化上，埋下风险的祸根。银行和企业之间的良性循环需要彼此的克制。

这是银行的第一重门。

银行除了经受着高利润光环的拷问，还面临着另一大考验。那就是2011年前后，银行业开启了新一轮的不良周期，金融系统性风险出现苗头。随着地方债务和僵尸企业的出清提上日程，防风险成为中央工作的重点。

在2008年金融危机中，政府拿出四万亿救市方案，央行的印钞机开足了马力，一笔笔贷款流向基础设施、房地产、重化重工等上游产业，信贷大规模快速扩张。

一组数字：

> 2008年年末，M2（货币供应量）总额分别47.5万亿元，2011年年末M2总额为85.2万亿元。三年间，M2扩张规模为37.7万亿元，同期GDP增长规模仅为16.9万亿元。M2规模增幅是同期GDP增幅的2.2倍。

2007年，社会融资规模仅为5.97万亿元，2012年社融规模高达15.8万亿元，五年间规模翻了近3倍。

在金融一侧，大资管时代也正在到来。早在2008年，央行印发的《金融业发展与改革"十一五"规划》就做好了规划和铺垫，"稳步推进金融业综合经营试点，并鼓励金融机构以金融控股公司模式开展跨产品、跨市场和跨机构等创新活动"。

2011年前后，一行三会及财政部密集颁布了一系列新法规，政策闸门全面放开。

证监会首次允许基金公司进入股权投资（PE）领域，鼓励证券公司开展资产托管、结算、代理等业务，为专业投资机构提供后台管理增值服务，一举突破了长期以来私募证投基金综合托管业务由商业银行垄断的格局。券商资产管理业务从无到有，政策发文不到三个月的时间，就突破了2万亿元的大关。"阳光私募基金"终于获得合法地位，很快，一大批公募基金里的明星基金经理纷纷离职，创建起自己的私募基金。

保监会也不甘示弱，同意保险公司将保险资金委托给符合条件的投资管理人，开展投资业务，"保险委托投资"的业务大闸开启。

银监会首次允许设有基础资产的现金流质押的证券化产品发行，同时商业银行设立证投基金管理公司的门槛放宽，这将推动数十万亿级的储蓄资金向资本市场的有序转化。

监管机构相继放松了对券商资管、保险资管、基金的监管限制，推动着金融的混业经营，中国迎来了资管行业的大时代。同时，"非标资产""资管嵌套""资金池"等模式在表外大肆发展，一度神秘，逐渐成为高达百万亿元规模的影子银行。

地方政府用城投公司大肆发债扩张，狂奔的房地产、大基建支撑着信托计划和理财产品的高收益，并成为"非标资产"的重要标的，"资管计划"为并购业绩和市值管理的"坐庄"循环提供着巨大的支持。资金一端，在"刚性兑付"的保障机制下，个人对理财产品积极投入，流动性充裕的企业正愁着有钱没地花。于是资产端和资金端各取所需，几年间"加杠杆"变换着模样横行，在证券、银行和基金、信托中反复嵌套流转，泡沫肆虐。

2008年"四万亿"的刺激，2011年之后金融混业创新的快速发展，让金融系统性风险很快就摆在了决策者面前。政策层面进入强监管的节奏，很快"去杠杆"被列为中央经济工作的重点任务之一。

2013年，银监会发布8号文，开始清理银行的非标准化债权资产，随后银行的同业业务、非标业务、理财业务等不断被规范，商业银行过往的诸多业务和模式被冲击。此后，银行游走在了不断上紧发条的监管和跃跃欲试的金融创新中。

这是银行的第二重门，也是风险偏好最高的一重。

任何事物都是一体两面，金融业也不例外。当银行传统的业务模式备受争议，在创新边界的游走中寻求转型的答案时，互联网金融、Fintech（科技金融）先后兴起，新兴力量进场。以支付宝为代表的互联网"宝宝们"茁壮成长，当然也有不断异化的P2P挣扎在失控和崩溃的边缘。无论哪一种，这场由技术驱动的金融革命，对银行业都形成了不小的冲击。

面对着外部日益活跃，并不断壮大的新生事物，银行从业者们也开始摩拳擦掌，在金融科技中试水，在诸多业务中增加了"科技"和"大数据"元素。但在员工数量众多、分支机构庞杂、分级管理等级森严的金融机构，由"边缘化"的科技部门和数据中心来驱动产品迭代、驱动银行转型，效果可想而知。

除了平安和招商等少数突围者，在个体零售业务中渐近佳境；大多数银行仍旧依照政策的安排，将一笔笔贷款输送到那些需要被扶持的产业中，也似乎是遵从监管的部署，不断在"产能过剩性"产业，有"风吹草动"的企业中抽贷、限贷和断贷。

这可谓是银行将要跨越的第三重门，关乎进步和未来。

从 1993 年下半年的金融秩序整顿到 1999 年的不良资产剥离，再到 2001 年入世后的国际竞争；从 2004 年的公司化改制到 2009 年以后的金融创新，再到 2011 年"去杠杆"和"加科技"的双重压力：中国银行业，从诞生至今，一路跌跌撞撞，也光环加身，但改革的脚步也从未停下。如今，政策强监管和科技扑面而来，在创新和逐利的裹挟中，银行业进入了下半场。此后十来年，这个侧影更加清晰。

"宝宝"军团欣欣然起来

每一种新兴力量的崛起，都少不了与传统力量的对抗和竞争，而"宝宝们"和银行的恩怨是从合作开始的。

在淘宝问世之初，为了解决交易中的信用问题，阿里推出了担保交易模式，即买家在下单之后，先将钱打到淘宝网在银行的对公账户上，淘宝网收到付款信息后，通知卖家发货，买家收到货物并确认收货时，淘宝网再将钱打给卖家，就是支付宝的雏形。

在当时，匹配买卖双方信息，跟踪双方交易进程需要工作人员用笔进行记录，而任何一方给出的信息出现问题，交易便会被迫终止。国家金融层面也尚未形成规模性的支付系统，跨行转账涉及各种复杂的信息证明，这非常容易导致用户因为体验不佳，放弃使用支付宝。

好在此时大银行们正在寻求电子银行业务的施展场景，工商银行杭州分行西湖支行认为与电商网站合作，或许是种全新的尝试。于是，双方一拍即合，工商银行率先帮助淘宝网提供网上支付的接口，提高交易效率。随后，支付宝又以网关支付的形式相继接入国内十几家重要银行网银。用户购物时，可以直接用网上银行向支付宝账户转账，完成付款，支付宝在使用范围上向前迈进了一大步。

随之而来的问题是，用户结算时要先选择银行卡的种类，再跳转去发卡银行的网银界面，但各家银行的要求各不相同，有的要输入卡号和密码，有的要插入U盾，还有的要动态口令，使用并不流畅。当时支付宝做过统计，每多跳转一个页面，客户支付流失率就增加5%。那个时期淘宝为了迅速扩大用户规模，投入大量广告费招揽用户，但是很多客户在进入购物流程后，因支付失败而流失，这在淘宝看来是无法忍受的。

这是2010年支付宝的样子。在这一年的年会上，马云怒斥支付宝烂到极点，原本准备愉快玩耍的年会变成了反思大会。年会后，当时支付宝CEO彭蕾带领着支付宝8级以上员工召开了为期四天的骆驼大会，白天交流业务，晚上喝酒吃饭。在支付宝的发展历程中，每一个重大转折都是由一些闭门的务虚会开启的。三年之后的莫干山会议，余额宝、芝麻信用、网商银行等重大产品，一一确立。

骆驼大会后，支付宝与银行达成"代扣"协议，用户只需要将支付宝和银行卡进行绑定，便能开通代扣付款流程。快捷支付面市。这种做法在最初遭到了银行的反对。在对风控要求极高的银行眼中，只通过用户在银行预留的手机号码对持卡人身份进行确认，这样的做法风险太高。谈判的结果是，支付宝承担支付过程发生的风险，并向银行提供存款或预付手续费。银行可以提前锁定部分收益，同时控制资损率。

双方达成交易。

便捷的支付，让支付宝获得了爆发式发展。借助商业的力量，支付宝建立起了用户、支付宝、银行三者之间的信任机制，为中国的移动支付奠定了基础。

支付宝快速发展起来，然而极少有用户愿意往支付宝账户里充钱，具有庞大用户的支付宝没有账户价值。

波动小，收益稳定的货币基金成了解决方案。在基金界排名第九十多位的天弘基金看中了互联网渠道。余额宝诞生。

这次合作，将基金最低投资门槛的100元，降低至1元；突破传统基金的申购赎回规则，做到实时消费支付。对传统基金的颠覆和给用户带来的便利，几天时间，余额宝的用户就突破了百万。天弘基金也一举进入基金行业的头部。同为弱势的双方，抱团改写了货币基金的运行方式，成为一段佳话。

更受命运垂青的是，2013年6月，余额宝推出之际，中国货币市场经历了一场前所未有的"钱荒"，银行间同业拆借市场的利率急剧飙升。余额宝通过大量投资于协议存款的方式，使得年化收益率一度达到了6%以上。

余额宝的高收益唤醒了民间对于理财的定义，不少人将银行的资金转入余额宝，这很快在中国各大互联网公司引发"共鸣"。此时央行已经发出了40张支付牌照，汇添富、华夏、海富通等基金公司开始寻求和这些具有互联网色彩的第三方支付机构合作，推动了一批"宝宝们"的诞生。微信的理财通、百度的百赚百发相继入局，京东小金库、苏宁零钱宝、网易收益保、新浪微财富等产品紧随其后，亦欲借互联网金融的风暴上前分一杯羹。理财产品的收益率不断被拉高，一度达到年化8%。

这显然触碰了传统银行的商业利益。于是，银行系统联手下调了快捷支付的限额，扼住了第三方支付的咽喉。

银行与"宝宝们"的恩怨和纷争达到高点。马云私下逐一拜会了几大行的董事长，支付宝和银行之间的关系才逐渐得到修复。

除了对支付、理财领域的变革外，阿里还推出了芝麻信用分，建立起了一套消费征信体系。这在未来的共享经济"免押金"服务中得到很强的应用。以大数据和征信体系为基础，阿里也不能"免俗"地进入了消费金融和小额贷款领域，推出花呗和借呗，赚得盆满钵满。以上就是逐渐丰满起来的蚂蚁金服，也是互联网金融的典型代表。2019年，蚂蚁金服成为全球估值最高的独角兽企业，以每秒12万笔的处理速度，超越全球支付巨头VISA。

不断异化的P2P

在另一个极端上，金融创新也确实在蓬勃发展的过程中被"玩坏"了，比如不断异化的P2P。在不久的将来，规模巨大的P2P暴雷事件，牵扯了亿万家庭。

P2P，即Peer to Peer Lending Platform，出借人和借款人一一对应。这是互联网在广泛应用过程中，民间借贷的线上版，也因此被称为网贷平台。平台发挥信息中介作用，居间撮合，早期因为信用问题，并不被看好，但先创者还是熬过了艰难的萌芽期。到2011年时，已经有10家平台相继成立，中国第一家P2P平台拍拍贷为人所熟知，宜信、红岭创投也位列其中。大洋彼岸的美国，全球知名的P2P平台Lending Club也已经成立。有了先吃螃蟹的示范效应，再加上"宝宝们"的发展带动了人们对于网络理财的重视程度，在互联网金融的风口中，P2P被树立为典型，很快数千家P2P平台成立。仅在2011年至2012年这两年中，就有2 000多家平台上线，平均每天成立3到4家。此后几年增长速度依旧凶猛。银行、风投、国资、民营等各类资本纷纷入场，P2P成了新金融里的头号角色。

P2P平台密集出现，竞争很快白热化。又恰逢互联网思维吹遍神州大地，优化产品体验，不断提高收益率成为P2P的制胜法宝。P2P们的胆子大了起来，优化的内容由表及里，甚至有些魔性。

比如将万元大标拆分成百元小标，降低投资门槛；将两年期借款拆分成八个三月期借款，让短期投资也能享受高利率；引入债权转让机制（产品活期化），提高产品的流动性。又如垫资给借款人放贷，再把贷款转让给出借人，降低借款人的等待时间。有的平台甚至先发几个假标把资金占上，再去寻找借款人或者可以投资的项目，这就是在随后整顿大幕中重点打击的"超级借款人"和"资金池"模式，这些与非法集资、无牌放贷在本质上别无两样。

这显然违背了政策的监管许可。

2016年，以e租宝为首的P2P公司出现了一系列跑路事件，引起了监管层的警觉。很快，政府密集出台了系列网贷平台的管理文件，开启了对P2P的强监管。其中，最重要的手段就是，限期内强制备案。而这重要的前提是对P2P的界定。文件中再三强调，"网贷平台，就是金融信息中介，不得直接或者间接地吸纳存款资金，不得非法集资"。

那些高息允诺，甚至将业务优化过度的网贷平台，自然不能大大方方去备案。一部分平台无奈地选择了转型消费金融、汽车金融、供应链金融等领域。那将更会是一场场脱胎换骨的硬仗。投资者们、出借者们也闻风而动，抽资、挤兑、跑路、暴雷、围攻，在这个曾经高光的行业频繁上演。

2006年，我国出现第一家P2P公司，历经十来年草莽生长，进入合规管理阶段，P2P经历了从萌芽到衰落的典型产业周期，其中不免惨痛的教训和代价。

恶性竞争中，P2P承诺的收益越来越高。在诱惑面前，很多人都忘记了"事出异象必有妖"的常识，还是前赴后继地投入到了P2P的怀抱，当起了出借人，甚至拿出了全部身家。终有一天，泡沫被刺破，人们对P2P的围攻和呼天抢地已无意义。

实际上，P2P仅仅是跟在银行后面，捡着原本被银行风控筛选下来的次级资产而已。因为数据不充足，绝大部分网贷平台识别信息真伪，准确评估贷款人的信用等级并非易事。而事实上，P2P们除了承担信息中介，还扛起了信用中介的大旗。这才是不断放大的风险敞口中随时会被引爆的雷。最为突出的例子，可以说是大学生这个群体了，有些甚至还走向了"肉偿"的恶性事件。互联网大平台，真正能运用大数据手段分得一杯羹都尚且不易，一般的网贷公司更是困难。

于是，一端是优质资产不足，风控不足，征信不足的底色；另一端是从信息中介，到信用中介，再到资金池的不断异化的表象。终于，监管和清理整顿的大幕开启，我国绝大部分网贷平台资金链断裂，在密集暴雷、跑路后，P2P成了历史。

从全球P2P看，曾经首屈一指的美国Lending Club，曾创造IPO后一周内股价连续上涨，市值轻松破百亿美元的佳绩，也不过就是在2013年出现过极其短暂的盈利，之后持续亏损，股价仅剩发行价的1/4。

很多人说，P2P的鼻祖要追溯到20世纪，穆罕默德·尤努斯为孟加拉贫民开创的无抵押小额贷款模式。但很多人不知道的是，它所依赖的正是当时国有商业银行体系内部创立的格莱珉（意为"乡村"）分行。单纯承担信息中介，缺乏体系化支撑，缺乏大数据和大资金支撑的网络平台走这条路一定是充满荆棘的。

企业做大，终是金融？

也是在此时，企业做大，终是金融的认知也开始深入实体企业的发展战略中。

我和冯立果博士曾做过一份统计。在中国企联发布的2011年中国企业500强中，有272家企业都参股或者控股了金融业态。在这272家企业中，银行、保险、证券、基金等金融企业合计数量仅为22家。这意味着，超过半数的中国非金融大企业要金融加身，发人深思。

是缓解融资难题的有效路径，还是产融结合已经深入中国企业的骨髓？抑或这只是资本对金融高利润的自由选择？每一个都足够有说服力。

或者很多大企业进军这个领域的最初想法，只是希望以金融手段盘活留在账面上的闲置资金。2011年，现金流极度充裕的国酒茅台迎来了新的掌门人袁仁国。也是从此开始，茅台开始了金融布局，准备打造一个横跨贷款、保险、金融租赁和资产管理的金融业务实体，并希望金融成为茅台的第二大业务支柱。

无论是哪一种，金融控股集团都成了流行的公司称谓，而金融牌照也成为各家比拼的焦点，在此后的几年中，产业跨界到金融越来越成为一种时尚。

金控老三家——中信、平安和光大不断革新做强，新的金控企业也跃跃欲试，中国人寿控股广发银行，长城、信达、东方、华融四大资产管理公司也在朝全牌照方向努力，这是具有金融基因的金控平台。另外一侧，中航工业、中石油、华能、五矿为代表的央企产业集团，广州越秀、天津泰达为代表的地方融资平台，恒大、复星、万向为代表的民企集团，和腾讯、阿里为代表的互联网企业等四类产融系金控平台的格局逐步形成。

央企对参与成立或者转型成为金控平台充满热情，未来会有2/3以上的央企陆续开展金融业务，中油资本、国网资本、华能资本、五矿资本均位列其中。

央企金控平台的设立，有利于盘活分散在央企集团内部各处的资金，支撑集团主业转型发展，这是央企做金控的初衷。规模段位和众多中央兄弟集团相比并不突出的中粮资本，因为突出了农业金融的特色，通过粮食银行、订单农业、代储代烘等途径，支持中粮集团做通从田间到餐桌这条产业链，而成为国资委系统的典范，颇受监管层好评。当然大部分央企热衷金融业务都离不开做强做优做大的目标，以贸易起家，中国最大的钢材流通商五矿集团将重新建立起一个新的金融主业，也颇具有典型性。随着未来独立上市，五矿资本金融全牌照的优势，会显著放大。

从国家战略层面，央企布局金融将会是一盘大棋，绝不仅仅是对金融本身高利润的"贪食"，更是"不断增强国有资本控制力和影响力"这一长期任务的重要抓手。几年之后，监管层将转变思路，从"管企业"向"管资本"转变，混合所有制改革同步轰轰烈烈地展开，这不仅是将民企灵活的机制引入僵化的国有企业中，国有资本也可以投资民营企业，政府管理层意在通过这种双向混改的实践，来探索混合所有制作为有效发挥两种资本优势的一种有效形式。

另一层面，在持续多年的兼并重组做大做强中，央企数量不断减少。以资本为对象进行管理或者以资本为手段对国民经济命脉和重要产业进行"控制"，于监管层或将是良途。阿里巴巴和腾讯这样的巨无霸平台的出现和发展，国有资本无论是从孕育中的资本支持、收益分红还是"影响力和控制力的发挥"都没有出色的成绩，于监管层多少是一个遗憾。未来的产业大势中，金融资本天生所携带的逐利性没准儿可以冲破体制机制的天花板，培养出一些BAT。

相比而言，民营金控最为神秘。种类众多的业务，错综复杂的股权关系，外人往往难以明白。复星系、海航系、泛海系、万向系、中植系、明天系、杉杉系、宝能系都是手握众多牌照,产业和资本深度融合的金控平台。民营资本系也成为在资本市场上可以和国资匹敌的一股力量。当然它们背后的掌门人也是一群真正的隐形富豪。后来人们也更愿意用"××系"来表达一个公司甚至是一个人的势力范围。

广为人知的海航系,资本运作伴随了海航自诞生以来的全部成长历程。流传的故事是,海航创立之初,创始人陈峰在启动资金仅有1 000万元的情况下,硬是说服银行给刚刚诞生的海南航空贷款,而担保对象就是还没有买到手的飞机,然后海航再把手中的飞机抵押给银行购买第二架飞机,就这样不断再抵押购买更多的飞机,海航巧妙地利用资产杠杆获得了快速发展。

海航的疯狂扩张是从2003年开始的。彼时因为"非典",航旅业务受到重创后,海航开始了多元化的战略布局,用并购的方式开始了迅速扩张。一路"买买买"中,海航总资产一路飙升,达到万亿元规模,一度闯进世界500强。通过多年令人眼花缭乱的国际并购,海航的业务遍布航空、地产、酒店、商品零售、旅游、金融、物流、船舶制造、生态科技各个领域,海航也成为一个让外界越来越看不懂的公司。海航集团董事长陈峰将此解释为"货通天下"。

海航创造出来的金融体系、资本市场工具,则为其一路扩张提供了支撑和服务。在进军金融领域之初,海航就拿下了非常珍贵的金融租赁牌照。这为此时还处于航空重资产阶段的海航在业务扩张中提供了强大的支持。而后在保险、信托、券商和银行领域的布局,让海航有了全面扩张的底气。与此同时,高负债自然也成为打破海航"借贷—并购—再借贷—再进行更大的并购"这一循环的最大变量,一旦宏观经济和企业经营有风吹草动,上面的循环模式将随之崩塌。

追求产业整合者的复星系,直接和间接控股的公司已超过了100家,投资范围涉及生物制药、房地产、信息产业、商贸流通、金融、钢铁、证券、银行、汽车等领域。

明天系和安邦系相对神秘，隐藏的力量令人惊叹。

根据新财富统计，高峰时期"明天系"控参股44家金融公司，涉足银行、保险、信托、证券、基金、租赁、期货等，覆盖了金融业全部牌照，其控参股的金融机构资产规模高达3万亿元。

安邦系，东窗事发，爆出来的诸多细节令人瞠目。根据公诉人在法庭上的介绍，安邦集团共有6名个人投资者，用5.6亿元的资金，以虚假出资、循环出资投资于49家，号称总注册资本达到24亿元的企业，再以"蛇吞象"的资本游戏，撬动对安邦98%的股权、600多亿元的注册资金和超过19 000亿元的资产。"安邦事件"所暴露出的金融乱象，将金控关联交易风险推到众人面前。金控公司组织结构上的复杂性使得关联交易隐蔽性增强，投资者、债权人，甚至控股公司最高管理层都难以清楚了解公司内部各个成员之间的授权关系和管理责任，对公司的整体风险的判断和衡量很多时候存在缺失。

多年后，金控领域也面临了强监管。央行甚至从注册源头上开始实行禁入，明确表示，未经人民银行批准不得注册金融控股公司，不得使用"金融控股""金控""金融集团"等字样。

金融的创新和监管平衡

金融机构的核心功能是将社会储蓄转化为投资的中介。2011年前后，我国从储蓄到投资，从居民到企业，都面临着新的变化。这在根本上推动了金融业态的革命和创新。

2011年，我国人均GDP达到5 400美元，步入世界银行划分的中等偏上收入行列。居民已不满足于固定的低储蓄收益，大量的高净值人群积极寻求多元化资产配置，这在很大程度上催生了以余额宝为代表的互联网金融的发展，甚至是P2P的非理性繁荣。企业端，还未走出金融危机阴霾的制造业极度缺钱，另一侧的金融业高利润又极具有诱惑力，自我救赎、逐利诱惑相互夹杂在一起推动着实业企业走向金控平台。而对传统银行而言，除了面对舆论的压力，还有想"革命"的"宝宝们"带来的业务分流竞争，以及不久之后拿到牌照的 10 余家民营银行开启的新经验和新做法。

这一切，都让金融业面临着重大革新和转折。

金融是经济发展的血液，对于任何一个国家而言都举足轻重，在我国服务业增加值中的占比更是高达 15% 左右。金融稳定也是一个国家经济稳定的最后一道防线，1997 年触目惊心的亚洲金融危机，以及并不久远的 2008 年次贷危机，大量企业倒闭，工人失业，社会经济萧条，一些国家甚至政权不稳。这都在告诉我们，金融稳定和金融监管的重要性。而这似乎与金融创新所内含的风险和不确定性不相融。金融创新和金融监管之间旧的平衡在打破，在新的平衡构建中，金融业也正在不断发展、进步。

2012 "八项规定"下的餐饮扩张

时间到了2012年，人们很好奇玛雅预言能否一语成谶，即将到来的12月21日是否真的是世界末日，以此为题材拍出的好莱坞大片更是渲染了这份神秘。显然，这只是个传说。但这一年，高端餐饮却迎来了挑战。

2012年，新一届领导集体接棒执政中国经济社会发展，"用中国梦凝聚中国力量，以作风建设提振全党精气神"成为重要抓手。作风建设的第一把火，就烧在了"反腐败和廉政工作建设"上，"八项规定"成了长期有效的铁规矩、硬杠杠。高端公务消费行业首当其冲，一道闪电将高端餐饮打落神坛，被誉为高端餐饮业的四大扛把子，净雅、金钱豹、俏江南和湘鄂情无一例外受到影响。曾接待非富即贵的客人，赚得盆满钵满的高端餐饮开始了艰难的挣扎。

也是在这一年，《海底捞你学不会》一书突然火了起来。炎热的三伏天，在海底捞排队等位吃火锅，也成为让同行百思不得其解的名场面。小米、华为也纷纷向海底捞学习致敬。还是在这一年，卖煎饼果子的黄太吉开张了，揭开了网红餐饮风暴的序幕，之后，赵小姐不等位、雕爷牛腩、西少爷肉夹馍、叫个鸭子等网红餐饮品牌陆续涌现。得益于互联网和社交网络的高度发达，手机在线排队和外卖让人们在时间和空间上实现了迁移，并成为一种消费时尚。更得益于"90后"这一代更具消费意愿的人群崛起，从吃饱到吃好，再到"吃环境""吃体验"，需求端不断升级，餐饮遍地开花。

在更深的层面上，餐饮供应链日渐完善。其中，有海底捞这样的餐饮巨头将业务延伸所致，也有美团这样的第三方平台进行的赋能支撑。它们所提供的供应链服务，作为最重要的底层架构，决定了餐饮所能达到的规模边界。

2012年于餐饮业而言，是发生重大转折的一年，特权服务在消亡，大众服务、民生服务强势崛起，此消彼长中，餐饮业也迎来了回归到服务本质和可持续成长的黄金时代。在宏观经济层面，中国经济发展的大方向从投资转向内需，消费也将成为拉动经济增长的主要动力。水涨船高后的餐饮消费总量持续扩大。2011年全国餐饮收入突破了2万亿元，到了2018年翻番达到4万亿元。

湘鄂情的轮回

在高端餐饮中，湘鄂情的发展非常具有代表性，它代表着那个年代敢想敢干的闯荡劲儿。

湘鄂情最初的故事，是很多进入城市的小青年都会选择的路。1995年，在深圳打工的孟凯自己当起了小老板，支起4张桌子开起了小饭馆，湘鄂情的店名更像是见证了来自湖北湖南夫妻两人的爱情。孟凯勤劳能干，仅用两年时间，就让经营逐步走上正轨，湘鄂情的店面规模越来越大，从40平方米到1 000多平方米。如果事情到此为止，那不过就是普通青年在大城市奋斗的缩影。

但孟凯的野心绝不在于此。

1999年，他北上京城，无意中发现中高端餐饮市场基本处于空白状态，并摸到了公款消费的门道。北京西城区月坛，聚集着多个中央部委的办公地点，民间称为部委一条街，是北京"东富西贵"的例证。孟凯就将第一家店开在了这附近的定慧寺。这个店的总面积达到了9 253平方米，人均消费500～700元的高端客户占据了大多数。

此后十多年中，八面玲珑的夫妻二人将生意越做越大，陆续开出了40多家分店。巨大的中高端市场需求，让湘鄂情赚了个盆满钵满。2009年11月，湘鄂情成功登陆A股市场，华丽转身为中国资本市场"餐饮第一股"，孟凯身家达到36亿元，问鼎餐饮界首富。

湘鄂情打破了国内餐饮公司存续周期只有3到5年的商业魔咒，但终究没有逃过反腐利器，以及"价格的基础终是价值"的经济学常识。2012年12月4日，中央下达"八项规定"，各地纪委厉行严查高档场所及高价烟酒的消费。高端餐饮几乎被一棒子打死，湘鄂情首当其冲。

中纪委在专题片《作风建设永远在路上》指出，"从某种意义上说，湘鄂情这样的高档餐饮场所的经营状况，成了'八项规定'落实情况的晴雨表"。这样的点名，不但让湘鄂情在三公消费中再难立足，也给其挺进大众市场，走亲民路线增加了不小的难度。

在"八项规定"之前的一年，湘鄂情净利润达到9 312.87万元，眼看着就要迈向亿元时代。2012年突如其来的变化，让湘鄂情的餐饮业务进入下滑通道。2013年，湘鄂情亏损约5.64亿元。2014年，亏损额进一步加大，约6.84亿元。

为扭转颓势，孟凯开始谋求转型。面对上市公司对财务业绩要求的严苛，湘鄂情也必须尽快进入快速盈利的领域。孟凯给湘鄂情改了个时髦的名字——"中科云网"，来彰显决心。新公司的经营业务也由中餐、零售扩展为科技、信息技术以及投资等。而后，哪里有风口，哪个行业大热，哪里就有中科云网的身影。但仿佛是中了什么终止魔咒，中科云网的转型项目几乎没有一个能够开花结果。如此大的跨度，成功也确非易事。

中科云网首先进军环保领域，但很快因财务核算和资质问题，两个收购项目都以终止为结局。同样的折戟也出现在了对中视精彩影视文化51%股权的收购上。而后中科云网又与中科院计算所签订《网络新媒体及大数据联合实验室的合作协议》，称未来3年将投入不低于1亿元，作为联合实验室研发运营资金，双方将展开网络新媒体及大数据的研究开发及应用推广，但该项目暂停至今。

受到业绩影响，中科云网被戴帽ST。因偿债资金筹措不足，"ST湘鄂债"

发生实质违约。中科云网成了国内首个本金违约的公司债案例。孟凯涉嫌市场操纵，遭到证监会调查。而后，孟凯远走悉尼，滞留境外、混乱授权等事情不断发酵，公司董事会进入乱局。随着持有股票全部被拍卖，创始人孟凯彻底出局。

从四面出击到四面楚歌，湘鄂情一路风雨飘摇，孟凯的精神几近崩溃，这个草莽英雄不断"自救"。然而，这些令人咋舌的"跨界"，并未带来任何帮助。2017年，从澳大利亚回国的孟凯，重拾湘鄂情，回归大众消费，精心操持实体品牌"湘鄂情小馆"和互联网品牌"湘鄂情八大碗"。从1999年进入京城到2017年重新开始，湘鄂情又回到了起点和梦想出发的地方。

2012年之后，除了湘鄂情一路坎坷，其他三大高端餐饮业巨头无一例外，全部处于停摆状态。在孟凯打算重操旧业时，被誉为"自助餐中的劳斯莱斯"的金钱豹，在上海的总部人去楼空，遭到消费者、供应商、员工三方共同讨债，狼狈收场。天价餐饮的代表，鲁菜盟主净雅也关闭了最后一家门店。另外一面旗帜，俏江南沦落到卖盒饭的境地，创始人张兰女士也在对赌协议中痛失控股权。

全聚德的烤鸭卖不动了

2012年，全聚德烤鸭迎来了高光时刻。

这家创建于1864年的中华老字号，已经上市5年，业绩达到巅峰。这一年的营业收入飙升至19.4亿元，净利润高达1.5亿元。此后开始逐年下降，从2013年到2018年，全聚德的营业收入从19亿元下降到17.8亿元，净利润从1.1亿元跌落至0.7亿元。

这家头顶国宴光环的高端烤鸭品牌，在新中国成立以来接待了200多个国家元首和政要，却逐渐陷入业绩低迷的泥沼中无法自拔。人们很好奇，为什么全聚德的烤鸭卖不动了？

这要从全聚德进入资本市场说起。作为国内首家上市老字号餐饮企业，全聚德上市当天股价便大幅上涨 223.18%。"国宴"的标签让全聚德备受追捧，一路扩张。2012 年，全聚德有直营店 28 家、加盟店 66 家，遍布国内外。而同时，中式餐饮的标准化一直是个难题，烤鸭对于厨师更是高度依赖，显然全聚德对新厨师的培养速度远远没有跟上门店的扩张速度。另外，全聚德的管理能力并未跟上成长的步伐，在陈旧的管理方式下，人才流失严重。在某种程度上，全聚德变成了一个烤鸭厨师的培训学校。

当然，全聚德也拿出了一套解决方案，它和德国一家科技企业合作，研发了一款专门用于烤鸭的微电脑傻瓜烤炉，并在部分门店中强制使用。寄希望于黑科技解决标准化难题，但消费者并不买账。除了黑科技的探索，全聚德也在积极拥抱互联网，推出外卖品牌"小鸭哥"，但外卖价格与堂食相差不多，口感却大不相同，在其他外卖平台的冲击下，"小鸭哥"也没有成为新的增长点。

一边享受着巨大的品牌溢价，一边用粗放的制作应付消费者，被斥为"背叛了百年传统技艺"的全聚德在消耗着消费者的好感。

更重要的是，到北京必须一吃的烤鸭情结，不再局限于全聚德。很多知名烤鸭店涌现出来，从品质和市场号召力而言，大董和便宜坊的烤鸭甚至超过了全聚德。据统计，在北京专做和兼做烤鸭的餐厅酒店加起来有 6 000 多家。

从根本上来说，动辄四五百元才能吃得上的一只烤鸭，确实拉开了全聚德与普通大众的距离。在很久之前，全聚德并非没有走过平民消费路线，但多年的公务高端消费支撑了全聚德可以保持奢侈的价格，全聚德也确实没有足够的动力拥抱大众市场。自 2012 年之后，公务消费锐减，我行我素的全聚德确实开始落后于整个时代。价格长期坚挺的全聚德，在海底捞刮起的"服务制胜"的行业风潮中，并未做出多少改变。

售价和口感、服务不成正比，恃宠而骄的全聚德受到不少指责，逐渐沦落至平庸。

海底捞的三板斧

与特权餐饮相比，大众餐饮由于刚性需求的存在，增长一直比较稳定。而且人们发现大众餐饮的用餐环境、口感品质和服务真心不错。在海底捞的带领下，很多餐饮的服务堪称"变态"。2012 年，大众餐饮成了推动整个行业企稳回暖的中流砥柱。

这一年，有一本叫作《海底捞你学不会》的书大火，写的是海底捞如何"把员工当作家人来对待"，剖析了员工受到尊重，进而对公司忠诚的管理内核。此前，这本书的作者黄铁鹰教授在《哈佛商业评论》中文版上发表了一篇企业案例"海底捞的管理智慧"，轰动一时，几乎中国所有的商学院都开始讲授海底捞的经验。这本书的出版，无疑是对海底捞江湖地位的一种加持。

和孟凯创办湘鄂情时情形一样，1994 年，张勇在四川简阳支起了仅有四张桌子的麻辣烫。这就是海底捞的雏形。

不会熬汤、不会炒料，连毛肚是什么都不知道的张勇发现，服务会影响顾客的味觉，"如果客人觉得吃得开心，就会夸你的味道好；如果觉得你冷淡，就会说难吃"。于是自创立之初，"服务"就融进了海底捞的生命里。服务也成了海底捞行走江湖的第一板斧。

什么是好的服务？卖了 20 万串麻辣烫的张勇说就是让客人满意。什么是更好的服务？就是让顾客感动。怎样才能让顾客感动？就是要超出顾客的期望，让顾客感到意外，让他们在海底捞享受到在其他餐馆享受不到的服务。

于是，就有了海底捞一系列的"变态"服务，相信很多人都亲身经历过。擦皮鞋、做美甲，给眼镜布，给发圈，给孕妇送泡菜，给孩子送儿童餐，给寿星送蛋糕，这些都是标配；看到你一个人去吃火锅，服务员还会坐下来陪你聊天；他们甚至还会助攻顾客谈恋爱，"点拨"顾客商务谈判。传闻有一次客人需要挪车但没钥匙，海底捞的员工们愣是把车给抬了起来，位移了好几米远。

放眼整个餐饮行业，海底捞的服务精神正在蔓延，海底捞正在带领大众餐饮从产品型向服务型转变。

成立于2012年年初的高端餐饮北京宴，在短短一年内体验到了过山车式的变化。痛则思变，北京宴开始在服务上下功夫，决定"从一个高端走向另一个高端"。前一个高端是为了面子，后一个高端是满足人们追求美好生活的里子。北京宴将人生的各个场景划分为祝寿、结婚、升学等36个片段，精心策划从顾客预订、到店、用餐、离店这个过程中的每一个细节。这种思路首先站在顾客立场上想需求，不同于以往的灌输式服务，可以称得上是餐饮业内的供给侧改革。董事长杨秀龙甚至定下规矩，"没有给顾客留下美好回忆和值得传颂故事的服务，就是零服务"。所有员工，想方设法地让顾客满意、惊喜、感动。这也是另一种极端吧。

而"服务至上"的另一面，便是服务的提供者——员工。员工和服务一体两面，这是由服务行业的特殊性决定的。早在1994年，哈佛商学院的五位教授就提出了服务利润链理论（SPC理论），他们认为，企业内部的服务支持体系决定了员工满意的程度，员工满意度决定了员工生产力和员工忠诚，这又影响到顾客满意和忠诚度，最终影响了企业的利润和成长。

这是并不复杂的管理常识，很多企业也都欣然接受并尽力而为。"员工用心工作"是每一个老板都想征服的珠穆朗玛峰，却也是黄铁鹰教授所强调的，很多企业学不会的海底捞的价值内核。很多同行到海底捞"偷师学艺"，但终是皮毛。即使是照搬，也难以有一样的人情味和气魄，难以给员工真正温暖和授权。

张勇将此总结为很朴素的一句话，"把员工当成家人"。海底捞让员工住在有空调、能上网和有人打扫卫生的高级公寓里，人均居住面积不小于6平方米，距离门店步行20分钟之内；海底捞给员工的留守孩子们建学校，给留在家里的老人每个月寄生活补助；海底捞还教给从乡下出来的员工们怎么看地图、怎么用冲水马桶、怎么坐地铁、怎么使用银行卡，甚至怎么过红绿灯……

把员工当成家人，就要像家人那样信任员工，信任的唯一标志就是授权。

在海底捞，张勇只管100万元以上的签字，100万元以下是由副总、财务总监和大区经理负责的；一线的普通员工都有先斩后奏的打折权和免单权。

这种放心大胆的授权让同行匪夷所思，在其他任何一个行业中都实属少见。原因显而易见，大力度授权会带来权力滥用和营私舞弊的风险。海底捞当然也有监督和处理机制，但张勇更相信，每一个人心中都有一块芳草地。于是海底捞不考核营业额、翻台率和利润这些结果性指标，而是去暗访每一家店的顾客满意度、员工的积极性和干部的培养。

这是海底捞把SPC模型跑通的基本逻辑。这也是海底捞的第二板斧。

海底捞从一开始仅有四张桌子的火锅店成长为中华第一锅的创业传奇，除了服务和员工外，还有强大的供应链体系。这是每一个连锁经营都逃不掉的商业基础，也是海底捞成为一家能够经受住公众检验的企业的第三板斧。

从火锅底料到菜品采购、仓储供应，从企业财务管理到人才招聘和培训，从店面装修到软件应用和管理，海底捞布局了火锅餐饮经营所涉及的各个环节，并培养成了独立的知名公司。这些关键环节的企业大都从海底捞的某一个部门分离出来，它们在为海底捞提供服务，也在探索将服务对象拓展至整个餐饮行业。

已经上市的火锅底料供应商颐海国际的前身，是海底捞的销售部；提供采购及物流等全托管服务的蜀海供应链，分离于采购部。蜀海供应链作为海底捞的核心运营平台，还为热辣壹号、青年餐厅、麻省理工、江边城外、韩时烤肉等知名的餐饮企业提供配送服务。这些不断成长起来的供应链节点，让海底捞获得稳定低成本供给的同时，也推动着海底捞构建起强大的火锅生态。

餐饮连锁品牌的快速规模化发展，没有供应链的贯通是很难实现的。从这一点来看，海底捞的确已经完成了初步的战略布局。海底捞的三板斧——无微不至的服务、放心大胆的授权和强大的供应体系——正是对餐饮行业本质的回归，并将其做到了极致。

争做中国的 Sysco

和一般的产品供应不同,餐饮供应链要同时解决食材新鲜、成本较低、品类众多、实效精准等众多难题,它需要兼顾规模经济和范围经济,甚至还要不断摸索原材料、半成品和成品之间的边界。在这条流动的供应链条上,涉及从种植/养殖、食品加工到物流仓储等诸多环节。供应链可谓是餐饮企业运营中最难、最脆弱,也是最重要的环节。很多知名餐饮,在开了四五家店后,管理出现困境的很大原因,也在于此。

经过"八项规定"的洗礼,单客消费水平下滑,餐饮从业者开始在管理、运营、产品创新上下功夫。这更加依赖于灵活、高效的供应链来支撑。

被很多国内同行视为标杆的美国 Sysco,是全球最大的餐饮供应链企业,简直是神一般的存在。1969 年成立,一年后即登陆纽交所上市;自 1995 年《财富》发布世界 500 强开始,Sysco 就在榜单,并保持至今。Sysco 的强大在于,它在上游聚集了数以千计的国内外供应商;在下游能够采用咨询式销售模式,提供解决方案;在最难以掌控的流通环节,以重资产布局仓储物流,拥有 1 万多辆运输车队和 300 多家分销中心。Sysco 供应的产品包括肉类海鲜、蔬菜水果、零食厨具等,客户类型从餐厅、学校到政府、医院不一而足。它的销售网络覆盖全球,美国市场占有率高达 16%。

2011 年,我国的餐饮市场已经突破 2 万亿元,几年后很快会突破 3 万亿元、4 万亿元。按照 30% 的食材占比来计算,餐饮供应链将是一个万亿级规模的市场。

巨大的市场空间和标杆效应,让人跃跃欲试。几乎每一个餐饮供应链企业都在试图讲述一个中国版 Sysco 的故事。不仅海底捞这样的餐饮巨头在尝试,第三方平台也在以供应链服务为切入点,努力赋能 B 端餐饮商户。

其中美团值得一说。

2012 年,美团已经从团购大战中脱颖而出,成为餐饮企业获客和推广的重要渠道。但此时的美团，仅仅是一个初级的O2O平台，更像是餐饮企业的线上外挂，难以从餐饮企业的低毛利率中分出一杯羹。

显然，美团也并不会满足这样的定位，此后几年逐渐由广告平台转变为服务平台。美团以IT手段，为餐饮企业建立了从点菜到结账的全流程餐饮管理系统，将餐饮业的预订、点单、支付的消费过程全部实现向线上转移。通过本地生活服务，美团将就餐方式在线上线下进行空间转移和时间错位安排，在线订座、移动支付、外卖等方式已经在我们的生活中变得稀松平常。美团所连接到的个体消费者也具有了货真价实的黏性，这样的线上外挂才有了进行营销推广的意义。

美团通过团购、外卖和点评，积累了百万级餐饮企业。有如此庞大的餐饮企业作为基础，美团对餐饮小商家们的服务延伸也具有更大的优势。

餐饮供应链领域，美团打造的快驴进货很快崭露头角。快驴为餐饮商家提供米面粮油、酒水饮料、简易厨具等大量标准化产品，并尝试向生鲜蔬菜延伸。相比于一般的撮合式交易，快驴因配送业务的落地而更具吸引力。更为重要的是，在与美团已经为商户安装的财务系统、商品管理系统相互协同中，快驴所提供的供应链服务更加精准。

对众多中小餐饮企业而言，在美团的赋能下，只需要专注做好一盘菜和一碗饭就好。

其他大厂也不甘落后，京东以强大的品牌商资源和自有物流体系，推出新通路，为餐饮企业提供供应链配送服务。这也成了京东对多年物流重资产布局所进行的一次优秀的成本摊销尝试。物流配送环节，也恰恰是餐饮供应的难题，京东的这步选择可期。

同是大厂，几乎同一时间进军餐饮供应链，美团与京东显然各具优势。中国版本的Sysco之路也并非易事，好在，我们已经出发。

餐饮供应链中还有一个重要的环节，那就是中央厨房。

中央厨房能干啥？

确切地说，中央厨房就是将中餐复杂的选拣、洗净、切配、烹饪等加工环节工业化、标准化。大多数菜肴经过速冻、真空包装，不但储存时间变长，这些半制成品套餐也缩短了成品菜制作加工时间，节省了大量劳动力。中央厨房的出现，让中餐的标准化生产和连锁化经营成为可能，且显著降低了运营成本。

被誉为高性价比的"外婆家"，在人们都在猜测何时会被吃垮时，却越卖越便宜。最大的原因就是，它背后有一个"标准化输出"的中央配送中心，这使得"外婆家"的原材料供应便宜且靠谱。针对点单率极高但剔骨工序繁复的"鸭葫芦"，"外婆家"团队反复分解量化鸭子的剔骨工序，再派出技术人员去供应工厂做培训，最终将剔骨工作从后厨搬到了工厂，完成了标准化输出，从而提高了整体运营与出品效率。

连锁经营发达的日本，"中央厨房化"已是常态。著名的快餐品牌吉野家在中央厨房的应用中堪称典范，我们平时吃到的，基本都是半成品在店内的简单加工而已。

如今中央厨房已经开始在中国的餐饮界崭露头角，从火锅类的广泛应用出发，覆盖面不断增大。虽然不能彻底解决中餐口味标准化的问题，但统一加工已经基本保障了质量的稳定。而且在食品安全这个维度上，可以说是非常好的风险控制手段。

网红餐饮的情怀故事

"八项规定"打破了高端餐饮依赖对公消费所取得的繁荣景象，众多经营者开始回归对商业模式的思考和市场化能力的培育。在大众餐饮作为支撑行业的中坚力量，成为主角的同时，另一种在新消费势力、互联网效应和资本催生下的网红餐饮也一度兴旺，成为创业神话。

2012年7月，一家主卖煎饼果子的门店在北京建外SOHO西区12号楼一层落成，它的老板赫畅，满族。店铺的名字黄太吉，取"皇太极"之意，后来也确实成了网红店的鼻祖。

黄太吉卖的煎饼果子在做法和口感上与街边摊并无不同，但精美的包装和充满创意的店内装修，却透着对用户群体的区别定位。如果只是如此，那黄太吉充其量也就是一家精致小店，白领们可以边吃煎饼边聊天。赫畅号称自己是唯一一个在百度和谷歌市场部都待过的中国人，用其过往的经验为黄太吉的营销赋予了满满的"套路"。其中最典型的例子，莫过于开着奔驰车为顾客送餐，赫畅把微博、微信、大众点评LBS都运用得很溜，粉丝互动频繁有效，甚至还召集过一场全球吃货粉丝大会。赫畅放话，要把黄太吉开到美国，要做"中国的麦当劳"。这样的励志故事，戳中了大众，民族自豪之情被激起。

凭借着热点话题，这家只有13个座位、十几平方米的煎饼果子店门前排起了长队，成功俘获了第一批白领用户。仅仅一年的时间，黄太吉就获得700万元的营收，也引来多家资本的青睐。开业3年，就获得4轮融资，融资总额超过2亿元。黄太吉的估值也蹿升至12亿元。

煎饼虽好，白领不可能天天吃，顿顿吃。黄太吉陷入了持续获客的困境。赫畅很快拿出了应对之策，开启了多品牌模式，从煎饼到冒菜、饺子到小火锅多品类齐发。理想很丰满，可惜白领们并不买账。赫畅又尝试画出了第三张大饼，做外卖平台，甚至还自建了中央厨房。此时，美团、饿了么已经在头部巩固各自地位，黄太吉显然没有足够的平台流量来吸引商家，更没有天量的资本重新引流获客，第二次转型也无疾而终。2016年，黄太吉开始陆续关店，一度因为拖欠供应商欠款被列入失信名单。

"中国麦当劳"的故事让黄太吉的煎饼成为网红爆品，情怀和故事成了最大卖点。然而，盛衰而亡，黄太吉只用了4年时间。黄太吉绝不是个案，何况前期的成功足具有示范作用，一批"门外汉"以互联网行业耳熟的方式进军餐饮，奔赴在网红之路上。

此时，微博已满三周岁，微信的用户也已经破亿，"两微"构建出的强势社交媒体平台，正处于流量红利期，推啥火啥。这些"门外汉"大都是在互联网中浸染多年，深谙运作之道。很快，他们就以低成本甚至零成本的方式快速解决了传统餐企品牌知名度的难题。

悬疑小说家那多为了让妻子"赵小姐"吃饭再也不用等位，在上海长乐路上开了一家餐厅，取名"赵小姐不等位"，作为结婚周年礼物送给了妻子。充满噱头的爱情故事和清新精致的装修风格令其迅速走红。而后，微博粉丝超百万的赵小姐无疑又加了一把火。

一手创办了阿芙精油和河狸家的孟醒，号称花了500万元向香港食神戴龙购买了牛腩秘方，以"雕爷之名"进军餐饮。开业之前，孟醒邀请了数百位美食达人、影视明星来试吃，长达半年的"封测期"吊足了大众的胃口。韩寒夫妇就餐被拒、12岁以下小孩不得入内等具有争议性的话题更是让这家餐厅赚足了流量。雕爷牛腩一经开业，消费者便蜂拥而至，生意红火。

北大毕业生开了个"伏牛堂"卖起了牛肉粉。西少爷因"程序员卖肉夹馍"的故事备受关注。一帮"85后"的互联网及媒体从业者，以自制秘方创办了"叫个鸭子"。更具光环效应的明星们也没闲着，主持人孟非开了面馆，"国民岳父"韩寒也开始在全国扩张"很高兴遇见你"。

天然携带流量的餐饮网红势力，还轻易化解了传统餐饮的另一大难题，那就是资本。"叫个鸭子"6个月就获得了包括华谊兄弟王中磊在内的600万元天使风投，伏牛堂背后是真格基金等三大投资机构。

从一开始，资本就携带着这些有故事讲情怀的餐饮小店，走向不同于寻常传统餐饮的成长之路，甚至越过餐饮界那些绕不开的"道理"，情怀讲得比产品好，供应链薄弱、运营系统不专业……这一波兴起的网红餐饮们终究难以摆脱常识般道理下命运的走向，很快就消失在大众的视野中。但这并没有阻挡住后来者的脚步，在"吃的不是饭，而是情怀和态度"的噱头下，诞生出各类"奇葩"的网红店，满足着人们的猎奇心理。

上市难题终有解

餐饮企业上市难，是个老生常谈的话题。

老字号全聚德在1996年和2001年曾两度启动上市计划，经过漫长的改革和等待，于2007年才成功上市。到了2012年，资本市场上的餐饮企业也仅有小肥羊、湘鄂情和乡村基寥寥几家。

财务不透明，难以标准化，难以实现连锁做大是过去压在餐企身上的三座大山。而随着移动支付的普及、营改增的实施，餐饮企业的财务实现了在线升级，也因此更加规范、透明。工厂化、供应链运营的推进，给餐饮企业标准化和连锁做大带来了可落地的转机。2013年，新三板股转系统面向全国接收企业挂牌申请，狗不理、百富餐饮、望湘园、紫罗兰等纷纷挂牌。2019年，瑞幸咖啡甚至创造了成立300天就上市的奇迹。

餐饮企业的做大和上市难题正在破解。

于餐饮的未来，还有两点需要强调，那就是餐饮的零售化和标准化。

零售化将成为显著的趋势，这是餐饮企业能够不断突破增长天花板的重大发现，这要归结为几个方面的支撑。

首先，在餐饮企业端，供应链管理的重要性提上日程，中央厨房有了更为广泛的应用，原材料、半成品和成品在实际经营中更加容易区分，并衍生出礼盒和IP化的周边产品。占据中国餐饮10%左右的火锅行业，火锅底料正广泛售卖。以此为主营，海底捞下属的颐海国际在2018年的营业额达到26.81亿元。其次，在技术和渠道端，外卖和电商已然普及，消费者也从在几个平方米空间的堂食，到达更为广阔的天地间，未来的餐饮甚至会变成全渠道运营。最后，需求受众端，餐饮和零售这两个业态本来就有极强的相似性和关联性，后来盒马生鲜、超级物种等模式的火爆也是一种论证。超市从卖生鲜到制作生鲜，从卖原料到成品就餐，餐饮和零售的边界不断模糊，融合式发展已是趋势。

标准化是餐饮做大的逻辑起点，如此才可以复制，才能在连锁扩张中不至于出现品质问题和管理的失控。但中餐一旦标准化将丧失口味的担忧也伴随着行业的发展。这并非空穴来风。中华餐饮博大精深，八大菜系、南北菜肴不一而足，标准化很有可能令中餐丧失魅力。但肯德基和麦当劳这样的世界级餐饮巨头，所遵从的严格的标准化管理所带来的规模效应，也确实是魅力十足。这样的纠结甚至牺牲掉了优质企业"小肥羊"。

早在 2008 年就在香港上市，被誉为中华火锅第一股的"小肥羊"，在供应链体系上也没少下功夫，自建羊肉屠宰生产基地、火锅汤料生产企业以及物流配送体系；在品牌维护和质量保障方面，也是雷霆行动，打掉了很多"假羊"，放慢加盟开店的步伐。但几年之后还是逐渐退出了大众的视野，令人惋惜！

上市不到一年，肯德基和必胜客的母公司百胜就斥资 4.93 亿港元入股小肥羊 20% 股份，随后不断增持，直至完全私有化。百胜接手"小肥羊"之后，并没有雪藏，而是利用成熟经验，对"小肥羊"餐厅的运营和管理进行大力改造。然而，这场洋快餐巨头与中式火锅霸主的结合显然是磕磕绊绊，没有成功。中西餐饮之间的文化融合，尤其是标准化运营的认知差异巨大，改良落地难以一蹴而就，而后"小肥羊"越来越困难，直至销声匿迹。

标准化成了一把"双刃剑"。其中的力道就在于标准化的程度和方式。

尚且容易标准化的火锅，其背后都有一个复杂的供应体系，一不留神就会出现食品安全问题。其他 90% 的中餐标准化更是一条漫长之路。那些依靠厨师自身技能的部分稍有不慎，就会出现明显的口味偏差。好在中央厨房的探索和供应链管理的支撑已经在路上，统一的员工服务培训也在业界成为趋势。

标准化是餐饮快速扩张的王道，但中餐本身的精妙还需要商业经营上的敬畏，否则王道变"亡道"也未可知。

2013 流通渠道的博弈和整合

于一国经济而言，流通企业承担了重要的管道功能，就好像人体的血管系统，包含了静脉、动脉和毛细血管，为各个器官输送血液和营养。流通企业为制造与消费之间的经济活动构建出了复杂且有序的体系和触角，将商品、原料在二者之间进行快速流转，形成了高效流转的商流、信息流、物流。在我国，流通服务的提供者通常分为两类：一是物流的承载者；二是主控信息流和商流的贸易商零售商，并形成交通运输和批发零售两大产业。二者对服务业增加值的贡献高居在30%左右，这是提高中国经济运行效率背后的力量。这类服务业企业强大的终极意义就在于如何让这一传输过程更加高效、便捷、低成本。

在2013年前后，电商已经星火燎原，扁平化成为公认的准则，流通领域正在进行着激烈的自我革新，有惨痛的教训，也有优化的希冀。传统的经销商队伍命运日渐分化，有彻底放弃者，也不乏在供应链服务的高度放手一搏者。传统商超百货与新兴电商在零售终端展开了激烈的较量和对抗，并以"关店潮"告一段落；贸易领域，政策层面的基本改革已经完成10年，中央商贸企业历经变迁转折，早已下场参与竞争，在多元化领域和全产业链上寻找着自己的主攻方向。这一年，很多钢贸商携带着资源、资金的优势在托盘业务中几乎把自己搭了进去。2013年，交通运输行业开始了空前的大团结，从顶层设计、硬件基础、物流资产到组织方式，所呈现的变化都预示着交通运输行业大整合和大协同的时代正在来临。

在那些我们肉眼不可及的"天网"中，电信网、广播电视网和互联网也在博弈中融合出了互联网电视的火爆，电脑、手机和电视这三块屏幕也从终端对人们的心智和关注点展开正面争夺。

经销商的命运转折

2013年,宗庆后带领着娃哈哈实现了782.78亿元的营业收入,按照过去5年接近20%的年均增长速度,距离千亿目标也只差一步之遥。然而,这一年成了娃哈哈体量的巅峰。此后几年,娃哈哈并没有出现预期中的增长,2014年,营业收入为720.43亿元,从此一路下滑,2018年仅有450.67亿元的收入。

这个创立于1987年,中国最大、全球前五的饮料生产巨头面对着日渐饱和的饮料市场,并非没有想过在其他领域再造一个娃哈哈,先后进入过商场零售、奶粉、童装、白酒等各类市场,然而雷声大雨点小,在一两年内都无疾而终。

质疑者、总结者甚多,过度依赖传统的销售渠道和经销商团队成为焦点。新市场的折戟,娃哈哈特色的经销体系成了"萧何式"的存在。这位坐高铁只坐二等座,在地摊上买30元秋裤的昔日中国首富宗庆后,被人们贴上了保守、固执的标签。不久之后,宗庆后怒怼马云,放言"很多电商搞促销、花钱买流量,把实体经济的价格体系搞乱了",一度引起了虚实的舆论纷争。"口水战"透露出来的,正是实体经济饱受传统渠道被瓦解的焦虑。

娃哈哈在二十多年前创造了"联销体",将制造商和经销商绑定在一起,风险共担、利益共享。娃哈哈分销体系层级众多,与集团总部有直接业务关系的经销商就有数千家,在此之下又形成了省区分公司—特约一级批发商—特约二级批发商—二级批发商—三级批发商—零售终端等多层,包含近10万个经销商。各级分销商具有明确的价差体系,各司其职,获得稳定的利润。这一联销体系还有一个法宝,那就是经销商要提前支付保障金,年终时完成订货指标,娃哈哈则偿还保障金并支付高于银行存款利率的利息。如此,娃哈哈没有应收货款的压力,经销商们也获得了高额的利益,各自受益。这创造了娃哈哈的增长奇迹，也作为第一个中国渠道创新案例登上了哈佛商学院的讲台。

"娃哈哈万岁！"在 2012 年的经销商年会上，来自全国的经销商一起欢呼，场面甚是壮观。娃哈哈结成的这张紧密的销售网络，控制了数以百万计的销售终端。据说娃哈哈每推出一个新品，在三天内就能铺满全国所有的渠道终端。

娃哈哈的经销商体系是一个奇迹，也是中国传统销售渠道的一个缩影。

经销商连接着生产者和零售终端，抓到某一品牌的市场红利，坐享利差是多数经销商存在的底色。在过去信息化的闭塞通道里，渠道利益化会凸显，仅靠"坐商思维"就能让经销商躺赢。

2013 年，电商已经形成燎原之势，制造企业纷纷触网，摒弃了实体店面。在娃哈哈奋力转型之时，很多大企业也开始了渠道变革，扁平化成为大势所趋。另外，原料商、制造商、零售商纷纷联盟，减少中间商赚差价，供应链服务企业顺势崛起，他们不但整合了全产业链条中的要素、产品，促进它们低成本、个性化的交付，还在更高的维度上实现着物流仓配、推广分销、报关清关等集成式服务。

传统的经销模式遭到了巨大冲击。

据统计，我国拥有 80 万个经销商，这背后至少是 80 万个仓库，数百万车辆，他们将何去何从？洗手不干、急流勇退者有；转型、专注提供仓配者亦有；集成推广营销、物流配送于一体的平台者更有之。无论如何，都不再是原有的模样。他们正从"坐商"到"行商"，起而行之！

零售终端的关店潮

2012 年 12 月 12 日，在 CCTV 中国经济年度人物现场颁奖的对话中，万达董事长王健林要跟马云赌一把："10 年后，如果电商在中国零售市场份额占50%，我给他一个亿，如果没到，他还我一个亿。"这满是噱头、直接摊在全国人民眼前的"赌约"，生动地反映了 21 世纪第二个十年，线上和线下，新兴电商与传统零售，在消费终端的较量。

2012年，以并购和资本运作见长的银泰百货已经在全国控股了50家门店，年销售达到200多亿元，成为中国最大的时尚零售百货之一。同是这一年，淘宝在11月11日这一天，便创下191亿元的购物纪录。24个小时和365天达到了几乎同样的业绩。在这样一个转折性的年份，传统巨头和新贵电商的差距就此拉开，各自的命运也就此确定。

在电商汹涌澎湃的发展中，2012年至2016年，中国传统零售业发生了史上大规模的关店潮。

首先引起关注的是运动连锁品牌，受盲目扩张的影响，全行业陷于高库存低利润的尴尬境地。2012年，李宁巨亏20亿元，安踏、特步等净利润全部负增长。这一年，李宁的门店减少1 821家，匹克的门店减少1 323家，特步的门店减少86家，安踏关掉590家，中国六大运动品牌关店数超4 000家。接下来的几年，运动品牌的关店步伐依然没有停止，国内运动品牌开始经历从盛到衰的转折，"去库存"成为各大品牌争相破解的难题。

在大甩卖、大清仓中，很多头部企业业绩遭遇滑铁卢，日后逐步"掉队"，在市场上难觅踪影。

而后，男装连锁店接棒进入惨烈的关店潮中。2013上半年，七匹狼关店347家、九牧王关店73家、卡奴迪路关店53家。2015年，九牧王继续关店，达到153家，贵人鸟关闭148家，男装市场占有率最高的品牌雅戈尔也关闭了35家门店。

女鞋零售也面临困境。风光无限的达芙妮自2013年开始大面积关店，2014年关店达到827家。一代"鞋王"百丽也未能幸免，市值曾一度超过1 500亿港元，到2017年时，以缩水2/3的市值退市。

2016年，上海太平洋百货淮海店"谢幕折扣"的巨幅广告吸引眼球。作为内地百货业黄金时期的代表、上海知名购物地标，太平洋百货的关店倒计时拉响了高端百货零售关门的警报。随后，17个省市自治区、14个品牌，包括万达、王府井、百盛、华堂商场等中外知名品牌均卷入关店潮。

除了百货，超市的关店数量也很惊人。据《2015年主要零售企业关店统计》显示，联华超市关店612家、家乐福关店18家。2016年，华润万家的自营门店减少了800多家。

北京著名服装批发市场"动物园"、最大的小商品批发市场"天意"相继停止营业，陪伴扬州人15年的"东方小商品市场"关闭，有着21年历史的苏州南门小商品市场整体搬迁。这样的新闻不断诉诸报端，小商品市场也开始退出历史舞台。

专业零售市场也被卷入关门的浪潮中，曾经活跃的照明灯饰市场、电子市场人去楼空，一片凄凉。"中关村电子一条街"也已经走上下坡路，电子卖场日渐萧条，客流量迅速走低，越来越多的商家撤出卖场，一些黑导购的欺诈行为和假货横行，还让电子一条街背负了"骗子一条街"的骂名。

"中国实体零售业到底怎么了？"成为那几年最密集的拷问和哀号。

从运动品牌、男装连锁到百货、超市、小商品市场，"关店潮"几乎在所有的传统商业渠道中蔓延，"阵亡"名单不断更新。其原因大概有三个：一是各类零售在拼速度和拼规模的战斗中，数量大幅增长，很快超过实际需求的承载量；二是受到2008年金融危机波及，全球经济下行，中国不可能置身事外，环环相扣的产业链条上也没有哪个行业能幸免；三是最主要的也是广为认同的，即电商所代表的新兴业态对实体店面形成巨大冲击。

这背后，是整个中国零售市场渠道所发生的重大变革，甚至是整个中国制造生产方式发生变化的前奏。在与新兴电商的抗争中，传统零售所做出的挣扎和较量难以用勇气来名状，不过就是在浩荡的历史车轮中的自然选择进化罢了。

在太平洋的彼岸，同样的较量亦在发生。

广受关注的美国零售巨头西尔斯，发明了包括百货店、连锁店、购物中心等零售业态，堪称零售业的"鼻祖"。西尔斯还很早就找到了零售业和金融相结合的方式，7个美国家庭中，至少有一个使用的是西尔斯的信用卡，可谓是后来火热的消费金融的先驱。然而这个曾经控制了美国日常商品消费8.8%、具有130多年历史的老店，在2006年营业额达到峰值530.12亿美元后，进入了长达13年的寒冬期，一轮又一轮的关店后，依然未能扭转经营困境。2018年10月，西尔斯总部申请破产保护，8万人即将失业，百年老店走向终点。

同样命运的还有，美国最大玩具连锁店玩具反斗城（Toys "R" Us）、美国电子产品零售商RadioShack、美国第四大体育用品零售商Sports Authority均申请了破产保护。

西尔斯战胜了昔日的对手，却输给了时代，总结得很俗套，但不容置疑。

2006年至2016年，在美国零售业巨头的市场估值变化中，亚马逊增长19倍，西尔斯缩水95%。是个不言自明的注脚。

这样的对比，当然在中国市场上更为突出。2007年营业收入只有20亿元的阿里巴巴，经过十年狂奔，2016年营业收入达到了1 011亿元；同样，十年之前营业收入尚不足10亿元的京东，2016年已经达到2 602亿元。增长率这样的指标已经不足以概括其中的变化，这是数量级的巨变。

一如海尔董事局主席张瑞敏的那句名言"没有失败的企业，只有时代的企业"，在中美都无例外。

商超百货们开始集体转型，向上努力触网或跨界融合，各显神通。

这里必须说一说苏宁的战略格局。面对电商的高歌猛进，京东攻城略地，淘宝来势汹汹，大多数人都在讲互联网颠覆，觉得未来一定是线上"一统天下"的时候，张近东却明确提出"O2O线上线下融合"的概念，早早开始了从理论到实践的布局。

2012年年末，张近东在苏宁成立22周年庆典日向18万苏宁员工喊话，2020年，苏宁营收额将达1万亿元，并详细解释了苏宁的未来——"沃尔玛+亚马逊"模式，将服务"全客群"、经营"全品类"、拓展"全渠道"。

这条路上苏宁堪称大手笔。

一是打造苏宁云店，将原先纯粹的销售功能店面，升级为集展示、体验、物流、售后服务、休闲社交、市场推广为一体的新型互联网化门店，推进实体零售进入大数据时代。为此，苏宁还调整了组织架构，启用一批互联网背景的高管。

二是推行"双线同价"，改变了网上低价的刻板印象，试图找到纯种电商难以企及的实体之利。这为线上购物的不踏实，提供了强大的心理支撑，也带动了相同价格但具有更好体验的实体门店的发展。

然而，苏宁以渠道互动，实现资源协同效应的美好愿望遇到了现实的尴尬，"双线同价"在对抗电商竞争对手的同时，也为自身的线上销售业绩埋下了雷区。2014年，苏宁线上业务方面收入同比仅增长了17.8%，增速远低于行业平均水平。但双线布局的手笔，还是让苏宁在几年之后"线上线下共生共融"深入人心的新零售浪潮中，抢占了不少先机。

商贸巨头的变迁

贸易是一个非常古老的行业。早在两千多年前，张骞就开辟出了丝绸之路，将中国的丝绸、茶叶、瓷器远送到了古罗马帝国。当生产和消费存在明显的时间和空间的错配，就有了贸易活动。当世界上可供交换的产品越来越多，贸易变得频繁，就促进了社会分工，一部分人专门从事贸易活动，去研究市场供需，赚取差价，贸易商出现。

贸易商所承担的角色不仅是搬运工，还有蓄水池的角色。

农牧业的生产高度依赖于四季更替的自然条件，但普通消费者不会一次买一年的口粮。西太平洋的飓风可能会导致产自澳大利亚的高品位铁矿石，向中国沿海港口的发运量大幅减少，但中国的钢厂不会停产，否则高炉一停一开几千万没了。于是，专业贸易商们会集中收购，再按照一定节奏销售出去，既不会让上游出现堰塞湖，也不会让下游渴死。如此，社会的生产要素循环更加顺畅。

一直以来，贸易在我国服务业中都占据着很大的比重，诞生于特定历史时期的中央商贸企业更是重中之重。无论是体量还是历程变迁，它们及其后来的竞争者，都值得花一些篇幅记录。

中央商贸企业与共和国一同成长起来，像一支舰队一样，在新中国被"封锁禁运"的情况下，为各项建设发挥了不可磨灭的作用。很长一个时期内，它们是我国与外界商品贸易往来的唯一通道。成立1950年4月的五矿集团，曾是国家金属产品进出口的主渠道。同样是生于1950年的中化集团，是我国最大的化肥、种子进出口公司。成立于1952年的中粮，统一经营和管理我国进出口农副产品。背景相似、使命相似的还有纺织领域的中纺集团、机械设备领域的中设集团、技术进出口领域的中技集团等。更为特殊的，还有由中央书记处出资，1938年在香港建立的华润集团，在20世纪的50年代到80年代中期，它是国家指定的进出口公司和中央港贸在东南亚的总代理，出口总额占全国的1/4。

它们规模巨大，能够和世界顶级的贸易公司相媲美。1987年，中粮的资产总额达165.15亿元。此时粮食巨头美国ADM的资产总额为33.154亿美元，相当于123.4亿元，比中粮少40多亿元。它们还是第一批入围世界500强的中国企业。1989年，中化集团和中国银行一起成为首次入围的两家企业。

这些巨头企业活跃至今，并成长为各自领域的领军企业。这与我国波澜壮阔的外贸改革中，它们被迫放弃垄断，早早地进入市场竞争不无关系。

首先是，20世纪80年代，中央商贸总公司和各省市的分公司进行脱钩，昔日旗下公司纷纷自立门户，很快成为这些外贸巨头的有力竞争者。与此同时，国家开始对进出口商品实行分级管理、分类经营，贸易巨头们所能垄断经营的品种和范围不断缩减，外贸领域高度集权的局面逐渐被打破。中粮的总资产很快从165.15亿元缩减到25.26亿元，员工人数也一下子从12万人减到不到500人。

随后，一个个"放权"政策接踵而至，进出口指令性计划取消，所有制的限制逐步取消。各省、直辖市、沿海城市纷纷被准许设立贸易公司。各地的贸易公司如雨后春笋般生长起来。

1992年之后的几年，天津、江苏、广东、浙江等地的物资总公司纷纷成立，并成为各区域大流通中的佼佼者。天津物资、浙江物资、江苏国泰等逐渐成为大型企业集团。同时，一大批颇具中国特色的工贸公司风起，这些公司多数由贸易公司和工业生产公司合资成立。如此，才有了联想的"贸工技"还是"技工贸"的道路之争。

中央各部委的物资供应系统也纷纷转制成贸易公司，如铁道部的中国铁物、机械部的国机集团、煤炭部的中煤集团等等，中钢集团也从冶金部脱离而出。这些企业未来将从贸易流通开始，凭借所携带的资源、机会和成本优势，逐步掌控上游资源，扎根中间的制造领域，有的红极一时，有的持续成长，成为巨无霸。此时都进入了中央商贸企业的梯队。

进入21世纪初，一批民营企业崛起。2003年，均和集团在上海成立，凭借上海畅通的要素流动机制，很快成长为不逊色国有企业的金属材料进出口商。

外贸领域的竞争日渐激烈。与共和国同龄的巨头，从分公司脱胎成长起来的角逐者，各部委、各地方新设的新贵，制造业延伸来的贸易企业接踵而至，还有那些在国内流通市场布局多年，拥有了外贸资格的内贸巨头……

贸易领域的主角们纷纷完成入场，支撑着中国经济中"贸易"这驾马车的奔跑。

在激烈的生存战中，中央商贸巨头进行了轰轰烈烈的改革和多元化转型。它们从单一贸易型转向贸易实业型，从产业链的单一环节转向产业链的多个环节，从政府主体型企业转向了市场主体型企业。

其中，有经验也有教训，中化的综合商社模式最具典型。

在一个国家的对外经营中，日本的综合商社模式一直备受推崇。综合商社具有金融、信息、资源开发、贸易、服务等众多功能，像是一个国家"走出去"的航空母舰。1994年的世界500强企业排名中，前五名均是日本的综合商社，繁盛程度可见一斑。中化也在试图朝这个方向转型，几年尝试后，业务范围遍及各个领域，石油炼化、化肥生产、油品储运、房地产、对内贸易，从山脚下的小饭馆到当时中国最高的上海金茂大厦都有中化的足迹。中化甚至被誉为中国的"第一综合商社"。但因外部事件的冲击，彼时我国的金融又没有完全放开，缺乏金融支撑的中化风雨飘摇，综合商社模式终究没有成型。

如果说有一个人，从他的职业生涯能够看到中央商贸企业的成长与变革历程，那么非宁高宁莫属。从1987年进入华润，到2004年离任华润董事会主席，宁高宁带领华润，利用资本市场收购整合，在地产、啤酒、零售、纺织、电厂、制药、建材多个领域跑马圈地，范围之大令人瞠目，那个时候别问华润是干什么的，要问华润是不干什么的，多元化程度可见一斑。如同一个多世纪前横扫美国金融与实业界的摩根，他也因此被媒体誉为"中国红色摩根"。而后，宁高宁转战掌舵中粮，同样的手法，布局从农田到餐桌的全产业链，开始从粮食到饮料、酒类的实业化进程。十一年间，推动中粮发起了50起并购。2016年，宁高宁调任中化集团一把手，三年内，中化和中国化工两大巨头完成合并。

华润、中粮、中化三家世界500强企业，2017年营业收入合计达到1.55万亿元。曾执掌过这三大中央商贸企业的宁高宁，又有谁人不识？！

并购不仅伴随着宁高宁传奇的职业履历，也是21世纪以来中央企业做大做强的主要路径。时间到2012年，中央企业数量已经从十年前国资委成立时的196家，合并减少至120家。

显然，这一趋势仍在继续。

依然在位的中央商贸企业们，躲过了"压缩央企数量，每个行业只保留前三名"的鞭策，仍旧面临着"以龙头企业为依托，强化同质业务和细分行业整合"的紧迫感，它们费尽心思寻求尽快在规模上突出重围的机遇。

出身的先天优势也确实让中央商贸企业有更大的机会做强做大。在"四万亿"的刺激下，央企拿到更充足的银行授信，这在一定程度上推动了隐蔽性很强但风险很高的托盘贸易产生。2013年钢贸领域发生大地震，才进入了人们的视野。

钢贸托盘贸易中，拥有资金优势的托盘企业先帮助有融资需求的钢贸商预付货款订货，在钢贸商完成钢材销售后，归还托盘企业垫付的钢材采购款，并支付资金使用利息。在此之前，钢材先放在第三方仓库进行监管，货权属于托盘企业。为了降低交易风险和钢材价格波动风险，托盘企业一般会要求钢贸商预先缴纳20%～30%不等的保证金。

流动性充裕的中央商贸企业自然成了托盘企业，当然也有足够的动力去开展托盘业务。因为这一连串的业务关系都可以嵌入已有的业务链中，不但放大了贸易规模，快速做大，同时还能用银行的资金赚取利息差。

得益于此，"不生产一吨钢、只做钢铁服务商"的中钢集团和号称"国内最大钢铁供应链集成服务商"的中国铁物都很快挺进了世界500强，风风光光地过了几年好日子。

托盘业务模式显然也没逃出银行正主们的法眼，而且服务来得更加直接和热情。这体现在了对中小钢贸商放贷的疯狂中。2012年最热火的时候，全球最大的钢铁贸易市场——上海大柏树市场，买卖钢材的资金一半都来自银行。而一部分"聪明人"很快就突破了贷款只做钢材生意的限制，钢贸企业变成了融资平台，借来的钱，去买房买楼买矿，放高利贷。

经济高速增长时，托盘贸易的风险很容易被消化掉，但当市场上有了风吹草动，那些靠交了订货保证金就撬动央企和银行全额货款的合作者，选择弃单跑路也是常事。随着"四万亿"刺激的余温逐渐过去，下游需求疲软，钢铁行业库存激增。2012年，钢贸市场可不仅仅是风吹草动，那是行业性的震动。2012年3月到9月，螺纹钢的价格从5300元/吨猛跌至3300元/吨，底层的支柱被撤掉了，建立在上面的庞大建筑开始摇晃。

银行渐渐意识到了大事不妙，抽贷、断贷、限贷很快开始。而曾经作为抵押物的钢材仓库有的多方抵押，有的早已成了空仓。据称，2011年6月末，上海用于质押的螺纹钢是实际库存的 2.79 倍，"手里有钢"曾让银行们觉得踏实，此时成了笑话，银行收贷的力度越来越大。钢贸企业就像被套上了绞索，一边是钢材持续低价造成的亏损，一边是不断增加的贷款利息和银行的催收贷款。市场低迷中，四两拨千斤变成了千斤压四两。钢贸全行业都受到波及，安分守己者亦不能幸免。这个行业开始了一波集体跑路、诉讼、破产……据不完全统计，这期间，钢贸行业因债务问题有超过 10 人自杀、300 多人入狱、700 多人被通缉。

深度嵌入的中钢和中国铁物自然不能幸免，垫资被套，银行百亿贷款逾期的消息不断传出。中国铁物甚至受到了国务院国资委给出的明确"定性"：2009 年至 2013 年，中国铁物盲目追求规模扩张，违规开展了大量钢材、铁矿石、煤炭等大宗商品融资性贸易，企业管理粗放，内部控制系统性缺失，风险应对处置不力，造成巨额损失。

几年之后，中钢和中国铁物先后进行债务重组，一样的宿命。一朝被蛇咬的银行，"防火防盗防钢贸"了好多年。

托盘贸易的本质不过就是利用银行的资金为业务链的上、下游提供了融资，人们俗称这种模式下的央企为"二银行"，几年之后这种模式还会披上供应链金融的外衣，大行其道。

此前，携钱而来的中央商贸企业在房地产市场四处出击。此时，托盘贸易也不乏它们的身影，中央商贸企业被国资委一纸公文叫停，后逐步规范到对主业的坚守上。不断试探，不断规范，中央商贸企业在做大做强的路上，依旧波折，也持续进步。

交通运输大格局

2013 年 3 月，《国务院机构改革和职能转变方案》在十二届全国人大一次会议审议通过，拉开铁路改革的序幕。按照方案，原铁道部撤销，并入交通运输部，同时中国铁路总公司挂牌成立，进入市场竞争。自此，交通运输领域的最后一块堡垒被攻破，大部制格局形成。

大交通部囊括了国家铁路局、中国民用航空局、国家邮政局，未来对铁路、公路、水路、民航、邮政等各种运输方式进行统一规划、协调发展和"无缝"连接。

作为流通渠道的硬件基础，"水、陆、空"联乘联运的大交通体系好处显而易见。这不但为日后的多式联运，打通了港口、航运、铁路之间的信息壁垒，也为统一的交互平台打下了重要基础；有利于统筹技术标准与规范，来实现基础设施和软件上的协同，更有利于综合交通运输枢纽在全国的布局和建设，真正实现大交通格局。

这一年，"四纵四横"的高速铁路建设网取得重大进展，京沪、京港、京哈和杭福深"四纵"干线基本成型，三年之后"八纵八横"的铁路蓝图将启动，届时将实现相邻大中城市间1～4小时交通圈、城市群内0.5～2小时交通圈。

在客运交通中，高铁动车的比重由2008年的8.7%增长到2016年的52.3%，单日最高发送人数达760.7万人次。2018年，中国中车发布时速超过250公里的货运动车，相较于航空运输费用高，汽车运输效率慢，货运动车组以安全、经济、高效的优质服务，对国内快递和货运的发展格局产生重大影响。

在行政力量主导的基础设施朝向大格局和高阶化发展的同时，企业层面的整合也是大手笔。自2013年开始，中央企业的物流运输资产逐步实现着"大团结"。

中国企业海外发展中，恶性竞争、相互压价在很长一段时间内都得不到妥善解决，建筑行业、轨道交通尤其显著。推动南北车合并，增加中国高铁的海外竞争力的说法屡屡被提及。

2014年10月16日，南车、北车两家公司股票突然涨停，两个半月后，南北车合并落地，中国中车成立。而后，在国资委统一的安排部署下，运输服务

143

企业也完成大整合。中国外运长航以无偿划转方式整体并入招商局,成为其全资子企业。双方的海运、空运、陆运、仓储及客户等资源的集结,有利于提供一站式运输服务。同一时间,中国远洋与中国海运实施重组,成立中国远洋海运集团,综合运力居世界第一位。

大企业层面的协同在加快推进,但拥有更广阔市场空间的中小企业的整合更为迫切,尤其是门槛较低,却占据着我国物流运输费高达75%左右的公路货运业。根据中国物流与采购联合会数据显示,2013年,我国公路货运市场上有745万户经营业户,其中个体运输户占90%以上,而五辆车以上的企业数量仅占2.2%,公路货运行业小、散、乱、弱的状况跃然纸上。

2013年,运满满在江苏成立。第二年,货车帮在贵阳成立。它们都致力于建设公路物流互联网信息平台,为车找货(配货)、货找车(托运),以大数据和AI技术为货主、车主和物流公司这三方客户提供匹配和增值服务。随后,卡行天下、福佑卡车、蓝犀牛、罗技物流、云鸟配送等一批车货匹配平台纷纷上线,以平台化的思维和科技手段,整合着公路货运市场上的需求和运力。

2013年,交通运输行业开始"大团结",从顶层设计、硬件基础、物流资产到组织方式所呈现的变化都预示着交通运输行业大整合和大协同的时代正式开启。然而,改变公路运输中长期"小散乱差"的格局并非易事,其症结不仅是运输主体的庞杂,还有运输基础设施在区域之间的割据。"公路、铁路、水路、空路"的联运设想落地,涉及更加复杂的标准设计和部门利益。"大团结"的局面并非朝夕能成。未来,将以科技赋能运输,朝向高效率和智慧物流的方向努力;将以市场机制强化联运,靠平台和标准整合运力,实现不同运输基础体系上的人、货、车协同。值得期待!

三网融合出了OTV[①]

渠道的整合和博弈不仅发生在"铁公基"这些物理基础设施中，也发生在贸易商、经销商、零售商和物流商的变革和升级中，甚至悄悄发生在那些我们看不见的电信网、广播电视网和互联网的三网融合中。

三网融合就是通过电信网、广播电视网和计算机通信网的相互渗透、互相兼容，逐步整合为统一的信息通信网络，来实现网络资源的共享，形成适应性广、容易维护、费用低的高速带宽的多媒体基础平台。

原工信部部长李毅中曾经用八个字精辟地概括三网融合的发展未来："一线入户，三屏合一。"即一条光缆入户，手机屏、计算机屏和电视机屏合一。对老百姓而言，三网融合的最佳状态就是手机可看电视，电视机可以上网，遥控板可打电话，家电可用手机远程控制。

广电系统掌握着大众传播中内容的生产资源和点对面的视频传播渠道。电信系统拥有强大的、几乎能连接到每个人的网络渠道优势。按照设想，广电企业可经营电信业务，基于有线电网络提供互联网接入业务；电信企业也可从事广播电视节目生产制作、互联网视听节目信号传输等。如此，三网融合意味着广电系统和电信系统各自做出一部分资源让渡，在更高的层面获得更大的成长空间。

但落地何其艰难，相比于物理渠道和要素流通的整合，三网融合的过程中夹杂着对优质内容、传播权和用户流量入口的争夺，饱含着市场力量和行政力量的博弈，是对手机屏、计算机屏和电视机屏的主导权的竞争。更何况，这涉及三大电信运营商、32个省级有线电视运营商和无数家互联网公司，未来它们将在一口锅里抢饭吃，自然少不了争夺。广电、电信两大部门在业务、内容和服务方面的较量从未停止，下一代广播电视网（NGB）和下一代网络（NGN）

---

① OTV，Over-The-Top TV 的简称，指互联网电视。

的建设也曾被各自作为独占鳌头的法宝。门户之见、业务双向准入壁垒、缺乏良性盈利模式等，每一个都是"致命"因素。

反观三网中互联网体系的参与者，任凭两家体制内的"近亲"打得不亦乐乎，自己游离于电信、广电的纠葛之外独善其身。一边享受着电信网络系统建设的不断升级，一边打造优质内容，以各种方式绑定广电认定的互联网电视牌照。在互联网电视的这一"新希望"上，抢先占领了消费者的心智。

2013年，可以称之为互联网电视元年。5月7日，乐视发布了两款价格超低的超级电视，引发股价暴涨，互联网电视市场被引爆。随后爱奇艺、小米等互联网企业纷纷跟进，盒子产品也开始涌现。海信、TCL等传统电视厂商与具有优质内容的视频网站携手进场，推出各自的互联网电视产品。一时间，高端电视纷纷以平价飞入寻常百姓家。

互联网电视，是互联网对传统电视的颠覆，也是OTT[①]概念的第一次火爆。作为一种新的模式，互联网电视突破了传统电视和自成体系的围墙，借助于广阔的互联网，将来自电视台、影视公司的大量优质视频内容和电视硬件实现了融合。这也让两个产业都获得了更大的生机。此前，我国彩电市场的白热化价格战，让各大电视巨头一度深陷困境，努力寻求着新的业务增长点。互联网电视将彩电产业的竞争提升到智能化这个维度，以争夺新的战场。对于内容的拥有者和制作平台而言，"双牌照"的监管政策已经理顺，未来将直接在电视硬件终端展开争夺眼球的竞争，内容为王的时代正在到来。

互联网企业纷纷以互联网思维跨界电视行业，这意味着互联业态的竞争将逐渐从电脑、手机的两屏竞争变为三屏竞争。未来，随着PC时代远去，移动手机端和家庭智能电视端将成为更加聚焦的战场。

互联网电视也算是三网融合中的一朵奇葩，来时的路并没有设定，此后的

---

① OTT，Over The Top 的缩写，是指第三方在公共网络之上提供服务，但电信运营商却无法就此收费。手机QQ聊天可以看作是一种OTT短信和语音业务，但电信运营商只能获得通道费的收入。

路也时刻面临着阿喀琉斯之踵,"相关政策"不知道何时会出现。由电信、广电和互联网企业分别主导的三网融合形态,IPTV(交互电视)、CATV(有线电视)和OTV(互联网电视)未来谁主沉浮,难以预料。但三网融合的大势不可逆转,剩下的就是博弈、较量了。

2014 互联网的狂欢与撕裂

1994年5月17日,中科院高能物理所与美国斯坦福直线加速器中心建立TCP/IP连接,中国开始接入全球互联网。二十年的历程,从PC到手机,从2G、3G到4G,从门户网站、电子商务到网络社交,互联网为中国的发展打开了一个全新世界的大门,并成为社会运行的重要基础设施和推进中国社会文明进程的重要力量。

2014年前后,互联网思维正在改变着商业运行的底色,颠覆着一切可以颠覆的旧格局,几乎所有行业都被"互联网思维"搅得天翻地覆,降维打击和跨界竞争成为一种流行,O2O大行其道。电信企业终于认清了自己的对手,财大气粗的银行不得不和支付宝们竞争,旅游行业正疯狂于一种叫作共享民宿的新方式,而服装、餐饮、零售、电视,甚至养猪、医疗和教育等传统行业也都面临着来自互联网企业的压力。不仅是新旧产业之间充满了争斗,新生事物之间的博弈也异常激烈。BAT巨头互相封杀和各自结盟,上演了一场让人眼花缭乱的对攻战。2014年,还开启了很多个"元年",一切都狂欢在互联网思维的席卷中,带着强烈的撕裂感。

当然,政策、技术和舆论也都做好了准备和支撑。

2014年,中央网络安全和信息化领导小组成立,自上而下形成了"没有网络安全就没有国家安全、没有信息化就没有现代化"的共识,官、产、学[①]各方蓄势待发。4G牌照也于前一年的年底正式发放,带领着互联网通信驶上了

[①] "官"是指政府,"产"是指产业界、企业,"学"是指学术界,包括大学与科研机构等。

高速公路，对TMT[①]领域从上游到下游，从厂商到用户起到了搅海般的影响。而在2013年年底，具有风向标意义的《新闻联播》刊播了一条2分55秒的新闻，内容是："改革发展新景象：互联网思维带来了什么？"。了解《新闻联播》的人都知道，接近3分钟的时长，其内容要么是意义重大，要么是贴合主旋律。显然，互联网思维在这个时间点上，二者兼具。

2014年11月19日，乌镇举办了首届世界互联网大会，成为中国互联网发展渐入佳境的重要表征。这不仅是中国互联网发展理念和成果的一个展示，更是中国经济培育新动能的着力点。乌镇也在一定程度上和达沃斯一样，成为在每年固定时节业界、媒体和大众的期待。

移动互联全面崛起

2013年12月4日，工信部正式向三大运营商发布4G牌照，中国移动、中国电信和中国联通均获得TD-LTE牌照。三大运营商重新站在了同一起跑线上，推动4G业务的全面正式商用。移动数据通道开始由"乡村小路"升级为"高速公路"。

4G网络中，下载速度能够达到100Mbps，一部电影大片，几分钟就能下载完毕，在飞驰的汽车上开高清视频会议、移动远程办公、快速医疗……这些不再遥不可及。其中的兴奋感，就像若干年后，我们畅想5G时代，下载个GB级别的高清电影，只需要几秒一样。

2014年的手机市场上，触摸屏已经普及流行，各大厂商也奋力耕耘。苹果发布了粉丝期待已久的大屏和大大屏手机iPhone 6和6Plus。小米发布的米4也

[①] TMT，Technology、Media、Telecom三个英文单词首字母的缩写，是指和互联网相关的科技、媒体和通信产业。

绝对是高性价比的一枚重磅炸弹。OPPO和VIVO仍旧独步在拍照和音效体验中，"充电五分钟通话两小时"的硬核功能也同样深入人心。虽然依旧没有撕掉高价低配的标签，但这并没有影响它们在四、五线城市及乡镇的遍地开花。

同时，可穿戴设备初露峥嵘，智能手表、智能手环走向市场。经过2014年这一年的时间，中国市场上的可穿戴设备从675万部增长到4000万部，和手机一起成为移动通信终端争夺的入口。但因为技术不成熟，消费体验差，为人诟病，出现"早产"迹象。但这并不影响其充满想象的发展潜力。随着智能家居、车载设备等新智能设备的发展，移动终端和物联网相结合，将开辟出一片崭新的天地。

不断丰富的可移动终端与4G网络相结合，产生了真正意义上的移动互联。这样一张高速传输、无处不在的移动网络，不但让移动应用市场更加繁荣，还开启了村镇这一新市场。互联网巨头们将其称为"下沉市场"。

移动互联的普及，让处在信息科技发展边缘的村镇居民用一部手机就实现了全面触网，相比于PC电脑，成本更低更便捷。据中国互联网络信息中心发布的报告显示，截止到2013年12月，农村网民使用手机上网的比例达84.6%，高出城镇5个百分点。农村网民率先进入移动互联时代。淘宝的数据显示，2014年第一季度，西藏、青海、宁夏三地通过无线端下单网购的次数均已超过PC端。农村市场尤其是偏远的西部蕴藏了巨大的商机。

在这样一个潜力巨大的新市场中，竞争对手几乎同时布局，面对面地争夺。

2014年11月，马云开启为期一个月的西部之行，启动"千县万村"计划，在3至5年内计划投资100亿元，建立1 000个县级运营中心和10万个村级服务站，阿里"农村电商"的战略布局由此拉开。面向县城以及农村市场，老对手京东也加速实施"渠道下沉"计划。同年11月，作为全国首家的"京东帮服务店"在河北省赵县正式开业。

两大巨头都在为未来抢占一份领地，强势进村的标语传遍网络。

阿里、京东到农村疯狂刷墙，淘宝打出"农村淘宝啥都有，购物就在家门口"的口号，京东也不甘示弱，刷出"发家致富靠劳动，勤俭持家靠京东"的标语。一年之后，拼多多成立，在微信导流的支撑下，以"社交+电商"模式，靠着极具诱惑的价格，在阿里和京东的注视中迅猛崛起。在广袤的农村大地，抢下市场。

移动互联时代的基础——社交，也在这一年发生了深刻的变化。

2014年4月，新浪微博正式登陆纳斯达克，腾讯、网易、搜狐在内的微博玩家全线出局。新浪微博一家独大，但也经历着煎熬，发行价格勉强定在17美元，只募集资金不到3亿美元。被誉为中国版Twitter，捧红了众多大V，以"关注就是力量，围观改变中国"标语行走江湖的新浪微博，正遭遇着强势崛起的微信带来的分流，以及微博"是否已经是一种过时表达方式"的质疑。

本应是高光的上市年，新浪微博却进入了艰难的转型。一方面坚决执行移动端优先策略，快速抹平微博起于PC端的先天不足；另一方面坚决执行互联网话语权下沉的策略，将关注的焦点从时政转向大众，以及他们感兴趣的娱乐、生活和公共事件。后来的事实证明，新浪微博并没有过气，还在很多大事件中形成了"发酵于微博、讨论于微信"的传播地位。

同年10月，进入中国市场整整十年的MSN Messenger正式退出中国市场。

相比之下，微信的用户数量已经超过了6亿，"你微信号是什么，我扫下"成为很多人见面打招呼的用语，大有超过"您吃了吗？"的态势。

这一年，微信的重磅产品公众号已经上线2年，公众号总数接近600万，众多码字者尝试以此谋生，民众掌握了舆论的发布权和选择权，金字塔式的精英传播模式遭到颠覆，自媒体浪潮开启。越来越多的微博大V、微博名人进入微信公众平台，企业、政府机构也纷纷加入，展现品牌形象，传递价值。更低的成本、更快的速度和更加值得信赖的熟人，这些都让微信获得了更大黏性，甚至在微信的生态中也开出了"微商"这样一朵意外之花。2014年，微信成了移动社交领域的焦点。

移动互联的应用领域，Android操作系统早早开源，占据了智能手机市场

80%以上的份额；苹果不断优化iOS系统，与自己的硬件实现着自洽。2014年，应用服务商们各显其能，应用商店中各种App琳琅满目。在随时随地的移动互联中，资讯、社交、金融支付、教育、生活、交通出行，每一个领域都激起更加美丽的浪花。

2014年，BAT大厂们，都有了自己的超级流量App，腾讯的微信、QQ，阿里的UC浏览器和百度的手机版，日活跃用户数量（DAU）相继突破1亿。手机淘宝第二年紧随其后，成为国内第五个DAU破亿的App。

垂直细分领域和小厂们也渐入佳境。

移动支付领域。这一年，早早进入市场的支付宝用户已经突破了3亿人；微信在一年前上线了支付功能，春节依靠抢红包，意外且强势地抢占领了移动支付领域的半边天。出其不意的打法，让支付宝措手不及，很快在第二年的春节，支付宝与央视春晚联合给全民发起了红包。它们的二维码，很快占领了大部分柜台。人们也慢慢习惯用手机代替现金支付一切。

出行领域，滴滴和快的网约车已经上线两年。它们用手机App连接乘客和闲散的司机，提供用车服务，还开发出了顺风车、拼车模式，以共享的理念跑出移动出行的新姿势。它们此时正一争高下，背后的金主就是腾讯和阿里，以及正在抢占地盘的移动支付软件。

配送领域，这一年，红杉资本孵化的一款名为达达配送的App悄然上线，并在上海率先启动运行。另一款提供同城直送服务的"跑腿"App——闪送，已经在北京运行了三个月，订单发出后30分钟内闪送员上门取件，10公里以内60分钟左右送达。这就是日后为我们熟知的即时物流。

教育领域，这一年，平均每天产生3家左右的在线教育公司。模式不错的公司都已经进入B轮、C轮融资，成人职业教育和K12教育均在其中。和新东方时代的小教室上课相比较，平板和手机成为必备的教具。

医疗领域，这一年，国内移动医疗App已达2 000多款。美柚、春雨医生、挂号网等相继获得了5 000万美元到1亿美元不等的融资，这是资本对"金矿"

释放出的嗅觉。这些App左手连接着庞大的、个性化的、医疗资源差的用户人群，右手连接着数万名全国优质医院的优质医生，语音、文字、图片在他们之间传递，让医疗资源实现着更加精准的匹配。更进一步的是，导诊服务和线下药店连接，为人们提供了从看病到拿药全流程的服务。这在一定程度上，缓解了看病难的问题。

除了这些壁垒较强的行业，家政、洗衣、美甲、美妆等更加低门槛的领域成了移动互联网市场的小鲜肉。在家通过手机App下单，就有人上门做保洁，衣服有人上门来取并送洗，美甲师上门做护理，还有星级大厨提供私享菜肴烹饪。

更有大胆尝试者，将家政和电商，甚至与教育进行了完美结合。几年之后，王建波在江苏创办了蚕食科技，开拓出家政管家模式。提供家政服务的员工大都具有本科学历，他们不但可以满足传统家政的清洁需求，还能提供购物、旅行、课后托管等日常家庭消费服务。蚕食科技能够跑通的诀窍在于：对员工，从客户的消费中取得提成，以共创共享为激励手段，实现对平台的有效导流；对于消费者，以线下的实体门店获取信赖，慢慢过渡到线上，再通过批量采购，提高商品和服务的性价比，而基于一定时期服务形成的数据，又进一步强化了精准服务和黏性服务的可能性。如此，家政人员成为一个家庭日常消费的接口，手机也成了匹配供需的移动平台。

移动互联时代，一幅美好生活的景象。

这些被业内人士称作O2O，即Offline To Online或者Online To Offline，前者侧重将消费者从线下转移到线上，比如在线教育和在线医疗；后者指的是将消费者从线上平台引到线下消费，比如上述这些本地生活领域的服务模式，不同的表达指的都是线上线下通过合作，完成从营销—消费—支付的闭环，此时各个领域都正在争相进入O2O。

颠覆中的降维打击

2014年前后,刘慈欣的科幻小说《三体》火了,其展现出来的技术力量、宇宙视角和更高级的文明,恰好迎合并解释了互联网浪潮下的种种变化。"降维打击",成为对移动互联时代所发生的诸多事情的一种精准描述。

互联网改变了原有的分工协作体系,企业边界变得模糊,传统服务的挑战不仅来自业内新事物,还来自跨界竞争。众多新兴企业借助互联网低成本、高效率的连接能力,实现着"过顶传球"(OTT),让不少传统服务业企业产生"狼来了"的危机感。

电信运营商在4G网络布局中铆足了劲儿,投入重金建设和维护网络。但传统的语音及短信业务在微博微信等App面前逐渐失去竞争力,流量业务因此大比例提高,电信运营商所承担的主要角色,变成了新兴业态崛起中的网络"管道"。

2014年,康师傅方便面营业收入出现下滑。未来两年里,每年下降的速度达到两位数。打败康师傅的不是"统一"和"今麦郎",而是整个行业都在走下坡路。以美团和饿了么为代表的外卖行业崛起,让这个以便捷和物美价廉著称的国民美食优势不再。连续18年销量保持增长的方便面正在经历"我消灭你,与你无关"的遭遇。

2014年9月29日,首批5家民营银行获批筹建,阿里的网商银行和腾讯的微众银行均在其中。2015年刚过了4天,李克强总理就在深圳的微众银行敲下了电脑回车键,卡车司机徐军拿到3.5万元贷款,这就是被人们广泛提及的互联网银行的第一笔贷款。

很多人不知道的是,徐军是已经上线两年的"货车帮"的司机。这笔贷款的背后,是"货车帮"依托于大数据,与微众银行合作向司机推出的服务业务。互联网的力量、市场的活力正在尝试携手啃下"小微企业、个人创业者融资难融资贵"这块硬骨头。区别于传统银行的息差收入模式,两家互联网银行通过收取平台服务费来获取盈利。它们不设物理网点、不做现金业务，依靠大数据风控技术的支撑，服务个人消费和小微企业。在传统银行一度贫瘠的个人零售和小微企业信贷业务中，茁壮成长起来。

相比于互联网银行带来的冲击，正蓬勃发展的"宝宝们"更是搅动了整个传统银行市场。2014年，余额宝的客户人群已经达到1.85亿人，规模5 789.36亿元，盈利240亿元。相当于一家大型商业银行的规模。要命的是，受到"宝宝们"高收益的吸引，仅在余额宝出现半年后，银行居民活期存款同比大跌6 706亿元，而货币基金同比规模增长了近1万亿元。身处进展缓慢的利率市场化改革中的银行们，被打击得厉害。

对此，人们展开了激烈的争论。一方认为，应该鼓励金融创新，"宝宝们"的诞生，就像一条鲇鱼，对整个银行存贷差体系、传统的货币基金模式都产生了冲击，加速了它们的改革进程。另一方认为，"宝宝们"高收益的本质，是聚沙成塔地将人们零散的活期存款，用货币基金的外衣，享受到了银行间的高利率水平。这些还都建立在了银行提供的广泛的、稳定的系统支撑和风控保障上，谁来摘"果实"存疑。最为激烈的当属央视评论员钮文新的批驳，直斥余额宝是趴在银行身上的"吸血鬼"，是典型的"金融寄生虫"，应该予以取缔。

马云那句"如果银行不改变，我们就改变银行"的豪言壮语，终究还是在互联网思维席卷一切的浪潮中，获得了更大的认同。余额宝的诞生也开启了互联网金融的发展浪潮，这条鲇鱼也加速了利率市场化的进程，一年之后，商业银行和农村合作金融机构等的存款利率浮动上限被放开。但互联网金融对传统格局的搅动远未结束。在小贷市场上，BATJ将陆续推出有钱花、借呗、微粒贷和京东金融，以此为代表的小贷们也肆意生长起来，很多传统银行以"联合借贷"参与其中。几年之后，非理性消费的趋势和不断扩大的风险敞口引起了监管层的警觉。

此时，一切都在颠覆，颠覆一切可以颠覆的旧格局。

红衣教主周鸿祎深谙此道："能给我留下最深刻印象的创新，一定是颠覆式的。颠覆式创新是代表未来趋势的一个信号，这种创新通常从细节入手，从不起眼的地方出发。"而他本人就是一个善于颠覆的高手。

互联网思维席卷而来

李彦宏在百度的一个大型活动上，与传统产业的老板、企业家探讨发展问题时说，"可能你做的事情不是互联网，但你要逐渐从互联网的角度去想问题"。这应该是互联网思维的由来。它是指在新一代信息技术广泛应用的背景下，对市场、用户、产品、企业价值链乃至对整个商业生态进行重新审视的思考方式。

2014年前后，互联网思维成为特别火爆的一个概念，它指导着青年们创业、美化着项目融资、调整着公司的战略方向、优化着营销的路径、改善着产品的结构，也丰富着人们茶余饭后的谈资。总之，互联网思维似乎席卷了一切，并以逻辑的力量正在改变商业运行的底色，在移动互联的浪潮中成为一种遵循和时髦。

对互联网思维的解读众多，但核心有三条。

一是用户导向，深度理解用户才能生存，于是众多新的模式从高维度颠覆而来；

二是开放和共享的平台思维，其意义在于打造一个多主体共赢互利的生态圈，这将被互联网大巨头和产业小巨头们熟练地掌握；

三是商业模式创新，并形成了固定套路，即以入口免费获取流量，以极致化手段保持用户黏性，而后依靠增值服务收费。简单粗暴的概括就是，"羊毛出在猪身上，狗来买单"。

作为互联网思维的深度践行者，乐视在此时登上了成长史上的巅峰，也是其发展的转折点。

2014年，乐视正被媒体、被股民捧在手心里。贾跃亭意气风发，斩获了"2014年上市公司最佳CEO"，又挺进福布斯首次发布的20位"2014中美创新人物"榜单，还和李嘉诚、马云、王健林等商界大佬一起荣膺媒体选出的"2014年十大商业人物"。

当时，因为妻子甘薇的关系，贾跃亭与众多明星都还是好朋友，有着紧密的资本绑定。乐视每每召开发布会，都会有大批明星站台捧场，也是商业发布会历史上一道亮丽的风景。

除了娱乐明星，乐视还云集了各个领域的众多成功人士。

著名导演张艺谋成为乐视影业的艺术总监，他将电影梦想托付给了年轻的乐视，这位殿堂级的电影前辈将在未来15年为乐视的电影事业保驾护航。这份名人名单中，还有柳传志、马云、王健林、郭台铭等产业大佬，"声援"支持或者资本绑定。

著名体育节目主持人刘建宏离开央视体制，出任乐视体育首席内容官。在新东家为刘建宏举办的盛大加盟仪式上，这位在体制内浸淫了近20年的著名解说员，接过了乐视特意制作的46号球衣，寓意46岁的媒体老兵开启人生下半场，兴奋之情溢于言表。双方无比的真诚和准备大干一场的激动，都非常真实。

肯定的是，这样的情绪一定多次重复在众多名人加盟乐视的时刻。他们都为乐视的生态梦想所感染，并决心与贾跃亭一起推动互联网所赋予这个时代的商业法则落地。他们也成为乐视的最佳背书人，为此乐视获得了极大的关注度，并在很大程度上转化成可以变现的流量。

这一年，乐视的超级电视Letv销量已经完成150万台的年度目标，成为互联网电视第一品牌。这背后的功臣，要属于乐视早年的版权布局。2014年，乐视已经拥有70%以上的国内热门影视剧的独家网络版权，这些优质内容让乐视通过电视硬件吸引流量，通过会员费用、广告收益以及其他增值服务等补足硬件的成本，追求盈利。

电视领域的成功，激发出乐视更为宏大的梦想。其商业模式也被复制到更加广阔的天地：只要有屏幕的地方，它都要去霸占你的眼睛。

"如果你没有看电视，那么你可能在看电影，于是乐视打造了强大的地面发行系统，覆盖100多座城市，占据90%以上的影院；而如果你没有看电影，那么你可能在看手机，于是乐视造出了手机和平板；如果你没有看手机，那么你可能在开车，于是乐视有了造车的梦想。"

这就是在硬件的布局中，乐视所追求的"全屏时代"。乐视的电影屏、电视屏、电脑屏、平板屏、手机屏相继完成，汽车屏也尽在蓝图中。

在内容方面，乐视也并不含糊，除了购买视频版权，还成立了影视公司，投资拍电影；成立体育公司，直播转播重大体育赛事。2014年，乐视影业出品、发行了13部影片，总计票房收入近24亿元，包括文艺片《归来》、动画电影《熊出没之夺宝熊兵》，还有备受争议的《小时代》，极度繁荣也繁杂复杂，包罗万象。

有了硬件入口，有了优质内容的黏性，乐视还野心勃勃地搭建起云视频开放平台、进军电商领域和应用市场，通过游戏、购物、KTV、教育等众多应用，坐等增值服务的收益。2014年，乐视极力推崇的"平台+内容+终端+应用"生态基本完成布局，还取了一个抓眼球的名字——生态化反。简单概括就是各个生态系统之间相互合作，资源互用，产生化学聚变反应，发挥出更大市场价值。生态化反在本质上与平台生态别无二致，但显然在传播效应上更具能量，一众人心甘情愿地跟随贾跃亭的梦想一起狂奔。

在2014年接近尾声的时候，贾跃亭给公司全体成员发了一封新年邮件，以极具煽动性的小标题"不畏浮云遮望眼，只缘心在最颠覆"，谈及了乐视的造车计划"SEE计划"，并掷下豪言说，超级汽车亮相之时，汽车会被重新定义，就像之前重新定义电视一样。随后乐视牵手阿斯顿·马丁[1]，投资FF[2]美国工厂，斥资200亿元建超级汽车工厂和生态小镇，还吸引了上汽集团两大班底人物丁磊和张海亮的加盟。

---

[1] 阿斯顿·马丁，英国车企，著名跑车制造商。
[2] FF，是指贾跃亭投资的美国电动汽车公司法拉第未来（Faraday Future）。

这一切都让乐视越发高调，也越发神秘。

乐视召开了一场又一场盛大的发布会。据说有一场在北京五棵松体育馆举办的发布会堪称史上空前，后来者也很难企及。这一场以"无破界、不生态"为主题的春季新品发布会，聚集了8 000多名乐迷，中外媒体记者人数高达2 600名，人头涌动的震撼场面，"亮瞎"世人。

然而，乐视长期难以盈利也是惨痛的现实。2015年，电视业务亏损额达7.3亿元，加上新进入产业所需要的巨额投入，乐视必须解决巨额的资金需求。在资本市场化缘，向银行贷款，把每一块业务独立包装融资，乐视把"圈钱"做到了极致。同时也和很多互联网企业一样，宣称"未来三五年乃至十年内，都不会把盈利当成最重要的目标"。但生态布局所吸引的流量、所融到的资金，显然没能跟得上乐视全屏化布局烧钱的速度。

贾跃亭显然意识到了可能的风险，两年后在内部称，"乐视的发展近乎蒙眼狂奔，烧钱追求规模扩张，全球化战线拉得过长"。然而反省仅仅是一个开始，战略大调整才能将乐视带到安全地带，瘦身与产业聚焦是当务之急。但乐视并没有落地。

在2014年的新年邮件中，贾跃亭还描述了一个细节，"关于是否造汽车，乐视高管有一个投票，结果大部分高管都表示坚决反对，因为难度极高、风险极大，甚至有可能会拖垮整个乐视。我当时说，即使乐视造车会万劫不复，如果能点燃更多人的梦想，我们也会义无反顾。在宇宙当中，人的一生只是瞬间而已，有幸能来到这个世界，做一些真正能够改变社会、改变人类的事情，这是真正有梦想人的一种追求"。

事后证明，高管们说得没错，造车砸钱的体量和速度让乐视万劫不复，但贾跃亭的"情怀与梦想"也跃然纸上。没有可靠的技术实力和盈利能力，情怀和骗子只在一线之间，乐视也被戏称为"发布会公司""PPT公司"。几年之后，孙宏斌和许家印两位大佬级别的"救世主"出现，是否能够挽救SEE汽车的梦想尚未可知。但终究没有能够让"下一周回国"的贾跃亭出现在大众视野中。

乐视模式太过宏大又太过美丽，是泡沫陷阱，也是画大饼。其最终走向，解读众多。有人将乐视造车和马斯克的特斯拉做对比，难掩成王败寇的戚戚情绪。确实，商业模式和业务方向从不应该为结果背锅。更何况，乐视曾经将商业模式创新推向了夹杂着赞美和争议的巅峰，改变了很多传统企业的盈利思维模式。乐视让后来者看到了"流量"的价值，它是商务谈判的底气，更是在资本市场扫荡的筹码。毫不夸张地说，不计成本、近乎疯狂的"引流"是这一时期所有互联网玩家们费尽心思去征战的领域。乐视也让后来者警醒，融资要跟得上烧钱的速度，现金流要跟得上扩张的速度，管理和技术要跟得上业务的方向，这些才是不能忽视的朴素道理，在互联网电视获得局部成功的乐视终被"全屏"的"生态化反"拖垮，情怀和梦想成了一个笑话。

在BAT的生态系统建设中，尽管阿里超越了电商、百度超越了搜索、腾讯超越了社交，但三家无一不是以核心领域和核心能力为圆心向外拓展。而且它们对核心领域的坚守和精进，让市场上短期难以有与之匹敌的竞争者。商业模式创新，只解决方向问题，并不构成竞争门槛和护城河。

网络原生品牌入场

2014年前后，服装品牌"韩都衣舍"突然火了起来。在淘宝卖服装的企业成万上亿，为什么是韩都衣舍呢？

韩都衣舍的起步是做韩国代购，逐渐小有名气，而后开始与中国工厂代工合作。生产、发货等过程全部由工厂负责，韩都衣舍只负责零售渠道。靠这样一个简单模式，韩都衣舍在2010年淘宝服饰类综合人气排名第一，会员达到200多万。这为韩都衣舍积累了第一桶金。后来在火爆的"双11"的加持下，有了更大的知名度。然而，这样的销售模式与其他网店的服装企业别无二致，很多诞生在淘宝的服装品牌大都以此生长。

不同之处在于，韩都衣舍独创了基于产品小组的单品全程运营体系

（IOSSP）。韩都衣舍有300多个产品小组，每个产品小组由2至3名成员组成，围绕"产品运营"这一核心，就产品设计、页面制作、库存管理、打折促销等非标准化环节，进行精细化运营。产品小组不但极大地提高了运营效率，降低了库存风险，也在最小的业务单元上实现了"责、权、利"的相对统一，独立核算，独立经营，成为建立在企业公共服务平台上的"自主经营体"，堪称公司的发动机。

也因此，韩都衣舍有条件定位成"快时尚"品牌，以"款式多、更新快"的特点，快速从一个普通的淘品牌，一跃成为年营收突破15亿元的大品牌。

2016年，作为互联网服饰品牌第一股，韩都衣舍获准挂牌新三板。与之处在同一地位的还有互联网小家电第一股——小熊电器，以及互联网零食第一股——三只松鼠。

这些互联网原生品牌，区别于传统的制造品牌，它更像一个连接着制造工厂和消费者需求的信息转化系统。它们诞生于线上，利用流量红利实现几何倍数的野蛮生长，成为一时的神话。

餐饮领域有一个水煮鱼理论：如果在一个城市里，有超过5 000人喜欢吃"水煮鱼"且每个月来吃一次，那这个专营水煮鱼的店就一定会生存下来。但难点在于，如何在上千万人口的大城市里，让这5 000人知道这家水煮鱼店。

这正是互联网原生品牌诞生的核心逻辑。高速发展的互联网和电商平台帮助这些淘品牌积累了大量分散的用户，淘品牌们帮助一条条"水煮鱼"找到了分布于各个角落的消费者，而且成本很低。而在传统意义上，这些消费者的需求很难被集中挖掘。

已经位居中国服务业500强的三只松鼠曾表示："我们从没通过线下广告来进行增长，一直是通过电商平台润物细无声地积淀。"三只松鼠上市第一天，天猫旗舰店就涌进300万访客，三天增加了100万粉丝。

就这样，这批蚂蚁雄兵乘着中国电商行业发展的春风蓬勃生长起来。这些依托互联网生存，天生带有互联网基因的品牌，它们的成长路径已经超出了人们固有的认知。

不生产零食的零食巨头三只松鼠，从原料供应、加工，到物流快递，都靠合作伙伴，自身只提供产品研发以及销售渠道。

韩都衣舍只专注于设计与销售，中间生产环节全部代工。创始人赵迎光曾公开表示，韩都衣舍从来都只是互联网企业，不是服装企业，只是刚好进入了电商的服装领域。

服装企业的内涵正在模糊，人们纠结的实体和虚拟之间早已难舍难分。

韩都衣舍们在阿里和京东的电商平台上发迹，成为不生产服装的服装品牌。那么处在制造环节的企业也不甘沦为微笑曲线的低点。青岛红岭干脆自建生态体系，利用互联网，将消费者到制造（C2M）这件事彻底做实。红岭将传统纺织服装产业"先产后销的高库存模式"转变为互联网信息时代"先销后产的零库存模式"，试图用工业化的效率和成本，来实现产品个性化的制造。这家在中国庞大的纺织服装业态中并不起眼的企业，广受关注。

当然这也要归功于它背后知名投资者的推动，有深度植根于长江和中欧这样顶尖商学院的天鹰资本，一直处于舆论风口的复星集团，具有本土风投拓荒者称号的达晨，"国字头"的中国科技产业投资公司。无论是在理论呼吁还是实业支撑方面，红岭都有成为"网红"的潜质。显然，此时中国的投资者们提供的不仅仅是资本本身，很多时候还具有舆论导向功能。

红岭堪称传统企业"触网"的典范，门前车水马龙，参观者趋之若鹜，阿里、海尔、万科、联想、TCL等名企都是它的访客，海尔张瑞敏更是七进车间，要求海尔所有的管理层都必须到红岭去学习。红岭很快有了两项增值业务，工业旅游和咨询顾问。前者成为红岭的一个利润中心，后者让红岭开始为不同领域的制造企业转型升级提供全套的"互联网+工业"解决方案。能否见效，尚需关注。

此时的热潮，除了传统制造对潮流的狂热和红岭的顺势营销，更是因为每个人、每个企业都被裹挟在互联网思维的浪潮中。

代理人征战的时代

持续了四年之久的3Q大战，终于落幕。

2014年10月16日，最高人民法院公开开庭，对360公司诉腾讯公司垄断纠纷上诉案进行宣判，判决驳回360公司的全部上诉请求，维持一审法院判决。最高法院判决，不宜以市场份额直接判定其垄断，这在一定程度上确定了互联网平台的法律地位。

腾讯赢得了官司却输了民心，但也促成了日后开放的格局。

3Q大战开始的第二年，腾讯宣布成立投资规模为50亿元的产业共赢基金，主要使命是投资产业链上的优质公司，更好地服务腾讯开放平台上的用户。根据IT桔子数据，腾讯在基金成立的当年，就进行了17次对外投资。形成对比的是，此前11年的投资交易加起来才16次。腾讯一改过去侵略式的业务扩张，采用"半条命交给合作伙伴"的投资模式，成为一时佳话。京东、滴滴、美团点评、拼多多、58同城、同程艺龙等行业小巨头脱颖而出，成就了企鹅帝国。

平台生态的打法也日渐在大企业层面取得共识。

2014年，在乌镇举办了首届世界互联网大会。在大会上，马云坦言，阿里在做一个生态系统。所有的投资，都是为这个生态系统的需要而建立。不同于腾讯直接发挥数以亿计的流量和丰硕的资本优势，赋能合作伙伴，阿里做生态，重在构建出一套开放的基础设施和操作系统，并成为版图所及之内商业运行的规则定义者。

在电商领域显而易见，买家和卖家在天猫和淘宝平台上，遵从阿里定下的销售、支付和售后规则；在物流领域，菜鸟物流以大数据的算法和技术标准的建立，广泛连接了众多物流服务商；在云计算领域，阿里以稳固的系统基础和开源的态度，让众多参与者共建共享其中。

"双11"带动下的电商迅猛发展，为后来的物流、金融、云计算和大文娱等几大板块奠定了流量入口和基础支撑，这些板块彼此助力，阿里的整个生态系统能力不断提升。显然，这是一个野心勃勃的蓝图。

走向平台赋能的互联网巨头，无形中改变了互联网产业中的组织形式。它们下场去参与一个具体项目的可能性越来越小，更多的时候是以专业的力量和资本的手段，不断扩充自己的生态版图。

为了占领移动互联的制高点，弥补各自生态圈的短板，大厂们密集地拉帮结派，展开"军备竞赛"式的争夺。据统计，2014年有近百家公司与BAT发生资本关系，涉及资金高达150亿美元。

百度收购91助手，阿里拿下UC浏览器，以刷新中国互联网最大并购交易的节奏，占领通往移动互联网的船票；阿里入股新浪微博以应对腾讯微信的欣欣向荣；腾讯拿下58同城和京东，奋力在电商领域与阿里一博；阿里收购高德地图，与百度地图分食LBS的蛋糕；腾讯入股大众点评，在本地生活领域与阿里的饿了么一争高下；阿里入股优酷，与腾讯视频、百度的爱奇艺，形成视频领域"爱优腾"格局。

一轮强力的合纵连横过后，大半个互联网圈都已经和BAT沾亲带故，BAT也形成三足鼎立之势。互联网赢者通吃，强者恒强效应显著。

除此之外，BAT也成为中国创业投资领域的绝对领导者，它们的投资总额甚至超越专业的投资机构。2017年，腾讯投出了106家企业、总计1 710.43亿元，阿里巴巴投出了31家企业、总计1 150.75亿元；百度也投资了18家企业、合计1 147亿元，而中国风投最知名的红杉中国在2017年也不过只投了76家、合计725.02亿元。

BAT们正试图从企业更迭的源头上掌控中国互联网生态的走向，而当一个产业发展壮大，需要划定地盘之时，巨头们通常会选择在背后，以烧钱补贴，以资源支持，去扶持出一个产业小巨头。从视频、外卖到未来的出行，无一不是如此。

硝烟中，只剩下几大高手的对决。

在接下来几年的创业浪潮中，很多创业者都走向不是阿里就是腾讯的命运归途。对于双方而言，这也是近乎"帕累托最优"的选择。于创业者，以此为手段进行变现，或者依靠大树好乘凉；于生态大平台，少去了在纷繁复杂的个性化需求中去探索和投入，选择并赋能已经出现的"好苗头"，把专业的事儿交给专业的人做，打造生态帝国，也是良途。

中国互联网很大程度上进入了代理人征战的时代。

2014年，注定是个不消停的年份。在颠覆、狂欢和撕裂中，中国互联网企业迎来了赴美（港）上市新高潮。阿里和京东领衔，紧跟着的是微博、猎豹移动、聚美优品、途牛、智联、迅雷、陌陌、神州租车等公司。

不仅数量众多，行业分布广泛，而且会聚了互联网行业内的翘楚。

阿里上市当天，以2 613亿美元的市值超越亚马逊和eBay总和，也超过了Facebook，成为仅次于谷歌的世界第二大市值互联网公司。这是美国历史上最大一笔IPO，马云也一跃跻身为亚洲新首富。据说，上市前一天，马云在纽约华尔道夫酒店接见了1 000多名投资人，排队的长龙拐了十八个弯，电梯要等40分钟，令无数人兴奋不已。

互联网应用领域，中国开始与世界互联网巨头比肩。此时，已经上市9年的百度，市值涨到20倍以上。2004年上市的腾讯，市值已经突破1万亿港币，接下来只用了4年的时间，就突破4万亿港币。

2015 双创浪潮中的打法和梦想

2015年5月7日，国务院总理李克强在中关村创业大街3W咖啡店，喝了一杯香草拿铁。这个时候的中关村创业大街，昼夜不息，全国上下的创业咖啡正香热无比。这场由中国领导层直接推动的"大众创业、万众创新"，在2015年呈现出铺天盖地的繁荣。

从国家到地方，支持、推动"双创"的政策文件如雪飞舞。天使创投、创业引导基金等各种形式的融资迅速壮大。北京中关村、成都高新区等一大批创业孵化园区、众创空间如春笋般冒了出来。在移动互联发展的浪潮中，拥有新技术、怀揣新模式的新创企业迎来蓬勃发展的机会。

这一年，遍地都是创业者，对旧规则、旧商业体系的"破坏者"。一大批有着多次创业经历和没有任何创业经历的青年，嗅到了时代的机遇，他们拼命地创造机会、寻找资本，找合意的伙伴，乘着风口，开始了激情燃烧的岁月。他们生逢其时，身上有着难以掩饰的创新精神和远大抱负，所创造出的一个个小平台，承载着的是他们改变世界的梦想。

在风口，很多"猪"都飞上了天，众多资本也开始了在风口寻"猪"，甚至不惜代价将"猪"催生养大。一番较量，非王即亡的命运令人唏嘘。随着风口过去，创投者和创业者都摔得惨烈，超出了过往任何一个时代。

然而，无论这场"全民运动"中有多少滥竽充数，但终究会有一些"金种子"沉淀下来，在后来的日子里长成参天大树。

双创的风口来临

2015年的第一个工作日，国务院总理李克强到访深圳第一家创客空间——柴火创客空间，饶有兴趣地在这个创客空间待了半个多小时，并表示，要再为柴火空间添把柴。此后几年，每到一地考察，他几乎都要与当地年轻的"创客"会面。

"大众创业、万众创新"被写入3月的政府工作报告。"激发亿万群众智慧和创造力，打造经济社会发展'新引擎'"的解读声，声声入耳。这一年的"两会"还没结束，国务院办公厅就印发了《关于发展众创空间推进大众创新创业的指导意见》，各类支持政策、补贴、创业小镇、孵化平台等，如春笋般冒了出来。

地方政府积极响应，各地争相出彩。有媒体统计，截至2015年10月，国务院和各地政府针对"双创"发布的政策措施已超过2 000条。一系列政策措施，在很大程度上解决了创业过程中面临的各类法律、制度、资金、服务、信息等障碍。

大量来自政府的补贴，砸进了"双创"领域，有些地方政府甚至直接"下场"推动双创。也不乏《创业投资风险救助专项资金管理办法》这样的文件表示，准备以财政手段，补偿天使投资出现的损失。

这一年的10月，一个以"创业创新——汇聚发展新动能"为主题的活动周同时在北京、上海、深圳、西安、成都等多个城市举行。"活动周"主会场设在北京中关村，其他各地分别设立分会场，囊括了产品展示、创业培训、项目对接、创投大赛、论坛峰会等各项活动。国家"集中力量办大事"的画面感跃然纸上。

世界银行在每一年的10月，都会对全球180多个经济体的营商环境进行排名。多年来，中国的位次和经济地位相差很大。2013年，中国排名91位，这很让执政者挠头。这一年，新一届政府成立，打出了简政放权的"当头炮"，并做出了承诺：任期内至少要取消、下放现有1700多项行政审批事项的1/3。

2015年，简政放权改革正如火如荼，而"双创"浪潮无疑加快了行政审批改革的步伐。从中央到地方，"一门式、一网式"服务新方式频出，"不见面审批、最多跑一次、首问负责制"等做法也让很多地方政府大放光彩。这一年，中国的营商环境排名提升到第84位。到了2018年，中国的排名跃升至31位。

五年时间，大幅提升60个名次。让创业者感受明显的是，开办一家企业的平均时间缩减到1个月，有些地方甚至几天就能办妥。

于是，大量新创企业诞生了。

数据显示，这一年，在中国大地上，新登记企业443.9万户，比去年增长21.6%，平均每天新登记企业1.2万户，每分钟诞生8家企业。

除了政策层面的强力推动，技术和资本也做好了准备。

2015年，新一轮信息技术革命已经获得了广泛的应用，移动互联的崛起为创业者提供了更大的空间和自由。这一年的"两会"上，和"双创"一同写入政府工作报告里面的还有"互联网+"。马化腾作为全国人大代表，提交了《以"互联网+"为驱动推进我国经济社会创新发展的建议》。很快，"互联网+"成了国家行动计划，也成了各行各业创新创业的标配，以"互联网+"为整合手段的大量创意涌现出来。

这一年，我国的社会消费品零售总额已经突破30万亿元，消费对经济增长的贡献率达到66.4%，国内消费大市场正在形成，于初创者，遍地是黄金热土。

相比于前几代创业者，此时的中国已经具备完备的生产制造体系，拥有数量庞大且成本并不算太高的劳动力，将一个创意落地更加容易。更何况，只要创意和模式能够跑通，未来成长可期，大量的资本已经准备好了弹药上膛。

过去这些年，我国宏观环境稳定、经济快速增长，是各类风险资本理想的投资目的地。同时，很多传统企业，迫切需要向新产业转型，以谋求可持续成长及产业层面的资金富足。另外，股改全流通已经完成10年，创业板稳定畅通运行也有5年之久，这些通畅的退出渠道给了国内外投资机构更加坚定的信心。

2015年年初，新三板从深交所独立出来，面向全国的中小企业开放。一年之前，还在北京举行了首批企业集体挂牌仪式。和主板、创业板相比较，新三板更加强调作为科技型小微企业"孵化器"的基本功能，上市门槛大大降低，几乎接近注册制。这在很大程度上，刺激了创业者和创投者的热情。

虽然因为流动性不足、企业良莠不齐、信披混乱等问题，新三板饱受争议；但在狂热的创业氛围中，新三板还是出现了井喷。截至2015年12月31日，新三板挂牌企业家数达到5 219家，其中2015年挂牌企业就达到3 565家，超越了A股上市公司总和，总市值也跨过了2万亿元大关。

由早期互联网起家的创业者们聚拢起来的"上市即财富自由"的光环效应，吸引了众多有想法有技术的人们投身于创新创业中，用别人的钱，实现自己的梦想。

从历史大势来看，2015年，中国也确实到了一个该是创新创业活跃的阶段。

我国经济增长的方式已经走到了一个"瓶颈"阶段。过往依赖于资源和廉价劳动，让我们有了"世界工厂"之名；以公路、铁路、机场为代表的投资建设，成为拉动经济增长的引擎之一。2008年金融危机之后，仍是在"四万亿"投资刺激下，中国才率先走出了困境，连续几年，保持7%以上的GDP增速。但到了2015年，我国GDP增速第一次跌到了7%以内，传统的增长模式难以为继，整个国家迫切需要寻找经济新动能。

激发大众创业、激活万众创新，成为整个国家的选择。

此外，持续增大的就业难题也在"双创"中找到了答案。

多年来，就业难成为大学毕业生第一个成长考验，每年700多万的新增就业和经济增速换挡之间，考验着执政者的平衡能力。与此同时，农民工外出的"热情"也出现持续的下降，2011年至2014年，外出农民工人数增速分别比上年回落2.1、0.4、1.3和0.4个百分点。"外地"难以像多年前那样容纳大规模的劳动力，而新一代农民工也难以像父辈那样安心忙碌在制造业的流水线上，返乡创业成了潮流。创业成为一部分大学毕业生和小镇青年寻求生计的刚需。

2015年，参与创业的大学生总人数达到55.8万人，比上一年增长16.9%，其中在校生创业增长37.3%。

政府扶持、经济转型、技术革命、孵化平台、创业刚需等各个方面，赋予了双创的时代风口。

激情燃烧的日子

这一年，人们开始明白什么叫众创空间。这种针对早期创业者而设，为创业者提供低成本的工作空间、网络空间、社交空间、资源共享空间，甚至还包含了商务服务、资本服务的孵化器，广受创业者们欢迎。手握重金的投资者们也希望能发掘出像腾讯、阿里那样的巨头企业。

2015年3月，毛大庆辞去万科集团高级副总裁的职务，创办了优客工场。创始人自带光环，优客工场获得了红杉资本、中国基金、真格基金、歌斐资产、亿润投资、中投汉富……几乎所有中国顶尖的创投资本的青睐。也因此，优客工场作为双创的孵化器，除了提供一般性的空间服务，还对入驻企业以"投资+捧红"的方式进行赋能，并将投后企业的产品及服务全方位地融入优客工场的生态。

另一位大咖李开复，在2009年离开谷歌后创办了创新工场，成功地将硅谷的创新创业孵化理论搬进了中国，为我国创业界投下了创业孵化的火种。那些读着当年"李开复写给中国学生七封信"的人们此时正在创业大军中。因此，人们愿意称李开复为"创业导师"。在李开复和他的创新工场扶持下，豌豆荚、知乎、魔图精灵相继成长起来。2015年，创新工场披露了公开转让说明书，准备新三板挂牌。

在北京、上海、深圳、成都等主要城市，众创空间大量成立，并在政府主导下，形成了一条条创业街区。2015年年末，全国的众创空间超过2 300家。

众创空间一拥而上，也不乏在拿到在政府真金白银的补贴后，摇身一变成了商业地产商，就连优客工场这样的头部明星也有过类似嫌疑。2019年9月，优客工场赴美IPO上市时，人们讨论其收入构成，用的词汇更多的是"二房东"。事实上，优客工场的办公租赁收入占到了整体营收的48%。

也有不少众创空间徒有其表、不得其法。有些地方，建个小楼，就准备开门迎接创业者；也有些孵化器平台天真地以为，只要把企业引进来，随便投几家公司，未来的收益就可以翻个好几倍。实际上孵化这种行为，大概只能将创业的成功率从2%提高到5%左右。天使投资从来都是一个高风险行业。不论是投资创业者，还是投资赛道，都需要对行业有深刻的理解，对创业者有充分了解，资源与能力也一并不能少。

一如许多热点和风潮兴起时那样，众创空间也是鱼龙混杂，激进无比。

除了众创空间，很多大企业也纷纷在打造"创客平台"，走上了激发企业活力的双创之路。这一思路被认为是中国传统大企业转型发展的加速器。

最著名的当属海尔，张瑞敏提出的"人人都是CEO"的理念一度风靡。在海尔"海创汇"平台上，汇集了全球顶尖高校、领军公司、创新机构与初创企业，每年为海尔贡献的创意超过6 000个。到2017年，海尔平台上已经聚集了2 246个创业项目，4 316家创业创新孵化资源。未来，海尔或将退去家电制造企业的基因，而转型成为孵化创客的平台。

中央企业巨头中航工业的"爱创客"，形成了机器人、无人机、新材料等六大产业布局，孵化近百个项目。2015年年初第一个工作日，总理李克强访问的柴火创客空间正位于央企华侨城的创意园里。已经走上"开放式发展"的腾讯，2016年已经在平台上会集了600万个创业者，其中2/3是个人创业者，有30家已经上市。阿里、京东、平安等更是全力以赴，依靠强大的技术和流量，分化出一批小巨头。

这一时期，传统守旧的制造业、中规中矩的国有巨头、具有创业基因的互联网平台纷纷加入"双创"的浪潮中，它们以更加产业化和资本化的优势，试图重构企业发展的新引擎。

在创业热潮最为涌动的北京和深圳,各自集结着知名院校、科技巨头,以及两地政府极力优化出的营商环境,上演了"中国硅谷"之争。昔日最为著名的两大电子卖场中关村和华强北,不约而同地走上了创业孵化器之路。

中关村创业大街,这个位于北京海淀区的电子产品集散地,经历了传统零售业态的辉煌和没落,已经腾退出60万平方米,在一年前"开街",孵化双创。一时间,成了全国"大众创业、万众创新"的策源地和风向标。

2015年,整条街创业气氛浓厚,街上到处挂着"让创业者不再孤独""让所有的梦想都有一个家""天使投资共创未来"等许多励志甚至带些鼓动的标语。

后来闻名创业界的3W咖啡、车库咖啡,均在这里落户。因为经常被创业者和天使投资人光顾,这些咖啡馆成了创业信息交流、投资洽谈等创业服务的"圣地"。三年内,这条街上,孵化出了2 459个团队,融资成功率36.8%,总融资额141.8亿元,融资超过1亿元的有50多家。蔚来汽车、融360、ofo小黄车等独角兽企业均从这里起步。

有媒体在2015年年初记录下了中关村创业大街的"野心青年",可以管中窥豹地看到当时的创业状态。

一个身上只剩72元钱的青年只身来到北京,前往彼时开街不过两个月的中关村创业大街"朝圣"。在车库咖啡,他听到各种各样的创业想法,有做人工智能的,有做陪聊软件的,还有做3D打印的,甚至定制机器人的:"我喜欢这里的野心……"

另一个青年,学车时感觉这个领域"服务太差、极度落后",因此萌生了做一个叫"趣学车"的服务平台想法。他的团队前后见过30多位投资人,甚至50多个小时不睡觉,就是为了让网页更漂亮些,"让投资人挑不出毛病"。为了见投资界大拿徐小平,他还买来京东同款快递服,混入徐小平所在大楼,虽然最终仍被拦了下来。

雷军造访创业大街上的Binggo咖啡,并不宽敞的空间一下子涌进近200

人。咖啡厅当天不得不提前闭门谢客以控制人流。人们热衷马云、雷军、徐小平这些大佬的财富故事——梦想着十年后，"搞出个大企业，挣很多钱"……

创业的热情，随处可见。

独角兽们有点轻

2015年，程维已经从阿里离开，在北京创立滴滴两年。

做滴滴打车，更多凭借的是程维个人直觉。在阿里巴巴工作时，程维经常需要出差，曾因打不到车、出租车拒载、黑车漫天要价，误了许多次航班。当然，后来入伙的柳青，有着相似的"痛感"。

传统出租车公司割据一方，一边收着司机高昂的份子钱，一边又以绝对的话语权制定出行价格，有些行为甚至蛮不讲理。以滴滴为代表的一众网约车崛起，不可避免地要向行业的老江湖开火。

在网约车平台上，用户们在手机App随时随地打车，司机们也不用在大马路上转悠着找人，不但没有份子钱，还有补贴。大量闲散的司机和闲置的车辆涌入，以快车、专车、顺风车、拼车等模式，提供着更加便宜和周到的服务，司机本身也获得了更高的收入。显然，这动了出租车市场的奶酪。很多地区，出现了出租车司机罢工事件，要求惩治"黑车"，降低份子钱。

凯文·凯利在《失控》一书中描写了蜂群的状态，即给予每个蜂群群体一定的自主权，让它们分工合作，以这种"用白痴选举白痴"的方法，最后依然能够产生惊人的效果。这也是滴滴们挑战传统出租车行业的底气。很快，全国的出租车作为专业的运力被"吸引"到了网约车平台上。

在中国14亿人口的大市场，打车难显然不只是程维和柳青的切身感受，还是不及格的出租车行业带给高品质需求人群的痛点，这是一个时代的升级需要。

2014年，北京大学自行车社团的五个人创立了ofo，人称"小黄车"。他们希望通过"共享单车"平台，让师生们随时随地有车骑，同时减少校内单车总量。一年的时间，这项开始于北大校园的创业计划，很快在首都的高校成功推广。2015年，以戴威为首的团队，获得了"网络新青年"的称号，还受到了国家领导人的接见。

胡玮炜也离开供职多年的汽车科技媒体，怀着"骑自行车出行"的年少愿望，在2015年年初创办了摩拜，让自行车回归城市，让城市变得更美好。

共享单车很快铺满了城市街道，解决了人们"最后一公里"的出行困境。自行车本身也升级了一代又一代，骑行体验更加舒适。后来"赤橙黄绿青蓝紫"各种颜色的共享单车出现在路面上，人们开始担心"颜色不够用了"。

2015年，音频分享平台喜马拉雅也已经上线两年，这至少是余建军创办的第四家公司。大学期间就拿到100万元创业投资，让余建军爱上了创业，成了持续创业者。在创业的第十个年头，余建军想干票大的。此时，正是用户数量决定互联网公司估值的年代，余建军要建立一个服务亿级用户的互联网平台。碎片化时间的场景下，唯一的伴随媒体就是音频，需要用眼的文字和视频都做不到，余建军找到了梦想的落脚点。这一年，喜马拉雅的手机用户数量突破了4亿。

2015年，个人知识型脱口秀节目《罗辑思维》已经完成B轮融资，估值13.2亿元。罗振宇靠着"U盘化的手艺"吸引了数十万粉丝。在这些粉丝"爱的供养"下，《罗辑思维》开创了"史上最无理"的付费会员制，6小时就募集到了5500个会员，入账160万元。毫不掩饰商人属性，有点狂狷的罗振宇开始一路卖货、卖书、卖知识，也贩卖焦虑。在不断的质疑声中，罗振宇于2015年年底举办了第一届《时间的朋友》跨年演讲，开创了"知识跨年"的新方式。还创办得到App，拉开了"知识付费"的序幕。同一时间，吴晓波、樊登也都相继以书友会和有声产品的形式向人们供给精神食粮。

除了出行、文娱、知识分享，与人们生活相关的诸多领域，都出现了一批优秀的产品，比如餐饮服务的美团、饿了么；旅游领域的小猪短租；教育领域的VIPKID、猿辅导；健康医疗的平安好医生；等等。这些创业者或是从"切身之痛"出发，关注于如何解决身边的问题；或是从商业实际为考量，选择进军的领域。他们在改善着人们的衣食住行,也丰富着人们的精神世界。无论哪一种,消费服务,都成了"双创时代"很多创业者梦想起航的方向。

发改委的数据显示,2015年的新登记企业中,信息技术服务业24万户,比上年增长63.9%;文化娱乐业10.4万户,增长58.5%;金融业7.3万户,增长60.7%;教育1.4万户,增长1倍;医疗卫生0.9万户,增长1倍。总体上,服务业新设企业357.8万户,增长24.5%,大大高于第二产业6.3%的增速。

这些创业者,几乎无一例外地对旧规则、旧商业体系进行了"破坏"和"颠覆",他们最初的产品和体验并不完美,甚至出现的方式都显得与社会环境格格不入,但因为解决了生活中很多真实的痛点,以至于成为这个社会不可或缺的一部分。

受益于此,典型的都市人一天变成:早上用滴滴打个车,在街头用微信支付买个早点;中午,用饿了么点个外卖;在去哪儿上制订个旅游计划;晚上下班骑着共享单车到地铁站,然后和朋友们去个网红餐厅小坐一下,拍个照片;美图秀秀一下,发个朋友圈;回到家,辅导孩子上个网课;深夜时分,"爱优腾"、微信、微博、知乎、抖音,随便刷刷便可安然入睡。

这与过往任何一个年代的生活都不一样。而改变这种生活的,正是几十MB[①]大小的App,或者几个KB[②]大小的小程序,以及这些"小身板"背后的创业者们。这一轮跑出来的许多企业,从满足老百姓的"小确幸"出发,成就了自己的"大时代",快速成长为独角兽。

2013年,美国著名的天使投资人Aileen Lee,挑选出市场上,成立10年以内估值超过10亿美元的企业,并称之为"独角兽"。之后,这一提法在全球迅速风靡,很多机构和媒体都据此推出了不同地域、不同行业的独角兽版本。这个代表着高傲和吉祥的古代神兽,以崭新的特质走入了大众的视野。

2016年,中国科技部火炬中心和长城企业战略研究所联合发布了第一个带

---

①② MB 和 KB 都是一种计算机数据存储器存储单位,1MB=1024KB,1KB=1000B(字节,Byte)。

有半官方性质的独角兽企业榜单，共有 131 家企业入围。这些企业当中，2014 年之后成立的最多，有 60 家，占比 45.8%。3 年内成长到 10 亿美元规模，可见其惊人的爆发力。

这批独角兽分布非常集中，其中六个领域有 91 家，占比接近 70%，分别是：电子商务 31 家、互联网金融 17 家、文化娱乐 16 家、交通出行 13 家、健康医疗 9 家、云服务 5 家。

看得出，我国的独角兽大都分布于新兴服务业，而且明显偏向于消费应用领域，硬核科技类并不多见。在此后几年中，依然没有明显的改变。这在与美国的对比中更加显著。

2019 年，胡润研究院发布了首份《全球独角兽榜单》。我国以 206 家的数量超过美国的 203 家，让很多人感到意外。在都是 200 家出头的入围数量中，美国出现独角兽最多的行业是云计算 32 家，其次是金融科技 21 家，人工智能 20 家；我国入榜的前三个行业是：电子商务 34 家、金融科技 22 家、文化娱乐 17 家。

以科技为发展基础，成为美国独角兽企业的鲜明特征。

这和长久以来的世界产业格局密切相关。美欧为世界提供市场和技术，东亚为世界提供制造和人力要素，中东和亚非拉为世界提供能源和资源。在新一轮的信息技术的发展和新兴产业格局调整中，美国依然牢牢掌握住了技术端的话语权。云计算作为新一代信息技术中最为基础和低层的技术，美国的优势尽显。

这份全球独角兽报告还有两个非常有意思的情况。

一是，有 20 家"独角兽"均是由大企业孵化后剥离而成，其中有 18 家来自中国。阿里、平安和京东分别贡献了 3 家。腾讯和阿里还入围了前十名的独角兽投资机构。美国的大型科技公司，如亚马逊和谷歌等，几乎没有进入百强投资机构之列。这或许可以说明美国的企业更善于从一个领域精耕细作，我国的企业更多地用投资的手段、多元化集团军作战的方式做大做强。

二是，这份共有 494 家企业入围的榜单中，前三家全部为中国企业。蚂蚁金服估值1万亿元、字节跳动5 000亿元、滴滴出行3 600亿元。这三个企业都是用技术来解决生活消费的问题，都是借助于创新性的商业模式获得快速增长。这或许揭示了中、美两国独角兽产业分布差异的最大原因，那就是我国庞大的消费市场和人口红利为这一类型的新创企业快速做大提供了巨大的市场空间。在美国主导全球消费市场多年后的新一轮产业革命中，我国或将有机会掌握消费的主导权。

这份榜单中，我国有15家人工智能公司入围这份全球榜单，比美国仅少了5家，云计算领域也已经出现阿里云和华为云。在这轮新兴技术话语权争夺中，中、美两国的差距也正在缩小。

当技术应用到达一定的程度时，进行技术的突破是必然的选择。我国的独角兽虽然大都身处消费服务端，但快速积累的大数据为人工智能和云计算的开拓提供了大量的原材料和弹药。它们所积累起来的财富，也正以投资的方式，构建产业科技平台，算是"曲线救国"式地推动了科技的发展。

资本在风口寻猪

双创时代，身在其中的企业成败，大多与资本有关。

《2015中国PE/VC行业白皮书》显示，2015年，共有1 314只私募股权基金完成募集，比2014年增长了141%；募集金额达到1 177亿美元，比2014年全年增长46%。无论在数量还是规模上都创下历史新高。这些基金共投出2 123个项目，投资规模达到821亿美元，较2014年分别增长29%和52%，连续三年增长。投资重点也明显从pre-IPO[①]向项目的早期、发展期转移。

这个时代，众多风口集结在一起，很多"猪"都飞上了天，资本以天然的

---

① pre-IPO，是指风投基金投资于企业上市之前或预期企业可近期上市时，其退出方式一般为企业上市后，从公开资本市场出售股票退出。

逐利和敏锐的嗅觉，开始在"风口寻猪"，甚至不惜重金，使尽浑身解数、套交情拉关系，在"风口抢猪"。

在中关村喝23块钱的咖啡，谈上亿的项目，只要创业者能说出个刚需、痛点、移动互联浪潮趋势，投资人就恨不得当场转账。

这是关于"风口寻猪"的真实素描。资本的力量，不但推动了"双创"的孵化，更是以近乎操控性的力量，改变了很多企业的成长轨迹，甚至行业的兴衰和走向。它们大多都没有挺过黎明前的黑暗，极少数光鲜亮丽站到了最后。无论是哪一种，资本都加速了这一进程。

在眼见的这些年，滴滴无疑是后者。

在共享出行的风口上，滴滴不但被"吹"了起来，更幸运的是遇见了资本，而且还是主动送上门来的资本。

滴滴的初始资金少得可怜，只有天使投资人王刚的60万元和程维自己的10万元。70万元，不到半年就用光了，正在焦虑之时，金沙江创投朱啸虎，通过微博私信联系上程维，说要给他投资。

坊间传闻，对于这位不请自来的"金主"，程维担心是骗子，一开始并没有给好脸色，让人坐冷板凳等了30分钟。见面后，两人只聊了半小时，朱啸虎就拍板，"行行行，你说的都可以，我给你投了"。

300万美元到账，滴滴完成A轮融资，正式起航。后来腾讯、淡马锡、阿里、中国平安等金主们推动着滴滴完成了从B到F轮的融资，眼见着24个英文字母都不够标记滴滴融资步伐的节奏，各类基金和银行们干脆以"战略投资"，来参与到这个超级独角兽的成长中。

已经拿下优步（Uber）的柳青，代表高盛和滴滴进行投资谈判，三次尝试入股，都失败了。没有啃动滴滴这块骨头，她干脆自己加入了滴滴。

滴滴成立的六年时间内，总共完成了17轮融资，涉及三十几个投资机构及个人，融资额总计超过240多亿美元，这使滴滴成为世界范围内融资轮数最多的未上市科技公司。在2012年就下注的天使投资人王刚获得了高达万倍的收益，这是风投的魔力。

能担当"当初慧眼识英雄"这一称号的，还有获得同样高收益的朱啸虎。

滴滴之前，他刚刚完成了对外卖平台饿了么的A轮投资，又经此一役，朱啸虎以毒辣的眼光陆续投资了小红书、映客直播和ofo，抓住了每一个风口的"肥猪"。被朱啸虎投过的新创企业，仿佛有了一个金字招牌，跟风的投资者越来越多。朱啸虎也成了一个有自造风口能力的投资人，一个募资品牌。

在跟风中，创投这个事情形成了很强的马太效应，对于一个被知名投资人镀金的"飞猪"，其他投资人通常都排着队给钱，更确切地说是一起把"猪"快速催大，然后卖钱。

如果说滴滴在众资本的协助下，一飞冲天。那么资本之于ofo小黄车，有了"捧杀"的意味，只是还没等把"猪"养大杀了卖钱，ofo就已黯然离场。很多人都说，ofo硬生生地将一把好牌打烂了。

共享单车作为我国本土培育出来的新物种，受到了各路资本的热捧。这并非是资本对新奇事物的头脑发热。简单分析一下，每辆车有99元～199元的押金，加上源源不断的骑行费用，会带来的巨额现金流，以及链接到每一个消费个体的大数据和遍布大街小巷的车身广告，这些于资本都是亮眼的诱惑。

作为最早出现的品牌，ofo和摩拜，融资的消息接连不断。有时一天能公布两轮融资，场面之壮观，在中国商业史上前所未见。

资本争先恐后地入局。在一定程度上，这仿佛成了一场事关地位、事关荣誉的战局。当一众资本都排着队等着"送钱"时，能送进去，就说明你的地位被认可，而送不进去，你可能不是一流的。投资圈被明显地划分成了三六九等。

短短两年，ofo和摩拜几乎以相同的步伐，完成了七轮融资，身后的投资人合计在一起达到20多家，个顶个儿地都是资本中的高手。有了疯狂的花不完的钱，它们在以不可复制的速度长大。甚至有投资人跟戴威说"跑到市场第一，这是你唯一的目标，钱的事你不用管"。于是，他们不断向"漂亮的数据"冲刺，各自手段用尽。

在巨大的光环和资本的裹挟中，显然ofo有点飘了。

ofo的内部管理并没有跟上火起来的步伐，在采购、运维等环节一度混乱，甚至出现严重的腐败问题。管理层变得对金钱没有概念，做活动不计成本、发快递只用顺丰、前台都要通过猎头招聘、斥资千万签约明星。为了取悦资本，为了吸引更多资本，ofo还与数据公司合作，只披露对公司有利的数据。等到潮水退去，人们才发现，ofo已经裸泳了好久。

走出了校门的ofo，在城市空间中，与摩拜展开了硬碰硬的争夺，大量投放小黄车。快速扩张的步伐下，ofo放弃了车辆本身的质量。管理和经营上的豪放和铺张，显然没有延续到单车硬件上。

"10辆ofo 9辆坏，还有1辆骑不快"。ofo小黄车投入得越多，被淘汰的也就越多，于是又需要更多的投入。恶性循环之下，被弃置的小黄车堆积成了一个个庞大的"坟场"。

此时，一辆摩拜的单车成本超过2000元，而ofo的成本不过200元~400元，两者相差近10倍。这不但让摩拜在后期的运营维护成本大大降低，更积累出一块质量尚佳的优质资产。这是面对美团的收购，胡玮炜套现15亿元优雅离场的底气。

在对市场的争夺和占领中，除了ofo与摩拜两大头部不计成本地投入，彩虹家族的后来者们也不甘示弱。满大街乌泱乌泱的各色单车，到处都是令人触目惊心的单车坟场。像多年前的电商价格大战、团购大战、网约车一样，共享单车们在不断烧钱中，冲向悬崖的边缘，谁都不知道什么时候结束，谁也不会主动停下来。

很多人开始感觉到不安。朱啸虎提出了ofo与摩拜合并的建议。但合并后，戴威的控制权将被稀释，野心勃勃的戴威不甘心为他人做嫁衣，动用了自己的一票否决权，还喊出了"请资本尊重创业者"的口号。

朱啸虎一边痛斥着"年轻创业者太不懂事"，一边果断地套现，成了ofo众多投资者中为数不多的赚钱的主儿，而且还赚得盆丰钵满。这不仅是运气，也是风投的智慧。

ofo的结局，至少有1 000万人会关心，因为他们的押金还没退。在法院的裁定书上，人们能明确地看到，公司一毛钱都没有了。这上百亿元的押金，以及难以估计的供应商欠款，都成了整个社会为共享单车这个新物种的发展交的赞助费。

"眼看他起高楼，眼看他宴宾客，眼看他楼塌了。"

很多人用这句话形容ofo小黄车仅有4年的生命周期。摩拜也在世独立存活了相同的岁月。资本催生下的创业者，面对一样的狂热和机会，能把企业带向何方很多时候取决于人性的选择。然而，当资本也杀红了眼，只看数据和市场地位时，留给创业者的就剩下了"王"或者"亡"。

非王即亡的命运？

2012年6月，程维成立小桔科技，进军网约车市场。摇摇招车作为最早的打车App，已经在北京市场占据了绝对优势，还获得了真格、红杉的资本青睐。与滴滴几乎同一时间，快的也在杭州上线，背后是阿里和经纬的支持。很快，市场上的网约车App多了30多款。

入局之初，滴滴是艰难的。酷爱战争史的程维在投资人眼里有"土狼"之称，程维的生存秘诀之一就是：快！

程维给自己设立了一个目标——"用两个月的时间上线滴滴软件"。他花了不到10万元将产品外包给了一位中专老师和几个学生，做出了一个仅能展示和50%的概率可以"响"的产品。

深受马化腾的"小步快跑、试错迭代"的互联网产品创新精神的指引，滴滴匆匆上线。"产品做到70%就上线"，这是程维总结出的经验，这样既能赶时间，也能不让产品出现大的缺陷，剩下的问题，可以边跑边迭代优化。这或许正为几年之后出现的"顺风车女乘客遇害事件"埋下了安全的隐患。

在几乎所有互联网新业态的发展中，快速抢占足够多的市场，是每一个参与其中的企业的信条。

人们都熟悉的故事是，滴滴拜访了上百家出租车公司，全部被拒绝。最后终于有一家只有几十人规模的小公司愿意试试。在北京西站、北京站等车辆聚集地，程维带领着团队众人手把手教老司机下载软件，使用App揽活。甚至程维专门安排员工去打车，以提高这个新生事物在老司机心中的可信度。

这样的市场开拓是笨拙艰辛的，也是富有成效的。愿意下载滴滴App的司机越来越多。很快，滴滴就跑到了头部位置。作为腾讯布局移动支付的马前卒，滴滴打车与阿里选中的"幸运儿"快的打车之间必将有一场殊死之战。

同样级别的互联网巨头做靠山，同样的商业模式，相差无几的技术，微信和支付宝难分高下的体验，滴滴和快的之间已经没有太多可以回旋的余地，只剩下近身肉搏。而当它们选择"烧钱"的时候，市场上其他App的战斗力显然不在同一个数量级，大都只能退避三舍，偃旗息鼓。滴滴和快的之间的决斗很快成了双寡头战役，这是一场能够载入中国商业史册的补贴大战。

2014年1月，随着C轮融资1亿美金到位，滴滴开始给乘客发放红包。1月10日，滴滴宣布使用微信支付，乘客车费立减10元。10天后，连接着支付宝的快的跟进，"乘客车费返现10元，司机再奖励10元"。2月7日，补贴大战再升级，滴滴实施"乘客返现12至20元"的政策，快的立马将乘客返现提升为13元。并喊出：补贴永远比同行多1元。

双方补完乘客补司机，快的给每天接单超过4单的司机，补贴15元。滴滴则对每天接单超过16单的司机，奖励22元，除此还对司机发放66元、88元、118元的高额惊喜奖励，号称要出1亿元补贴司机。

有那么一段时间，乘客几乎零成本打车，司机们也乐见其成，哪家给的补贴多，就用哪家的App接单。有些老司机还通过"刷单"获得了不小的收益，因此有了行业内的"黑话"：打车软件上有图钉状的指针，司机们就会把接单说成"扎针"，需要刷单就会在群里发出消息："有护士吗？求打针！"

双方打得最激烈的时候，滴滴找腾讯要800万元预算做推广。腾讯觉得太少，给了1 500万元，作为三周的预算。结果上线半天就没了。

这场"烧钱"之战持续了将近四个月。金钱就像纸片般飞舞在"网约车"的上空。

事后有人统计，双方这次烧了24亿元，其中滴滴烧了14亿元，快的烧了10亿元。2014年5月底，两家打车平台已经占据了网约车领域98%以上的份额，其中滴滴占据68%，快的占据30%，双寡头正式形成。

但滴滴和快的的战役远没有结束。在2014年的下半年，双方又开展了融资速度的争夺战和一场针对"专车"市场的补贴。这又是一场你死我活的战争，谁都不敢后退一步，谁都不甘心前功尽弃，烧钱似乎陷入了一个无底洞。直到马云发微博抱怨，打车软件让自己的家人打不上车，滴滴就坡下驴，双方就此休战。

2015年2月14日，滴滴和快的联合发布声明，宣布实现战略合并。合并后的新公司总裁柳青将其解释为"情人节项目"。随后，Uber进入中国，一番角逐下，滴滴与Uber中国合并。此时，滴滴成为中国最大的网约车平台，这项合并还受到了国家市场监管总局的反垄断调查。但调查的结果没能够阻止滴滴踏上成"王"的道路。几年之后，美团进入网约车市场，那又是一场"谁是王者"的较量。

与滴滴一同诞生的30多家网约车App，很多已进入死亡名单，幸存者也都选择了差异化的领域。滴滴的成长详尽地向人们讲述了一个初创企业是如何在资本的催生下快速成王的故事。这个故事告诉我们一个道理：只有成王，才能走到最后。

资本对于企业宿命的左右，不仅是对新创企业，已经叱咤商场多年的小巨头，其走向也难逃资本的安排。

2015年，资本市场跌宕起伏，上半年还是高歌猛进的杠杆牛市，下半年就是暴风骤雨般的股市急跌。随后，IPO关了闸门，人民币出现贬值，热钱开始急剧收缩。上半年还风头无限的创业公司面临着估值下降、无钱可烧的可怕局面，已经小有所成的创业明星们也开始抱团取暖。58与赶集、美团与大众点评、携程与去哪儿、世纪佳缘和百合网，纷纷牵手，上演了一场集体婚礼，合并成吃喝玩乐行的四大家族。

这是我们再熟悉不过的故事。过去这些年，每隔一段时间，互联网相关行业就会发生集体的"合并同类项"。从团购外卖领域的百团大战到"新美大"的长成；从数以百计的视频网站到优酷、爱奇艺和腾讯视频三分天下的格局；出行领域，滴滴相继与快的、Uber合并，形成市场垄断。难以计量的众多新创企业成了很快被市场遗忘的"分母"，走向企业成长的终点；留下来的企业在市场上渐渐呈现出王者之势。

这比任何一个时代，任何一个产业发生得都要频繁，都要粗暴。这是资本退出的需要，也是业绩报表的需要，更多时候是活下来的驱使。合则两利，分则两败，互联网业态中战火纷飞，也充满着妥协和共赢。

很多新创企业在通往成"王"的征途中，往往难逃不是阿里就是腾讯的命运。或是选择依靠，或是直接卖掉，只是形式不同。

互联网巨头的能量体系具有强大的虹吸效应，创业者们很难不和巨头"沾亲带故"，投资机构的退出，也是难得的好机会。很多时候，投资人也会在"恰当"的时机督促创业者投入BAT的怀抱。2010年，新生业态的星星之火燃起。之后的八年间，红杉中国与腾讯合投高达38次，阿里巴巴与红杉合投14次，百度与红杉合投11次，越来越多的投资机构为BAT挑选创业公司，或者为BAT喂食创业项目。

面对这样的现实，有一篇文章火了，即《互联网圈越来越无趣了，人人都怀念周鸿祎》。这位著名的自媒体人方浩感叹"你当年脚踢百度、拳打腾讯、鄙视阿里、顺手搅一搅雷军的局，反抗压迫的革命理想也是广大吃瓜群众的心声"。

大者恒大的"阴影"里，众多小企业注定命途多舛。

然而，这背后的原因除了大浪淘金中，泥沙俱下的无奈，大都逃不开"ofo 式"的癫狂。

2015 年，早早辍学的 17 岁姑娘王凯歆，成了"风口少女"，其创办的神奇百货上线。这款购物 App，主打年轻人市场，以炫酷时尚著称。王凯歆先是拿到了深圳创新谷投资人朱波的 230 万元天使投资。后又在 2016 年 1 月，拿下由经纬中国领投的 A 轮融资，获得 2 000 万元。这个具有神奇名字的 App 快速火爆。但仅半年时间，2 000 万元就烧光了，神奇百货停止售货。

自称"鬼才少女"的王凯歆反思公司的运转状况：盲目扩张，大幅增员，大量使用猎头招聘所谓的行业"大牛"、顶尖技术人才，在毫无供应链经验的情况下，大量引进供应商。

太快了，神奇百货仅仅存活了一年。王凯歆也成了众多如流星般的创业者的缩影。

2015 年，共有 846 家企业获得了 A 轮融资。随后很多跑路、倒闭的消息频繁传来，有些甚至比神奇百货还快，还癫狂。创业公司死亡是企业界司空见惯的事，只是 2015 年前后的几年间，来得特别密集、特别显眼。

非王即亡，似乎成了创业者的宿命。

但仍旧有那么一类企业，在一众"网红企业"争王的时候，它们步步为营，从商业本身的盈利能力、竞争壁垒构建出发，悄悄地、扎实地成长起来。等"争王者""消亡者"一众资本回过头来时，它们已经不容忽视。

作为共享单车行业的后来者，摩拜和 ofo 在一线城市打得火热的时候，哈啰单车悄悄地在三、四线城市上线了，开始了"农村包围城市"的逆袭之旅。

哈啰选择了一条并不好走，却可以健康长久的路。那就是大部分共享单车企业，都把运营维护做了外包的时候，哈啰坚持自主运维，向"运维"要效率、要黏性，用较低的成本让每一辆单车都"好骑"，实现了骑行本身的盈利。后来，哈啰直接摒弃了资金池模式，以"釜底抽薪"的姿态，借助支付宝的芝麻信用体系，实施免押金策略，一举抢占下市场第一的宝座。

2013年，刘涛从华为离开创办了住宅公园，这是一家帮助农村建别墅的平台。农村建房市场，图纸设计、原材料、建筑、装修等各个环节都是匮乏的、脱节的。住宅公园集结了相关力量，开始为客户提供一站式建房服务。

留学法国多年的刘涛，将浪漫这个事情放到了农村建筑上，带着住宅公园设计出2 000多套精美的别墅图，免费提供给那些梦想田园风光和落叶归根的人。短短几年，住宅公园在公众号、今日头条和抖音等新媒体平台，获得了2 000多万粉丝。同时，刘涛在全国各地招募施工队伍，吸引原材料供应商、装修企业入驻平台。一个包含200多家施工队伍及农村住房产业链各个环节供应商的网络平台体系很快形成。

始终未与资本联姻的住宅公园过了不少苦日子，但也很快跑通了"以免费设计作为流量入口，在其他环节获得收益的"闭环，并实现了盈利。30万元左右造价的一套别墅正在农村流行起来。

大潮涌起时，泡沫在所难免，也正是这些泡沫渲染了无数创业者的悲壮与伟大。大潮退去，滴滴、美团、今日头条等一大批独角兽企业成长了起来，成为BAT之后的新生力量。哈啰、住宅公园也以回归商业本质、稳扎稳打的力量小有所成。以它们为代表的新一代创业企业、创业者，创造了"双创时代"，成就了我国第四批创业者的集体骄傲。

第四代创业者的梦想

新中国发展的历史进程中，先后有几次集中的创业浪潮，人们通常对创业者以代际划分。在每一次创业潮中，时代都赋予了他们独特的气质和理想。

1978年以后的十余年时间里，我国生育高峰人口进入就业期，同时还有返城知青的庞大队伍，此时国有经济的体制难以解决如此多人口的就业。第一代创业者就这么被动地开始闯荡江湖。他们不一定受过高等教育，但他们勤劳、能吃苦、胆子大，在围绕着人们基本生活需要的各个领域，打下了一片天地。

个体户数量大爆发，也出现了年广久这样突破了时代框架的人物。

自 1992 年邓小平视察南方发表讲话之后，市场经济迎来大发展，国际先进技术、理念的涌入，诱惑着一批激情青年，脱离僵化的机制，到市场中寻找机会，"92 派下海"成为第二代创业者的注脚。这批来自政府机构、科研院所的知识分子，有着体制内的阅历，更有通达的见识，他们所创办的企业已经从生活消费走向支撑中国经济发展的各个领域，有着极强的"知不足而后进"的精神。中央党校高材生冯仑创办了万通房地产；陈东升从国务院发展研究中心离开，创办了泰康人寿；朱新礼放弃了副县长一路向上的仕途，创办汇源果汁。他们的选择和成功，在一定程度上改变了后来读书人"学而优则仕"的固有选择。

2000 年前后，互联网在世界范围内兴起，在中国也已萌芽。一群在网上冲浪的先行者仿照国外的产品模式，创立了更加适应本土的企业。马化腾仿照 OICQ，做出了 QQ，创立了腾讯；李彦宏模仿谷歌，创立了百度；张朝阳、丁磊模仿雅虎，成立了搜狐和网易。他们后来都成为大哥式的人物，也是第三代创业者的代表。他们都是技术出身，有敏锐的嗅觉，也有本土化的愿望和能力，于后来者而言，极具光环效应。

2015 年，"大众创业、万众创新"背景下的创业者已经走到了第四代。相比于前三代的前辈们，这一代的创业者生逢其时，技术、政策、资本和宏观经济等几乎所有的外部力量都是极其给力的。大学生，科研人员，小镇青年，离开巨头、离开体制寻觅机会的人们，构成了更加广泛群体的创业人群。他们身上有着难以掩饰的创新精神和远大抱负，所创造出的一个个小平台，都承载着他们改变世界的梦想。

也因此，第四代创业者更加狂热。"引领""全球""颠覆"，类似这样的词汇，十分流行于"双创时代"。

这一代创业者也确实有机会、有能力、有勇气，在全球的大格局下去施展拳脚。

他们所面临的"云大智物移"等新一代信息技术的开发，已经与国际先进水平几乎同步，他们所处的中国经济社会正在谋求转型，需要新的动力去引领、革新。他们生长在互联网飞速发展的年代，更加理解互联网的技术和精神，熟悉如何借用高科技手段、如何有效利用信息工具创造出改变世界的服务和产品。

他们所处的社会氛围更加包容，家庭和工作环境能够给予他们更多的熏陶。张一鸣的童年，所听到父母聊的话题多是谁搞出了某项技术，谁又做出了某个产品。记者出身的胡玮炜在科技和交通口行走了十多年，所积攒的能量和见识远非外行能比。投资人的聚会上人很多，李斌提出共享单车的概念，只有胡玮炜抓住了。各自的人生阅历下，他们的梦想，变得更加具象，也特别深刻。

更重要的是，经过改革开放四十年的发展，这一代的创业者在父辈的积累下，不会为了简单的生存用尽全身力气去奋斗，他们可以更多遵从自己的想法。

于是，他们都怀揣着改变世界的梦想，在 2015 年前后启航。

张一鸣要将今日头条做成全球的创作与交流平台，余建军的愿望是使喜马拉雅成为全球最大的音频分享平台。2017 年，滴滴服务 73 亿用户，日订单超 3 000 万，这个数字代表滴滴已经超过中国铁路总公司，变成了中国乃至全球最大的交通运输网络。

如今，当我们追溯"大众创业、万众创新"的历史高光时刻，第四代创业者集体登上了舞台。但创新创业活动并未戛然而止，此后仍有许许多多的创新创业者前赴后继，成功仍在延续。

2015 年，依旧只是中国创业的青春，在这里画了个叹号，而已！

> 第四篇 <

融合　新市场

(2016—2018)

2016年之后，新老业态逐渐开始放弃争斗，转而携手一起，融合探索出新市场。

传统门店不再一无是处，而成为集结众多功能的终端力量，它们和电商平台走到一起，探索出线上线下相融合的新零售，又在直播和网红的带动下，蹚出一拨零售和营销的新思路。互联网巨头进军娱乐产业，以高质量的网综和网剧，反哺着传统电视，也像一条鲇鱼一样，将文化娱乐产业搅出了新的繁荣和浮躁。工、农、中、建四大国有银行在一个夏天和BATJ四大互联网公司举行了一场集体婚礼，各自探索着金融科技的范式。

随着我国迈向全球第一消费大市场，消费服务空间日渐饱和，生产端的服务已经崛起，遍布各地、体系健全的众多小微制造企业，在服务平台的赋能中，以S2b2X的方式重获生机。在供应链思维的普及和新一代信息技术广泛应用中，B端服务可期，那是更加庞大的市场，制造业和服务业也将难分彼此，并携手支撑起中国经济的高质量发展。

与此同时，政策逐步为新生事物做出了合法性安排，也步入了强监管节奏。人们在受挫中开始反思服务业快速增长的浮躁和困顿及创新中的法律边界和道德底线，并将逐渐回归到真实和价值本身。随着技术更加普及和进步，资本更加理性，服务业态终会走向成熟。

服务业开始撑起了中国经济的半壁江山。2016年，服务业占GDP比重达到了51.6%，对GDP增长的贡献率为58.2%，俨然成为第一大产业。服务经济时代的真正到来和服务业企业的健康长大，还将依赖新旧两种业态相互竞争和融合过程所迸发的力量，依赖于回归服务本身，并为客户创造价值。

2016 娱乐时代的繁荣和浮躁

2016年，人们对娱乐的关注、对八卦的兴奋达到了一个新的高度，文化娱乐产业前所未有地繁荣多样。

这一年，电影票房到了历史上的新高。人们开始畅想超越欧美，成为全球第一。游戏被鼓励大力发展，电竞有了职业运动员，还获得了世界冠军。网综网剧，都在资本的加持下，实现着对传统电视台的反哺。从《奇葩说》到《明日之子》，网综"遍地开花"，捧红了很多素人。从《鬼吹灯》到《白夜追凶》，人们看到网剧也有了电影级的制作水平。

这一年，什么都可以直播，每个人都可以尽情创作。生产者、传播者和消费者不再有明确的界限，UGC和PGC作品大密度出现，各有天地。papi酱的广告首秀拍出了2 200万元的高价，这让整个短视频行业沸腾了整个夏天。二次元的世界一片"喜气"，成人动漫也创造出了票房10亿元的神话。从私信到弹幕，从围观到打榜，我们参与娱乐的形式，各种新鲜。

"我们将毁于我们热爱的东西。"尼尔·波兹曼在《娱乐至死》中道出了清醒者的心声。IP[①]衍生下，文学、动漫、影视、音乐、综艺等彼此变现、彼此成就的泛娱乐生态正在形成，携流量而来的网络小说和明星片酬都达到了天价，优质源头被洗劫一空，有限的成本被大肆占用，粗制滥造成为一种无奈。影视剧进度条被陡然推进，我们也从飞速切换的画面上，看到了焦虑急

[①] Intellectual Property 的缩写，原本是一个法律词汇，通常被译为知识产权。但在2016年前后，这个概念被赋予了非常神奇的内涵，从文学作品、游戏、动漫，到历史文化、创意，再到网红、流量明星等一切可以把知名度转化为可消费内容的要素，都可被称为IP。

迫和某种迎合。

大厂们以互联网思维进军娱乐产业，改变着整个行业的发展，就像一条鲇鱼，搅动着传统娱乐的不温不火，带给行业发展更多的可能性、更多的刺激。然而，无论是阿里的大文娱还是腾讯的泛娱乐，都迟迟没能盈利。背后的原因，除了巨头们打造流量入口，抢占未来消费趋势，进行产业布局之外，还有目前大文娱行业本身的畸形和非常态。

无论如何，对服务业发展的贡献，对人们精神世界的慰藉，对商业模式的创造，文化娱乐行业都发挥了重要作用，是正在崛起的一股新势力。经历浮躁和野蛮，调整和回归，天价的IP、片酬和版权，注水的影视内容，资本培育用户的玩法终将过去，内容和价值本身成为常态。懂观众、懂内容的班底，比懂资本、懂流量的码盘式片方更容易获得市场的优待。

娱乐至死的表达方式

时隔三十年，尼尔·波兹曼于1985年出版的《娱乐至死》再次火了起来。这本书是在20世纪后半叶，当印刷术步入没落，电视蒸蒸日上时，作者对美国文化的重大变化进行的探究和哀悼："一切都将以娱乐的方式呈现，严肃的宗教和政治也都要变得喜闻乐见。电视这一新的媒介，正成为一种隐喻，即以隐蔽却强大的暗示力量来重新定义现实世界。它不是通过杀戮，而是通过娱乐的方式毁灭我们的大脑，人类心甘情愿成为娱乐的附庸，最终成为娱乐至死的物种。"

看似危言耸听式的胡言乱语，却在当今的互联网时代被又一次验证着，《娱乐至死》中的很多观点都成为今天流行的表述。互联网和电视并无本质的不同，都是在富于思考的和富于智慧的"阐释年代"逐渐退去后，流于表象的、碎片化的新时代成为主导，这个时代就是"娱乐业时代"。于中国而言，网络和电视并未出现很长时间的错位，更何况三网融合中，电视、电脑和手机的内容表达早已融为一体。2016年，娱乐成为一切表达的基础和本质。它令人愉悦，也让人浮躁，但不管怎样，都促进着文化娱乐产业的发展。

在这个时代，严肃性好像失去了市场，娱乐成了一种流行的表达方式。

一切都可以被用来"玩"，任何素材都可以被用来改成好玩的内容，各式各样的UGC作品大密度出现。聚集了无数动漫爱好者和各路大神的哔哩哔哩（又称"B站"），用户自制内容甚至比PGC专业者生产的内容更加热门，看弹幕有时比看视频更加让人开心。这家"小众文化"视频网站的崛起，让二次元不再是一个陌生的名词，人们也很少再给它加上"非主流"的定语。在弹幕上交流剧情，也逐渐变成了大量视频网站的标配。弹幕让视频内容承载了社交和二次创作的功能，成为一种流行文化。

相比于用户自嗨型的UGC，依靠专业团队和专业流程完成的PGC是文化领域的另一块热土。此时的市场上，已经存在着暴走漫画、飞碟说、何仙姑夫等知名优质PGC专业内容的生产者，他们或是依靠广告植入、定制内容，或是与平台的广告分成，各自实现变现。之后以papi酱、罗辑思维和李子柒为代表的各具特色的PGC们崛起，更加丰富了娱乐这场盛宴。

这一年，以美颜和搞怪为主要功能的拍摄软件公司美图，聚集着亿级用户在香港主板挂牌上市，成为港交所当时仅次于腾讯的第二大互联网公司。美图还进军硬件，发布了美图手机，深得姑娘们的欢心。美图公司们的崛起，让滤镜、修图成为照片和视频的常态，此后你很难看到一个女性的真实容颜。

后来人们将2016年定义为直播元年。一年的时间，这个行业诞生了超过千余家直播平台，收割了超过3.5亿的用户。从直播吃饭、直播化妆、直播睡觉、直播唱歌，到直播购物、直播教育、直播电竞、直播发布会等各类场景内容不一而足，众多素人变成网红主播，也有很多小众领域的名人获得了更大的关注。比如，前电竞选手刘谋，欢乐活跃的直播画风，为鬼畜界献出无数素材，给创作者无限灵感，吸引粉丝无数。

在直播平台打赏分成的激励下，卖萌或者卖惨、夸张的吃相、无底线的裸露、严重滤镜的脸，为博关注、求打赏，费尽心思。人们对现实中身边的直播网红不屑一顾，但在网络中非常大方。疯狂发展中的直播暴露出不少问题，比如直播骗捐、直播色情，乱象丛生，被封号、被关停，大力度地整顿过后，直播行业也进入一段调整期。最后，直播终究还是走进千家万户，从一个娱乐产品变成人们的一种生活方式。在这背后，我们看到的不单是广大人民的神奇脑洞，还有这个时代的空虚和寂寞。

这一年，网络热词尤为火爆。《自媒体联播》年度特别节目"厉害了WORD2016"盘点出十大网络热词，总结得很精辟：有多少人耗尽"洪荒之力"，依旧达不到"小目标"，"蓝瘦香菇"只能在家"葛优瘫"，又有多少"吃瓜群众"为了成为"网红"，绞尽脑汁，"感觉身体被掏空"，最后发现，想要当个"老司机"，没点"工匠精神"还真不行。此后，每年都会出现一些这样的流行词汇，而这每一个网络热词背后都有一个故事，或者是一份浓郁的情绪，娱乐化成了这些词的表象。

2016年，马东的《奇葩说》已经做到第三季，广告招商达到3亿元，成为现象级综艺节目。"一大拨奇葩分子用奇葩方式传递奇葩观点"，因此取名"奇葩说"。作为一档说话达人秀，仅靠蔡康永、高晓松等名嘴，以及十几位"奇葩"辩手的三寸不烂之舌，便吸引了大批"80后""90后"拥趸。第二季收官时，《奇葩说》的总播放量超过了6亿。

这一年许知远的《十三邀》也在蜻蜓FM上线。作为文化专栏作者，许知远了解尼采的呐喊、王尔德的追求、柏格森的哲学造诣，希望能写一部史上最好的《梁启超传》。他在一年前刚刚开始使用智能手机，在节目中带着太多的偏见预设和"严肃知识分子"的优越感，与这个世界似乎格格不入。

在《十三邀》的访谈，许知远和马东碰撞出了激烈的火花，许知远带着知识分子的矫情无休无止地质疑，马东带着娱乐致死的无知无畏，回答得既"接地气"又不失智慧，引起了广泛的围观、讨论和吐槽。然而这种对话和拧巴，又何尝不是一种娱乐？马东、许知远以及他们背后的节目，都顺势火了起来。被诟病"缺乏与人对话能力"的许知远，后来将《十三邀》做到了第四季。马东的米未传媒仅成立5个月就完成A轮融资，估值人民币20亿。

"娱乐至死"从理论变成现实的过程中，许知远、马东两个中年知识分子，做出了不同却也相同的选择。从微博、微信到直播，从电视、图片到游戏、音乐、视频，媒介和内容极其丰富，沉浸其中的人们，思想和认知也发生了改变。碎片化的阅读，面对面聚餐时各自刷着手机，不借用媒介，没有娱乐化的表达，我们似乎无法了解任何东西，也不愿意了解任何东西。

2016年，我国人均GDP突破8 000美元，衣食住行的物质消费支出占比下降，人们开始更加注重安全、享受、娱乐、求知的精神追求。这一年，我国居民用于文化娱乐的人均消费支出为800元，这意味着文化娱乐产业的消费规模已经超过了1万亿元。

更为重要的是，众多的互联网用户已经从消费者这一单一角色升级为"消费者、生产者和传播者"的集合体。用户与媒介内容之间的关系已经由过去的填鸭式，转向互动式。娱乐主场中的"80后""90后"互联网络原住民，有着更强的创造和交流分享意愿。他们与外界不断交互，甚至形成社群价值。另外，评论、弹幕、私信、投票，互动形式入口在持续多样化，微博、公众号和短视频的发展让创作的门槛持续降低，人人都可以是制造者，人人都可以成为自媒体。

娱乐正在从群众中来，到群众中去。全民娱乐，更确切地说是全民参与娱乐的时代已然到来。

泛娱乐格局渐成

2016年，经历了质疑、调整，以资本和流量赋能的腾讯，提出"'互联网+'是一种信息能源"后不久，着手专注做好连接器和内容产业。拥有8亿用户的微信和QQ已经是国内乃至全球顶级的流量平台，它们将人、资讯和服务连接在一起。内容构建上，文化娱乐成了重点。在这一年的全国"两会"上，马化腾在回答记者提问时说，"腾讯有责任和义务去思考如何将IP泛娱乐化和多角度开发"，并信心满满，"目前在国内最有条件做好的，也就是我们了"。

腾讯的信心源于过去四年的持续布局。

在2012年的互娱年度战略发布会上，腾讯正式提出"泛娱乐战略"，即以IP为核心，整合文学、动漫、游戏、电竞与衍生授权等领域，构筑全新的产业生态。

这个时候，无论是IP还是泛娱乐都不是流行的概念，很多人对IP的认识都还停留在"知识产权"这一原本的定义中。泛娱乐生态更是一个美丽却超前的想法，重工程师文化和产品经理模式的腾讯，成功落地并不容易。

好在此前在《洛克王国》上的牛刀小试，腾讯获得了局部的成功。这是一款腾讯自主开发的儿童游戏。基于这款游戏，腾讯首先出版了儿童绘本《洛克王国·宠物大图鉴》，很快雄踞国内儿童图书排行榜的榜首，而后又拍摄了动画电影《洛克王国！圣龙骑士》，在国庆档放映，取得了3 500万元的票房。

"泛娱乐战略"的大范围落地中，腾讯选择了从动漫入手：一方面与国外的动漫机构合作，引进高质量的作品；另一方面着手培育中国动漫的原创能力和生态体系。根据吴晓波的《腾讯传》记载，2012年至2016年，在腾讯动漫平台上投稿的漫画作者超过5万人，正式签约作家发表的作品超2万部，其中，点击过亿的连载漫画有40余部，几位最受欢迎的漫画作者年收入突破了百万元。这已经是全国最大的动漫平台。

2015年，腾讯用50亿元收购了当时国内最大的网络文学平台盛大文学，组建阅文集团。此时，中国的网络文学已经经历了漫长的培育期，积淀出一批内容上乘的原创作品。更重要的是，这些作品拥有一大批粉丝拥趸，且具备典型的向下游衍生的特征。盛大文学平台上的很多作品，如《甄嬛传》《步步惊心》《裸婚时代》等，都被改编成电视剧，热门一时。口碑极佳的原创小说《琅琊榜》，改编成的电视剧更是引发了全民关注，自播出起就接连霸屏，还成功出口海外。

腾讯左手动漫、右手网络文学，拿下了娱乐产业中的两大IP源头。随后，腾讯影视成立，开发IP资源，游戏、动漫、文学、影视多维度联动。至此，腾讯完成了泛娱乐的生态布局。

2016年，"泛娱乐"早已尽人皆知，并从一家之言上升为整个行业的战略目标。这一年的7月，上海举行了第14届ChinaJoy2016，即中国国际数码互动娱乐展览会。这个由新闻出版总署等十二个政府部门联合指导，展示国内电子娱乐产品发展的活动，经过十余年的发展，已经是全球首屈一指的文化娱乐领域的展会。这一年展会主题是"泛娱乐"，并提出了"游戏新时代，拥抱泛娱乐"的口号。"泛娱乐"如此高规格地出现在官方属性明显的活动上，可见其风向标意义。

各大巨头争相入场，打造属于自己的泛娱乐生态。

两年之前，阿里陆续用重金完成了在文学、音乐、游戏、影业、视频和体育业务上的布局。其中还包含了阿里巴巴历史上的一笔重大收购——45亿美元现金买下优酷。阿里还请来了高晓松和宋柯作为阿里文娱的掌勺人。2016年，阿里宣布正式成立"大文娱板块"，囊括了阿里集团旗下的阿里影业、合一集团、阿里音乐、阿里体育、UC、阿里游戏、阿里文学、数字娱乐事业部。

相比于阿里的眼花缭乱，百度很简洁，也更加百度化。从IP资源百度文学、IP粉丝聚集地——月活3亿的百度贴吧，到视频网站爱奇艺和百度视频，再到线下电影产业方面入股了华策影视和星美，百度的泛娱乐生态也已然成形。

除了BAT，拥有全国最大院线的民营电影制作公司的万达，一路"买买买"的动作在2016年也尤其扎眼，230亿元收购美国传奇影业公司，成就了电影史上中国企业在海外的最大一笔并购；65亿元全资收购美国电视制作公司DCP；80亿元收购欧洲最大连锁影院Odeon & UCI，万达全力进行着全球版图的扩张。加上此前并购的美国第二大院线ACM，以及澳洲第二大院线Hoyts公司，万达的全产业链影视帝国浮出水面。网友笑谈"人类已经无法阻止万达并购的脚步"。

另一家老牌影视行业龙头华谊兄弟也以并购手段，实现了"去电影单一化"，扩张为多元化的业务格局。除了以电影、电视剧、影院为主的传统影视业务，还有新开辟的实景娱乐和以游戏、新媒体、粉丝文化为核心的互联网业务。虽然效果不尽理想，但也算是顺应了泛娱乐化的趋势。

网络平台反哺卫视

互联网大厂入局，推动了网综和网剧等内容的快速发展，并在2016年实现了对传统电视台制作的反哺。此时，平台不仅承担着渠道的功能，还向上延伸至内容制作，在泛娱乐趋势下，探索出了更多的可能性。

在综艺领域，传统公司、王牌制作人不断入局网络平台制作，网综质量大幅提高。2016年，腾讯视频的《明日之子》、爱奇艺的《中国有嘻哈》和优酷的《火星情报局》都成为爆款网综。两年之后，腾讯视频打造的《创造101》成为和2005年湖南卫视推出的《超级女声》一样的现象级节目，受到同等规模的关注。

我国网络综艺的发展中，有一个重要的类型在崛起，那就是偶像养成类。不同于明星跨界、生活真人秀、才艺表演等类型，偶像养成网综强调的是粉丝培养、偶像打造和商业变现的全流程模式。从《偶像练习生》走出来的蔡徐坤、从《创造101》走出来的杨超越都是素人变流量明星的典型，也都成为可变现的优质IP。也因此，网综的发展正式进入高资金投入、高标准制作、多维度回报的阶段。

再看看网剧，《鬼吹灯》《老九门》《九州天空城》《如果蜗牛有爱情》四部视频网站自制大剧，在2016年集体登上一线卫视的平台。网剧的播放量也第一次达到百亿量级，可以与一般电视剧的网播量一较高下。第二年，以《军师联盟》《白夜追凶》为代表的超级剧集横空出世，视频网站的广告收入和会员数量都因此获得大幅增长。

这些都给"爱优腾"三巨头注入了强心剂，自制剧和版权剧并重，成为行业未来竞争的重点。2018年，爱奇艺的自制剧达到40部，首次超越了版权剧数量。优酷、腾讯的自制剧数量也分别达到19部和26部，逐年稳步提升。

从普通网剧到超级网剧，背后是优质的IP故事、电影级制作标准的支持。网剧在反哺电视之后，也成了角逐的重点。

也是在这一年，由贾跃亭妻子甘薇监制的《太子妃升职记》异军突起，没有明星参与、小成本制造、无法用传统类型来定义的新题材也开启了网剧的另一种类型。它们是分分钟将新人送上热门的造星工厂，更成了年轻影视从业者的追梦试验田。

2016年，网生内容的火爆正是要归功于BAT的泛娱乐布局。互联网的链接和渗透中，文学、动漫、影视、音乐、综艺等都将不再孤立发展，而是围绕一个IP，跨界连接和融通共生，它们彼此变现，彼此成就，彼此承担"放大镜"的功能。

仙侠剧《花千骨》可以说是从网络小说进入泛娱乐领域的成功标杆，同名电视剧稳居周播收视率第一名的宝座，这给独家制作发行的慈文传媒集团带来了超过4亿元的利润，还实现了图书出版、电影和游戏的联动。另一个开拓了网生反哺卫视先河的《老九门》，改编自大神作者南派三叔的小说，手握版权的爱奇艺获得了超3亿元的总招商，点击播放量突破100亿大关，同名游戏和漫画也同时联动而出。

强大的示范效应下，激起了业内对原创文学IP的改编热潮。当时投资人、制片导演等参与者一度盲目信奉，"只要这个剧是由大IP改编的，就已经成功了一半"。

这样的逻辑生态下，催生了网络小说版权价格的飙涨，热钱大肆涌入，天价版权屡屡出现，更有网络小说还未写完就被"抢购"的情况。

2013年，被称为华语世界最棒的小说《鬼吹灯》，可以说是改编市场中的经典大IP元，只卖了300万元。到了2016年，与之同等级的IP价格最低也要五六千万元。但即使这样，入场者仍趋之若鹜。

实际上，很多优质大IP是网络文学行业积淀了多年的硕果，但在金钱的诱惑下，IP资源几乎到了被"掠夺性"开发的地步，精品难出，这在随后几年得到了验证。

IP出圈成网红

除了文学IP，这一年还有两个大IP引起了人们的关注。

六百多年历史的故宫"出圈"了，成了文创产业的头号大IP。两年前，一组名为"雍正：感觉自己萌萌哒"的动态照片蹿红网络。高冷的皇帝一下子有趣起来，成了从故宫走出来的第一个IP，一批文创产品随即产生。2016年，"穿越故宫来看你"的H5在朋友圈中刷屏，彻底拉开了故宫IP跨界的序幕，卡地亚、kindle、QQ音乐、小米、百雀羚等一众大牌，争先恐后地向故宫抛出合作的橄榄枝。

自此，一个历史悠久但又活力迸发的新故宫带火了一批网红爆款，从背包、胶带，到口红、月饼，不一而足。2016年，故宫文创产品接近1万种，销售额达到了10亿元。这背后是中国文化的力量。

2016年6月16日，上海迪士尼乐园正式开业，这是全世界第6家迪士尼乐园。迪士尼创造了很多经典人物，从动漫、影视、周边产品再到实景展示的乐园，广受欢迎。很大程度上，迪士尼就是一个IP创意和文化产品衍生公司，也因此成为很多泛娱乐公司对标的典范。2016年，迪士尼乐园在上海的落地，契合了此时中国的IP热潮。

2016年，时长5分钟之内的短视频也成为互联网发展中的风口。

这一年，字节跳动的抖音和火山短视频相继上线，西瓜视频的前身也从今日头条中独立出来。三个App同属一个公司，但各有侧重。抖音富含音乐和创意，火山侧重扶持UGC们记录生活，西瓜以短视频PGC为主，它们通过内部资源共享、相互导流，来建筑竞争壁垒。借助这样的神操作，张一鸣正将中国社会的表达方式从图文带向短视频，推动着优质内容的衡量标尺从10万+，到100万仅是门槛。

此时，记录和分享生活的短视频平台"快手"，以女性受众为主的潮流短视频社区"美拍"，均已经上线两年。秒拍作为新浪微博官方短视频，早已成为新浪微博移动端的内置应用。专注于年轻人生活的梨视频在2016年成立，35岁以下的用户占比超过80%，依托于其成熟的拍客网络生态，很快在行业红海中脱颖而出。

未来在短视频行业争奇斗艳的玩家，2016年均已经完成入场。一年之后，快手的月活用户数量超过2亿，抖音也进入1亿的时代。日后，两家在腾讯和字节跳动的加持下，展开了更为直接和激烈的竞争。

短视频的风靡，培养出诸多网红。相比于之前，网红的猎奇和博出位，这个时代的网红更加专业，具备更强的衍生性，更加适合成为IP。

"集美貌和才华为一身"的papi酱，用夸张逗趣的表情动作，用变声器处理过的声音以及极快的语速，将娱乐圈以及普通人生活中会出现的种种现象进行喜剧式的还原，4个月粉丝突破1 000万，很快拿下了"短视频第一网红"的称号。

她们成为各大内容平台争夺的优秀资源，嗅觉灵敏的资本开始"抢网红"。

2016年3月，papi酱拿到了罗辑思维和真格基金等机构1 200万元的投资。据说此时papi酱的估值达到1个亿以上。1个月后，他们为papi酱举办了一场号称"中国新媒体第一次"的广告拍卖会，拍卖的是papi酱的广告"处女秀"。这场拍卖会据说席位仅限100个，门票的价格高达8 000元。最终，天猫卖家丽人丽妆以2 200万元的价格拍下。这个价格足以让整个短视频领域的网红们为之兴奋。4个月之后，papi酱进行了首次直播，花椒、优酷等8个平台同时

| 破 | 局 |

在线，观看量达到 2 000 万。

在 papi 酱们强烈的光环刺激下，有创作能力的 PGC 们纷纷加入各大短视频平台，参与创业者支持计划，试图出圈，成为 IP。

相比于其他产业的大佬，文娱产业的文化名人、娱乐明星或者网红，往往优先于组织存在，很多时候这些个体本身就是其组织倾力打造的产品，此前的安排筹划或者此后的衍生附着都依托于这些个体的存在。此时短视频领域的网红和偶像养成综艺中的明星们天然携带着大流量，经过市场的检验然后脱颖而出，与改编成影视作品的文学 IP 所携带的上乘内容和庞大的粉丝拥趸的特征相比较，别无二致。

2016 年，IP 俨然成为影视界最炙手可热的词汇，后来人们将这一年称为 IP 元年。

贴心的"拧干"服务

2016 年前后，"倍速播放"流行起来，人们似乎都在忙着追赶这个快餐时代。

此时，1.25 倍速、1.5 倍速甚至 2 倍速播放，是所有主流视频网站的标配，并能够做到普通带宽下不卡顿、声画一致的水准。还有"跳过片头片尾""只看 TA""进度条上提示关键情节""5 分钟看完一部剧"等差异化服务。

这一度惊动了《人民日报》等央媒出来进行舆论引导——"别让倍速播放成为常态"。在抨击影视剧质量问题的同时，也表达了人们可能因此丧失对美的感知能力的担忧。但事实上，这也是观众们对不断注水的影视剧，选择"拧干"而已。观众们用"快进"反抗，这又何尝不是影视剧制作方对明星高片酬的"反抗"？

2011 年，乐视用 2 000 万元买下了《甄嬛传》网络独播版权，令人惊叹大手笔。因为往前数五年，2006 年，爆款的《士兵突击》每集只卖到了 3 000 元，整部电视剧都不到 10 万元。但从 2011 年再往后数五年，到 2016 年，腾讯狠砸 8.1 亿元垄断了《如懿传》的网络播出版权。数量级的蹿升，破纪录的天价，惊呆了吃瓜群众。

当爆出《如懿传》两名主演的片酬高达 1 亿元后，人们好像释然了。一线明星们动辄千万元的片酬已经不是秘密，演员总片酬占到成本预算 2/3 以上的现象也屡见不鲜。剧本的打磨、拍摄、制作等本应是影视制作链条更重要环节的投入被大幅缩减。粗制滥造成了无奈之举。

而此时，流量明星就代表着"叫座"，就代表着高投资。制作方主动或者被动地大量使用天价的流量明星，轧戏、抠图、低劣特效等现象层出不穷。为了收回成本，制片方选择把篇幅拉长，加入回忆式的重复内容，或是无意义的影像留白，有效内容被不断稀释。于是，国产影视剧的篇幅越拍越长，集数越来越多。

根据国家新闻出版广电总局的数据，2010 年全国完成并获得《国产电视剧发行许可证》的剧目约 436 部，14 685 集，而到 2017 年则达 334 部，14 912 集。六年时间，平均一部电视剧从 34 集增长到 45 集，热播的古装剧更是达到 60 集以上。当人们觉得《甄嬛传》76 集已经突破极限时，《如懿传》直接到了 87 集。

拿到"香饽饽"的视频网站，除了费尽心思地提供"拧干"服务，来争夺人们的时间和注意力外，对真正的好货"吃"起来也绝对不含糊。

视频网站一直在"用户黏性"和"盈利"这两个生死攸关的重大事件上进行着探索。

对于前者，以内容立足的视频网站，在各大互联网巨头的支持下，依旧以重金抢夺优质影视资源，期待活下来的乱世之王能够收割未来胜利的果实。对于后者，从广告收入到付费会员，尽管遭遇吐槽不断，但用户习惯渐已养成。广告部分，时间从 30 秒到 2 分钟不断拉长已经是常态，插播、贴片、挂角等"花式"不断翻新。会员部分，VIP 付费模式培育了很多年，愿意花钱看剧的习惯正逐渐建立。但影视剧的价格在以火箭的速度蹿高，视频网站的版权亏空仍旧难以填平。

于是"超前点播"的收费模式出现了。在一些优质热剧接近大结局的时候，观众可以以 3 元一集的价格提前观看。到了 2019 年，一部叫作《庆余年》的电视剧热播，在播出不足一半时，爱奇艺和腾讯视频就使出了"大招"，VIP 会员可以再付费 50 元，提前解锁全部内容。对 VIP 会员二次收费，惹了网友的众怒，甚至遭到诉讼，连《人民日报》也没忍住发文痛批，"超前点播"吃相难看。

难看的吃相，让我们看到了视频网站背后的焦虑和无奈。在 VIP 会员用户们逐渐习惯二次付费后，这很快也会成为一种常态。毕竟没有免费的午餐，更没有免费的优质视频，早晚都要习惯，早晚都要被收割。只是直接付费，还是被电商导流，或是被大数据挖掘出其他的商机，不同的形式而已。

2016 年前后，广电总局也开始了对"注水内容"的铁腕治理，先是发布"限古令"，随后对宫斗剧、抗战剧、谍战剧进行内容审查，同步纠正"老剧翻拍"的不良创作倾向。从制片公司到视频网站多家公司发布声明，要抵制不良现象。

整个行业进入调整和反思阶段。

电影增长按下暂停键

2016 年的上海国际电影节，李安导演在一场主题为"票房即将超美国，成为老大还差几件事？"的论坛上，恳请"电影人不要浮躁，市场再好也别揠苗助长"，成为媒体盘点这一年娱乐圈的热点事件之一。李安说，大陆要珍惜电影的黄金机会，不要像香港、台湾抢明星抢题材，恶性跟风，走到泡沫化、明星化、电影资源不平均的恶性循环。

此时，被贴着浮躁标签的文化娱乐行业，需要调整的又何止是片酬和内容质量。

过去的十多年里，中国电影一直高歌猛进，票房从 2001 年不足 10 亿元发展到 2016 年的 457 亿元，银幕总数达到 41 179 块，成为世界上银幕数最多的国家。15 年间票房翻了近 50 倍，跃居成为全球电影市场的第二位，眼看着就要追上北美。

2016 年，中国电影却进入到了中场休息的状态。

从几年前的《泰囧》开始，10 亿元票房就成了检验一部好电影的标准之一。2016 年年初，周星驰的《美人鱼》收获 33 亿票房，很多人内心松了一口气，终于还上了欠星爷的一张电影票。但随后，仅有 4 部电影勉强冲破 10 亿元大关。全年票房几乎和前一年持平，逐梦全球电影市场冠军的奔跑似乎被按下了暂停键。2016 年，中国电影没有出现又一个井喷之年，随着幽灵场买票房等丑闻不断爆出，流行多年的票补被踩了急刹车，电影大盘意外地停摆了。

2016 年 3 月，《叶问 3》上映，"午夜场""幽灵场""花样包场"等片方买票房的操作，又一次铺天盖地地出现在全国影院。

买票房通常与保底相伴相生。票房保底是发行方对于制作方做出的票房承诺，如果最终观影没有达到保底票房数字，发行方仍需按照承诺数额分账给对方，超出保底数字的话，那分账比例会对发行方更有利。在利益的驱使下，电影发行方往往不吝惜花费重金来提高排片率，推高票房。前一年，票房高达 24 亿元的电影《捉妖记》，被媒体质疑用 4 000 万元刷票房，还引发了全国电影市场集中治理百日行动。

在政策高压下，《叶问 3》买票房的冒险行动是背后有更大的利益黑洞。《叶问 3》上映之前，投资方快鹿集团开出了 10 亿元票房的保底，随后又通过旗下两家公司认购了以《叶问 3》的票房收益权为标的的基金。同时，其票房收益权还以"电影众筹"的形式在各大 P2P 平台上亮相。一场以电影票房为基础的金融产品布局完成，一众人等待着电影完成放映后收割胜利的果实。

然而，《叶问 3》明目张胆地拉高票房惊动了广电总局，总局介入，并进行了调查，随后相关上市公司股价跳崖式下跌，理财产品出现兑付困难，虚假排片的73家影院被严重警告，本来质量尚可的《叶问3》也因此蒙羞。

但"提高排片率，推高票房"的目标从来都是产业链条上各个主体的追求。两年前，线上平台带着资本入场，开启了轰轰烈烈的"9.9元看电影"的票补行动。

2014年，暑期档《变形金刚4》上映，线上售票平台开始对电影票价进行大规模补贴。三天时间，票房就突破了6亿元大关。猫眼以美团作为导流入口，贡献了30%以上的份额，这让平台方与公众都尝到了甜头，也拉开了票补的序幕。

线上平台烧钱争夺用户、培育市场，成功推动了票务市场从线下到线上的大洗牌，也让"剩下者"笑到了最后，留下阿里系的淘票票和美团的猫眼两强势力。更重要的，影院排片被成功"绑架"，《泰囧》《港囧》等采用小成本、大分发的手法，取得了空前的成功。享受到"果实"的电影制作方，随后也加大了在宣方阶段的成本，参与到票补的行动中，并被裹挟着愈演愈烈。2017年，全年票房达到559亿元，票补金额超过20亿元，其中片方投入超过12亿元。

2016年，正是互联网平台完成引流，定格两强，减少票补投入，但制片方还未全面接棒跟进的"间隔年"。票补总量降温，市场很快失去了一部分习惯"9.9元观影"的人群。这一年，烂片频出为李安导演的担忧做了扎实的注脚，大众理性选择后，电影票房没有延续往年的高增长。

电影市场的发展，是以资本吸引消费者观影，从而保障收益，还是将好钢用在刀刃上，在制作环节求得精良，将选择权真正交给大众。这在当时有过很多激烈的讨论。冯小刚导演直接向票补开火，认为这是一种不正当竞争，电影的核心应该是内容，而不是市场手段。线上平台则认为这是培育消费者进入影院的观影习惯所必须经历的阶段。

各自有不同的立场。

然而，必须承认的是，当制片方将更多的资金分给宣发票补时，制作本身则会面临和"明星片酬天价挤占成本"一样的尴尬。2018年，广电总局明确禁止任何形式的票补，给这场以资本引导消费的"招数"来了个急刹车。

对于娱乐产业不良现象的治理，可不仅仅是票补。

天道好轮回，苍天饶过谁。

2018年5月，崔永元一篇微博激起千层浪。

这篇微博曝光了娱乐圈通过阴阳合同偷税漏税的黑幕，暗指范冰冰4天6 000万元的天价片酬。这引起了监管部门对高收入群体纳税情况的关注，国税总局及地方税务部门迅速介入调查明星纳税问题。历时100多天，调查结果出炉，范冰冰需要补缴税款和罚金8.84亿元。

而后，娱乐行业发生"大地震"。多家影视单位接到补税通知，要求按照2016年至2018年三年总收入的最少70%补齐税款，17位艺人被陆续约谈。大量影视公司股价狂跌甚至倒闭，影视拍摄开机数量断崖式下跌，横店基地开始变得冷清，一度成为"避税"天堂的霍尔果斯甚至出现了从税务机关开不出票的情况。

霍尔果斯原本是中国西部的边陲小镇，于2010年成为国家特批的特殊经济开发区，入园企业能享受"五免五减半"的税收优惠政策，有效期十年。企业纷至沓来，几乎所有著名的影视公司都去霍尔果斯开了子公司或"孙"公司。顶着"霍尔果斯"前缀的影视公司名字大量见诸银幕，2017年，《战狼2》上映，三家出品方均注册在霍尔果斯。

当影视娱乐圈卷入巨大旋涡，霍尔果斯的众多影视公司也人去楼空。

在政策和舆论的强压力下，天价片酬的异象终回归理性。当片酬回归理性，宣发让位于制作，以内容为根本的价值追求开始回归。

2017 供应链下的企业级服务

过去这些年，无论是零售、金融、出行，还是餐饮、文娱，都在互联网广泛应用的加持下，以新业态的姿态，不断强大。这些发生在C端消费领域的创新，对服务经济的增长做出了巨大贡献。但消费互联的市场日渐饱和、创新日渐"瓶颈"也是不争的事实。服务业的增长进步急迫地需要开辟出新的战场。

2017年，"供给侧改革"已经成为经济领域的最高频词汇，甚至没有之一，这场由高层直接推动的改革进入了攻坚阶段，如何补齐短板、扩大有效供给是块难啃的"硬骨头"。"互联网+"已经连续两年被写入政府工作报告，互联网作为一种思维模式和通用技术正从消费到产业，全面铺开，各行各业联合起来推动着中国经济从工业经济向信息经济转变。在这个背景下，那些决定农业、工业发展上水平上层次，决定一个国家经济硬实力的生产性服务业被赋予了很大期待。

这一年，也确实有很多积极的因素。国家层面首次就供应链创新发展出台纲领性指导文件，供应链思维成为更为广泛的共识。原材料供应、生产组装、贸易、分销运输、零售，这些在供应链条上的各个企业主体都在以一种整合化和协同化的思维，推动商流、物流、信息流和资金流更加顺畅地流动和增值。怡亚通们正在摒弃中间商赚差价的模式，朝向更深的层次协同。同时，宏观层面对物流运输行业能够更加团结协作也进行了紧急安排，传化和满帮等微观企业正雄心壮志地布局，在C端完成布局的快递巨头也开始向B端延伸。

当供应链遇上互联网，S2b2X作为一种崭新的范式在实践中不断丰富。共享的理念，各类要素和能力的协同，让平台价值得以更大程度的发挥。在消费端服务中锤炼出来的商业理念和经验技术，也被延续扩展至产业互联领域。以云计算为代表的新技术正支撑着这些新的服务方式，也作为一种服务能力，帮助广大企业更好地成长。

不断向着价值链高端迈进的工业，需要更加专业的服务来支撑，每一个产业背后，都是前景广阔的万亿级市场。这块诱人的硬骨头，在2017年这个年份已经显露无遗。

供应链思维形成共识

对于大多数人而言，供应链是个专业又陌生的概念。

举个例子。假如，一个贸易商获得了来自欧洲一个零售商1万件成衣的订单。他通常会找到一家工厂直接采购。而全球著名的供应链服务公司利丰的做法是：从韩国买纱并运往中国台湾进行纺织和染色；同时委托日本大型拉链厂商，在中国大陆的工厂订购拉链；之后出于配额和工人状况的考虑，把纱布和拉链等运到泰国进行生产。又由于客户要求迅速交货，会分别在泰国的5家工厂下订单。

整个过程中，利丰负责统筹整个生产流程，从产品设计、采购、生产管理与控制，到物流各个方面提供全方位的支持性工作。在全球范围内，协同数十家供应商，分散性采购和生产，集成不同地区的物美价廉的优势，最终形成一批优质的商品。

这就是供应链管理的魅力。

早在1992年，英国管理学者马丁·克里斯多夫就提出，21世纪的竞争不是企业和企业之间的竞争，而是供应链和供应链之间的竞争，他甚至说未来的市场只有供应链，没有企业。

此后二十多年的时间中，从开创直销模式的戴尔、以外包策略成功的鞋企Nike，到被称为供应链服务典范的香港利丰，这些企业巨头都以强有力的供应链建设和管理为抓手，成为各自领域的佼佼者，践行着供应链思维无论在制造业中还是服务领域的至关重要性。

在21世纪的第二个十年，供应链相继在各个国家上升到了战略层面。2012年年初，美国国土安全部发表了白皮书——《美国全球供应链安全国家战略》，包括两个目标：全球安全高效的货物运输和弹性供应链。而后，德、英、日、韩等国也开始把供应链管理确立为国家战略行动。

2017年10月，国务院办公厅印发《关于积极推进供应链创新与应用的指导意见》，这是我们首次就供应链创新发展出台国家层面的纲领性指导文件，涉及农业、制造业、能源和金融四大领域，绿色、全球两大方向。目标是：到2020年，形成一批适合中国国情的供应链发展新技术和新模式，基本形成覆盖中国重点产业的智慧供应链体系，培育100家左右的全球供应链领先企业，中国成为全球供应链创新与应用的重要中心。

这份文件的出台，让业界为之兴奋。2017年也被称为中国供应链变革的元年。随后，商务部会同工信部等七个部门，在全国55个城市和266家企业开始了供应链创新与应用试点，形成了一批典型经验和做法。

那么供应链究竟是什么？

很形象地说，供应链可以比作一条管道，里面有商流、物流、信息流和资金流（简称"四流"）在流动，并包含研发设计、原材料、生产、组装、贸易、分销、运输、零售等各个节点，这些节点之间进行有效的分工、合作，"四流"高效顺畅，才能保证整条供应链有效率地运转。

这每一个或者多个节点背后的操盘手正是企业组织。然而，几乎没有企业能够依靠自身能力触及供应链上的所有节点，企业必须以联盟或者外包的形式与上下游企业进行有效合作。因此，一个企业是否具备所在节点需要的核心能力，以及对上下游中节点的掌控能力，决定了一个企业的竞争实力。以一己之力掌握供应链上下游的话语权，并非易事，但却是所有企业都希望争夺的制高点。更重要的是，在网络经济下，交易成本在降低，服务商的专业能力在提升,"依靠外部力量"比"自己动手"更加划算。

于是各类供应链服务商兴起。

它们为那些没有足够的精力对供应链进行管理,更没有足够的话语权对供应链进行控制的企业提供专业的服务。它们是贸易商、分销商、物流商,也或者是它们的集成者,如利丰。随着新一代信息技术的广泛应用,信息流的价值不断被凸显出来,物流、商流和资金流围绕于此,进行整合协同,智慧供应链崛起,现代物流、供应链金融应运而生。那些连接着来自供需两端的各类庞大信息的平台型服务商顺势崛起,它们以算法和大数据进行精准的推广和匹配,并在物流、商流和资金流等流程中创造价值。

以供应链管理和服务为范畴,此后将成长为服务业产业中的一个重要类型。供应链管理的重要性,不仅关乎一个企业的竞争力和话语权,以此为方向的商业模式创新带来的渠道重塑和新型打法,甚至改变了整个行业的运行方式,对于一个国家产业效率和经济发展质量的影响,怎么强调都不为过。

"找×网"革了渠道的命

2017年,中国企业500强的榜单中,出现了一个区别于传统巨头的"异类",那就是仅仅成立5年的找钢网,作为产业互联的代表,首次跻身榜单。这一年,找钢网实现了盈利,B2B电商在大宗原材料领域的跑通,给互联网在产业领域的应用打了一针强心剂,这让找钢网快速进入了大众视野。

此时,找钢网已经完成D轮融资,从天使轮的真格基金,以及后来的经纬、红杉、IDG和华晟,都是顶级的投资机构。这是光芒,也稍显无奈。相比于消费互联领域的模式创新大都已经在欧美有实践样本,本土企业的投资融资有可以对照的依据。围着企业端,互联网还没来得及入场改造,美国的供应链渠道就已经基本整合完毕,从金属、餐饮到电子产品,早有了Reliance、Sysco和Arrow这样世界级的分销者。号称"革了钢贸行业命"的找钢网,显然没有可以对标的空间和对象，对其投资考验的是风投的眼光和胆识，只有顶级风投才敢于冒险。

找钢网的创立和发展，还要从2012年那场波及广泛的钢贸危机说起。

彼时，过剩的上游、混乱的渠道、浮动的人心，钢材难卖成普遍难题，需求终端想要找到高性价比的靠谱钢材也并不容易。这样的背景下，找钢网成立，在这场危机旋涡的中心——上海，免费做起了撮合交易。

传统钢材交易的环节是：钢厂—大代理商—中间商—零售商—终端用户。通常，钢厂和大代理商之间有着长期稳定的合作。以找钢网薄弱的创业资金，难以撼动这种强关系。相比之下，30万家钢铁零售商和中间商之间关系较弱，找钢网找到的切入点就是先汇集这些零售商小买家，再以此吸引大卖家进入平台。超出人们认知的是，即使是钢铁这样的大宗原材料，大型终端采购也只有30%左右，其余70%是依靠零售小买家，具有明显的长尾特质。显然，找钢网切入的是一个巨大的市场。

对零售商来说，购买钢材需要经过比价、议价、询价、锁货等13个环节，而且钢铁的销售信息高度分散，库存量、报价表实时变动，且格式各异，有Word、Excel、txt等各种版本。这是零售商的痛点。此时，大规模信息的数据化处理已经不是技术难题，找钢网很快开发出便捷的比价系统，并将烦琐的购买环节简化到3个——提交需求、提交订单、付款。提高了交易速度的零售小订单，又被聚拢起来和中间商、大代理商乃至钢厂议价。

找货快、比价快、议价能力强，找钢网的撮合交易量迅猛攀升，很快在上海地区形成了提高供需两端交易效率的正向循环。找钢网作为一个散户集成平台切入到了钢铁流通中，在局部地区实现了将钢铁销售中多年的批发制转变成了零售制。

到这一步，找钢网还难以出类拔萃，充其量只是将阿里巴巴和慧聪网早年间都做过的B2B信息平台模式，在钢贸领域的深度应用。当时的市场上，以撮合交易活跃的平台也并非找钢网一家。更重要的是，消费互联网中的经典打法——免费汇聚流量，而后"收割"，在产业中并不适用。C端消费者往往因个人喜好或者冲动产生购买行为，具有非理性的特点。而B端企业作为购买主体，往往基于真实需求，而且采购流程更加复杂，B端相对理性，对服务能力要求更高。找钢网需要深度参与到钢材交易的环节当中，以深入的服务，增强上下游的黏性。

找钢网开始与仓储合作，与钢厂"保价代销"，与大型贸易商"联营"，做起了钢材领域的"京东+天猫"。电商平台的搭建，让找钢网的交易量呈现几何级的攀升。掌控仓储，更是极大地提高了流通运转的效率。

实际上，一个购买行为的真实发生也确实不仅仅是线上交易。一般而言，一个终端小买家购买到钢材，需要和贸易商完成讨价还价、结算；在小工厂完成简单的钢材加工；和仓储商、物流商对接运输，可能还需要和金融机构、小贷公司解决一下资金缺口。仓储、加工、物流运输、融资等需求显而易见地存在，这些需求又因为"量小"难以获得有质量的服务，痛点更加突出。

于是，完成信息流和商流变革的找钢网，开始向物流和资金流服务深耕。找钢网从交易环节，转向了集成交易、物流、仓储、加工以及供应链金融的一体化服务，这对于零售商小买家很具有吸引力。通过"交易"做大规模的找钢网，在之后环节的服务中具备了显著的规模效应。更为重要的，在整合协同这些"量小、种类繁多的"长尾小买家需求的过程中，可以实现范围经济。这些才是真正的竞争力。而找钢平台上所沉淀的钢铁交易大数据和终端需求大数据，为上游提供SaaS服务、为钢厂改进优化产品提供了重要依据。找钢网下一步也将朝向科技公司转型，赋能合作伙伴。

至此，找钢网以互联网的打法，从信息流的打通开始，完成了钢材这样一个大宗商品从线上到线下的整个交易闭环。一个产业从盛到衰，从稀缺到过剩，往往是互联网服务商的机会。随着钢铁行业最先反映出产能过剩，建材、铝材、化纤相继出现困难。在找钢模式带动之下，很多"笨重的"传统行业很快出现了一批"找×网"。

分销+营销模式正在形成

如果说找钢网以网络化的手段在一个细分领域的整个供应链条上进行了精耕细作，那么作为国内首家上市供应链企业，怡亚通则在更加广泛的线下疆界内进行了整合。这个始于2009年的深度分销体系，有一个直白且具有想象空间的名字——380平台，此时已见雏形。

以商贸起家的怡亚通，早年间精准实践着学界对供应链的定义，即围绕核心品牌企业，连接着采购、生产、运输和分销之间的要素，并力求实现低成本、高效率地运转，以此让品牌商可以专注于核心业务，并很快在IT、医疗器械等领域站稳脚跟。然而，以轻资产运行，资金流、物流方面提供的服务都要依靠外部支撑，行业的壁垒并不牢固。

对外开放的重镇广东，有着发达的商贸体系，一批大大小小的供应链企业，和怡亚通的路子一样，很快出现并发展起来。这带来的直接结果就是，中国供应链企业中有80%以上来自广东。

380平台正是怡亚通强化护城河的扛鼎之作。这个据说能涵盖10亿人口，覆盖中国226个地级市和长三角、珠三角、环渤海150多个经济发达的县级市的消费品直供平台，将重塑传统的垂直化、多层级经销商体系，有望改变我国流通行业小、散、乱的格局。

怡亚通在这约380个城市，选择与细分市场排名前三的经销商合作，以控股的方式成立合资公司，并用统一的物流管理系统、订单管理系统和财务系统，搭建起全国性的分销网络。各地经销商不再局限于原有细分行业，而是作为多种类消费品的地域分销平台，很具有诱惑力。这些经销商充分发挥他们在销售终端的开发、维护优势，让怡亚通可以有效覆盖KA大卖场、中型超市、社区商店、药店、母婴店等100万家零售终端。同时，怡亚通建立了全套的运输、仓储体系，提供市场、信息、物流、商务、结算等一站式服务。380平台迅速发展。于品牌商，能够解决渠道下沉中成本、人才、运营三大难题，实现高效分销、快速覆盖终端网点。于终端平台，尤其是地处偏远的没有话语权的小微型终端，怡亚通可以提供一站式采购和供应链管理，也能凭借议价能力为终端获得资源支撑以及优价正品保证。

如此，传统的多级经销体系变成"品牌商—怡亚通各地的380平台—终端零售"。由各地合资公司组成的380平台，像一个遍布全国的网络管道，集成了日化、食品、母婴、酒饮、家电等多种类的消费品在其中流淌。以此，怡亚通可以服务各类消费品牌，实现平台化服务。380平台对分销环节的集成充满想象空间，规模经济和范围经济将实现兼顾。与此同时，在采购端，同样的尝试也已经开始。怡亚通正深入到一个个行业，为生产者所需各类原材料找货、比价，并做好库存管理、物流供应和资金融通的服务。怡亚通所做的探索值得称赞。

随着管道网络搭建完成，多种产品和要素流通起来，怡亚通的核心竞争壁垒将会建立。但这需要较长的过程。一方面，众多的合资公司、众多的品类被连接在一起，多领域的资金流、物流、信息流协作协同，纵横交错，考验着怡亚通的管理和协调能力。另一方面，每一个行业的原料供应和商品分销都有着固有的利益格局，重塑和优化需要为生产者和品牌商提供更高价值的服务方案。怡亚通不断调整商业模式，同时快马加鞭，抢占市场，累积起足够的规模和品类，提高在服务中的话语权。

这几年，不断扩张的怡亚通，财务报表的现金流受到媒体的质疑（深投控入股后已得到改善），在低位徘徊的利润水平也一直拷问着380平台的野心。

然而，怡亚通的未来，艰辛但可期。

我国的流通体系中，经销商层级众多，大都处于"二传手"的定位。批发商"赚取差价"、零售商"物业收租"，嵌入型服务、增值型服务涉及不多。在"价值创造"这一环节，竞争力不足往往让众多经销商在生产者/品牌商面前的话语权日渐式微。观察中、美服务业之间的差异，这一特征更加明显。美国几乎没有中国式的"批发业"，商品从工厂或农场，经过发达的物流体系，直接进入消费环节。这一过程背后的推手正是各行业能量巨大的分销商，具有明显的销售组织和技术管理性质，而非简单的商品集散功能。和怡亚通一样，在电子元器件、IT产品、农产品等领域，一批供应链企业已经开始了整合的步伐。它们正在推动着中国的多级流通向着美国式的分销商模式发展。

而且，怡亚通对传统经销渠道的变革并没有止步于分销平台。未来几年，怡亚通为380平台赋予了更多的功能，从分销转向"分销+营销"，在新零售的浪潮中，以强大的终端覆盖优势，为众多品牌商提供全方位服务，尤其对于中小品牌而言，极具赋能意义。怡亚通自身也早早开始了数字化管理的转型，强化前台、中台、后台，以线上线下相融合的方式，与上下游实现了互联互通，建立了一个跨界融合、共享共赢的供应链商业生态圈。在服务品牌商的同时，怡亚通也牛刀小试，尝试孵化产品，有款"钓鱼台珍品壹号"的白酒，上市当年销售额就达到了近3亿元，是流通服务商向品牌制造的有益探索。

怡亚通以"平台服务+品牌服务+新零售"三板斧助力商品流通行业全链条升级，尝试建立起一种现代化的新流通模式，这对于整个流通行业的存在方式和存在意义都是一种贡献。

物流整合的新景象

商流中的企业在"闹革命"，提升着渠道的流通效果。物流这一重要的线下支撑，其改变变得更加紧迫。

从更广泛的宏观层面，物流产业作为国民经济的动脉系统，其发展程度成为衡量一个国家现代化程度和综合国力的重要标志之一。我国的物流总费用占GDP的比重，长期大幅高于发达国家，甚至高于金砖国家，一直在各方关注中被诟病。和商流依靠市场主体就可以大幅改进不同的是，物流是一个更加依靠基础设施和基础体系支撑的行业，涉及不同地区之间的协同，铁路、公路、水运、航空等不同行业的协作，更加考验政府部门的执政水平。

交通运输行业早在2013年就开始了并购整合式的团结协作。到了2016年，我国全社会物流总费用占GDP的比重为14.9%，相比三年前，已经下降了3.1个百分点。显然，这还不够。制造业企业依然在呐喊，物流成本占生产成本比重高达30%～40%。国家层面已经开始的轰轰烈烈的供给侧改革中，第一刀就切在了降成本上，发改委紧急报请国务院办公厅印发了《物流业降本增效专项行动方案（2016—2018）》。由此，政府层面开始了一系列更加深化的行动，从货物通关便利化的行政改革，到建立国家级物流枢纽体系和有效衔接的物流标准体系等，积极推进。

微观实践层面也一直紧跟步伐，围绕着如何整合协同市场上那些"小、散、乱"的运输资源，探索和创新从未停止。

这些年来，各地政府以土地资本出资，联合社会资本一起，推动着数以千百计的物流园区拔地而起。物流园区是整个国家的物资流通硬件网络中的重要一环，连接着生产基地、消费市场及公路、铁路、航空、海运等运输通道资源。物流园区以入驻的物流企业为服务对象，提供商品集散、运输、配送、仓储等一体化服务，有些还依托于经济开发区、保税区的税收优惠，涉足加工制造环节。然而，随着各地政府争相将物流确定为支柱产业，物流园区的建设很快超过了合理的覆盖范围，又因缺乏专业化的管理，低水平重复建设问题异常突出。如何让这些分布在各地的物流园区互联互通，也是一个新命题。

哪里有空白，哪里就会有填补。

2016年10月，迎来了30周年庆的传化集团，开始高调地布局物流领域，并首次对外公布了物流战略规划。传化将推出连接全行业生态资源、全业务场景、全网智慧协作，整合商流、资金流、信息流、物流的完整兼容生态系统平台——传化网。这张网不仅要为中国公路网安装操作系统，为中国170个枢纽建设"公路港"城市物流中心，还将打造中国智能公路物流网络运营系统，发展物流大数据，形成中国物流大脑。

令人眼花缭乱的表述，看得见一个企业整合全中国公路运输物流资源的野心勃勃；看得见传化重资产入局，在全要素连接和信息协同中，深度嵌入供应链体系核心地带的全力以赴。

传化搞出来的这个公路港，看起来是个很新鲜的名字，但就像飞机有航空港、水运有海港一样，公路港是为大货车及其司机提供服务的。未来，遍布全国的公路港将像航空港——机场那样，以人货匹配、物流分发等深度服务于公路运输。公路港也参照机场的运营逻辑，从物流属性的功能，延伸至非物流属性的商业生态。从对车辆的维护、修配、加油，到对司机的衣食住行、吃喝玩乐，再到对物流企业的保险、财务等需求的满足，公路港构建的是"一站式"物流运输体验。

2017年，运满满已经在华东成长了5年，两位创始人张晖、苗天冶取得了和他们的前阿里同事程维一样的硕果，带领着运满满跑通货运领域的"滴滴"模式。此时货车帮也在华南市场上打拼了4年。两家小有所成的企业，在这一年携手成立满帮，成为中国最大的公路物流互联网信息平台，在人车货匹配市场，占据90%的市场份额，坐上了行业第一的宝座。

相比传化用重资产的方式完成行业资源的连接和嵌入，满帮更轻，更加注重信息的匹配。但无疑，两家公司以各自不同的方式，推动着中国公路运输行业向更高效、更集约的方向进发。

那些在C端已经取得硕果的快递企业，也正在野心勃勃地进入以企业为服务主体的物流运输市场。2017年前后，快递市场已经趋近于饱和，各大快递公司各自划定地盘，格局稳定。同时，快递企业的毛利率已从2009年的30%左右，下滑至5%~10%，亟须开拓新的市场来保持增长。于是它们试图打通上下游，布局整条供应链服务。

先是中通在2016年成立了供应链管理公司，主打10公斤~300公斤的小票零担和300公斤以上的大票零担。随后，圆通从国际业务切入，在采购、物流、销售渠道、客户管理等环节提供跨境供应链解决方案。申通快递在2017年宣布了两大供应链产品：一是冷链仓储运输，二是依托申通的物流网络为电子商务行业提供仓储、精细加工及配送管理等一站式服务。韵达、百世以科技的色彩入场，试图打造智慧供应链。

堪称大手笔的，还是顺丰。早在 2014 年，就陆续布局冷运、重货快运、同城配送、仓储以及供应链金融等新业务，试图避开与"三通一达"在快递市场硬碰硬地竞争。2018 年，又花费 55 亿元，100% 收购了德国物流巨头 DHL 在中国的供应链业务，并以实际年收入的 2.5% 支付品牌授权及服务费用，要知道顺丰在 2017 年的净利润仅有 47.7 亿元，可见其进军供应链领域的雄心壮志。

各大快递公司步调一致，均从快递拓展至 B2B 快运市场，从运输这一单维度转向集成了商流、物流、资金流的供应链大流通。它们所遵从的也正是国际快递巨头（UPS、FedEx 和 DHL）们所走过的道路，以 C 端经验，向综合物流服务商拓展。

那些散落在供应链条上的小经销商、小零售商、小物流商被各大平台用资本、标准和互联网手段进行了连接，商流和物流都得以优化。这些小商家的资金困境，也都被通盘考虑了。资金流与商流、物流相伴相生，也因为这些要素在流动中所产生的价值，推动了供应链金融服务的崛起。

传统贷款往往基于借款方的经营状况，再加上风险评估的高成本，因此，95% 以上的小微企业不能直接与金融机构发生借贷关系。供应链金融则看重的是供应链上下游企业的整体竞争力和协作的顺畅度。供应链条上的小商家因为参与其中而获得了以信息流和信用为资金支持的可能。提供供应链服务的平台企业，找钢网、怡亚通、传化、满帮……它们掌握着大量真实的交易数据，有条件做好贷前审核和贷后管理，作为信用中介平台，搭建起银行和链条上各类企业的金融桥梁，实现银行、小微企业和供应链服务平台间的多赢。更重要的是，跑了资金流服务这一维度，抢下了这个价值创造的宝地，才能真正实现全流程供应链的通达和持久的黏性。

上述这些创新者，从各自领域出发，推动传统供应链变革。商流、物流和资金流也在联合"闹革命"，整合和优化各类要素，成长为一股新的服务力量。

S2b2X的平台化力量

当供应链遇上互联网后,除了流通服务环节效率的提高,还被延伸至广泛的领域,形成了S2b的范式,在很大程度上提高了产业链条供给的"自适应"。这是更大的平台化力量的迸发,也是对跃跃欲试的产业互联的有效探索。

S2b模式中,S代表聚合着各类企业级服务的供应平台,小b是数以万级甚至亿级的小企业,它们通常直面终端消费者,或者具备结构化/标准化的产品能力,但往往缺乏规模效应和有效的要素支持,难以和顾客持续、有效地交互产品。S2b模式的核心在于S和小b要携手共同服务于终端顾客c,或者服务于某一个更大的大B企业,也或者只是某一笔临时订单。S2b模式因此可以衍生为S2b2c、S2b2B,等等。用X来代替服务的对象,即S2b2X,更能说明其中的精髓。S和小b之间不是单纯的上下游关系,也不是传统的加盟体系,而是共同构建一个创新协同网络和产业协同网络,彼此之间是一个"赋能"和"被赋能"的关系。

对此,各个领域不约而同地进行了探索。

阿里巴巴前参谋长曾鸣最早提出了S2b2c模式,作为这一理念的最佳实践者,阿里打造出了菜鸟物流、蚂蚁金服、云计算服务等产品集成的超级供给大平台S,和众多商家小b一起跑出了电商领域的S2b2c范式。

人们所熟知的美团作为S平台,通过IT管理系统、快驴供应链采购、外卖等产品赋能餐饮商家小b,进而深度服务于客户c。而餐饮商家,因为链接到美团平台,获得更多的推广、客流和专业的服务,有了更好的成长机会,与美团实现共赢,形成了餐饮领域的S2b2c范式。

相比于阿里和美团出身于互联网的时尚感,找钢网和满帮都在各自"笨重的"领域蹚出了S2b的可复制经验。在宁波还有一家扎根本地制造的非著名企业,叫"生意帮",也广受赞誉。

打开这家公司的主页,极其简洁,只有两行字:"找代工就上生意帮""工期更短、质量更优、成本更低"。这家 2015 年成立的企业，利用宁波产业群密集的特点，连接了众多的小工厂，以"云生产"的模式，争做"没有工厂的富士康"。

生意帮有一个广为流传的得意之作。

共享单车进入市场后有一个亟须解决的难题，就是车牌得耐刮。位于天津的全球最大的自行车生产商接到了一笔订单：470 万个耐刮车牌，50 天交货。为生产这款新型车牌，这个生产商打算准备 13 个车间，新增 153 台设备，招聘 500 人。不用说生产的高成本，以及订单完成后，设备和人员的处置问题，光是这些产能准备就需要三个月。

生意帮组织了 56 家工厂，以 40% 的低报价出手了。生意帮第一步是分解了车牌生产流程，分析工艺，确定一块车牌有 PC 板定制、UV 打印、覆膜、打孔、雕刻等 13 道工序。而后，每道工序安排由专业的企业加工，线上用物联网的技术对生产进行远程管理，线下用物流车队来进行工序的连接。最终 40 多天就交付了订单。

这是生意帮的胜利，更是协同制作的胜利。

生意帮和利丰模式有相似之处，都是以"生产组织者"出现，都需要有强大的支撑能力，都需要清楚地知道平台上这些合作者有哪些"绝活儿"。不同的是，生意帮所连接的多是规模不大、独立接单和议价能力都不足的小 b 们。目前，生意帮平台已经吸引了 1.6 万家中小微制造业企业入驻，其中有 2 400 多家磨具厂、6 500 多家注塑厂和加工厂、2 700 多家表面处理厂，还有 500 多家组装厂。这些中小微企业是中国制造业的底色，生意帮正帮助它们走上专业化发展道路，并用共享的理念，盘活了这些工厂的闲置资源，展示出了制造业转型的另一种可能性。

不同产品的制造工序千差万别，就像生意帮专注五金、塑料加工领域那样，未来随着各个领域的"生意帮"平台的崛起，它们叠加起来，以 S2b 的方式赋能中小制造企业，构建出稳定的产业协同网络，将会推动整个中国制造业的进步。

这一组织业态，正在改变科斯定理中"交易成本"这个基本假设，重塑了企业管理中对于人、财、物的边界，无论于实践还是理论，都是崭新的命题。

目前，S2b作为一种范式正在被更加广泛地应用。S要做好底层架构，形成协同网络，需要把原来线下的供应链行为在线化、数据化，如此才能建立一个柔性的大平台去支持小b们的发展。这是在消费互联日渐饱和，互联网在B端服务中找寻的增长新希望。当互联网所服务的主体，从消费者转向了企业组织，加上互联网巨头们的推动，产业互联将迅速崛起。

B端服务：诱人的硬骨头

产业互联，是将互联网作为技术设施，让企业之间、企业内部、企业的每一个设备和产品的信息都能够有效连接和互动。这不仅是企业外部渠道层面的线上线下结合，更需要一个企业内部信息化水平的极大进步。如此，企业和用户之间的交互，企业之间的协同才能触及企业内部的流程和机器，并迅速做出反应。因此，产业互联的真正实现，还将依赖于物联网的全面接入，依赖于云计算、大数据和人工智能的全面普及。

其中，云计算是更基础的底层技术，它提供了从网络基础设施、软件及维护等一系列服务。大多数企业都无须购买软硬件、建设机房、招聘IT人员，只需支付一次性的项目实施费和定期的软件租赁服务费，即可通过互联网享用强大的信息系统。云计算让大数据有了更全面的汇集和计算处理，有了能够处理的大数据，人工智能才有学习资料，物联网才有了连接的基础。

几年来，我国的云计算市场持续保持30%～40%的高增长速度。但《中国企业上云指数报告（2017）》中的数据显示，2017年，我国企业的基础云化水平仅仅为38.4%。作为一种直接由技术催生出的服务，云计算服务未来的发展空间依然广阔。

云服务也成为互联网巨头们进军产业互联的重要抓手。2018年，腾讯也开启了一场"决定未来20年命运"的大转型，宣布 All in[①]产业互联，并同步调整了组织架构，整合了原本分散在各个事业群下面的 To B 业务，成立了有史以来专门面向企业的服务部门，云与智慧产业事业群CSIG。阿里和百度也都相继实施了 All in 策略，都将"智能"包含其中，与云业务深度结合。

它们携带着互联网的基因和技术，在企业级市场开启新的征途。在这场互联网席卷而来的浪潮中，消费互联只是前奏。互联网巨头们会将C端市场中沉淀出的经验、数据和技术，在更广阔的产业市场中发扬光大。

在产业互联时代，互联网企业所携带的颠覆者标签，将逐渐淡去。它们将转向赋能者，赋能各个行业里的领军者，让它们把行业经验和实践叠加到互联网的技术之上，推动生产和服务实现智能化和社会协作化，由此形成新的企业组织形态。

七年之前，我国制造业的体系和规模就已经居于世界第一。2017年，我国工业增加值达到30万亿元，企业数量超过2 000万。随着中国经济的转型升级，越来越多的企业需要"更换引擎"，与此相关的生产服务业顺势崛起。

这是一个前景广阔的领域，不仅因为巨大规模的实业所蕴藏的万亿级需求，还因为企业级服务种类繁多，从提高流通周转效率到专业的商务服务辅导，从信息化建设到人力资源服务，不一而足。一直被诟病处于产业价值链底端的中国制造企业，其突破和成长的方向除了需要向价值链上游不断攀升，在互联网的广泛连接和加持下，依靠S形平台和分工优势，做好"专精特深"也是可行的方向。

然而，企业级市场的复杂程度、决策流程、产业周期都要远远高于消费端。每一个产业都千差万别，一个纺织企业的产业互联网平台，难以用到汽车企业上。专注五金、塑料加工的宁波生意帮，组织一个虚拟的服装生产平台也

---

① All in 原是扑克游戏中的术语，意思是全部押进。现在引申意为全面进军、全力以赴等。

很困难。消费者的个性化需求在企业组织的需求层面简直就是小儿科。个体的消费行为容易受到市场营销活动的"蛊惑",加上庞大的人口基数红利,爆款消费产品屡见不鲜,而拿下一个企业客户却需要真刀真枪的功夫。但也好在每一个产业千差万别,于新进入者,于整合者,都有无限可能。

这显然是一块诱人的硬骨头。

2018 下半场中的价值和真实

2018年,中国迎来了改革开放40周年,全国上下都在庆祝和总结我们所取得的举世瞩目的成就。过去40年,于服务业而言,更是跨越历史的重大飞跃。1978年,服务业名义增加值仅有860.5亿元,占GDP比重的23.4%;2018年服务业增加值高达46.96万亿元,占GDP比重增长至52.2%。40年间,我国服务业对GDP的贡献增加了近30个百分点。

宏观层面,服务业的发展被赋予了更多期待。这一年"两会"的政府工作报告中全面总结了党的十八大以来经济社会发展所取得的成就,特别指出"服务业成为经济增长主动力"。这句具有定调性的论述,让服务业在我国经济发展的地位登上高峰。产业层面,服务业由配角向整合者转变,以平台和生态的力量让生产和消费实现更好的连接。企业层面,技术创新、模式创新和管理创新层出不穷,新业态新经济的推陈出新,让服务业企业大放异彩,海外上市的步伐不断加快。

2018年,新兴业态和传统服务之间从降维打击走向握手言和,零售和互联网结合出了新零售,四大商业银行开始了和BATJ的集体合作。移动互联的普及让下沉市场成了兵家必争之地,新市场、新消费多点开花。BAT的江湖之下,TMD[①]也已崛起,进入下半场的互联网,在激烈的争夺中,也开始尝试携手合作。

四十不惑的年纪,人们也开始反思服务业快速增长中的浮躁和困顿,服务业态创新中的法律边界和道德底线,以及房地产、金融等支柱型产业在狂奔中

---

① TMD,是互联网企业今日头条、美团、滴滴的简称,TMD是BATJ之后,新一代互联网企业的代表。

是否还在坚守初心。这一年发生的很多大事也确实给人们敲响了警钟，中美贸易拉锯战和股市大面积爆仓的不安，不断试探着经济发展的韧性和底气；知名幼儿园的虐童事件，女乘客在顺风车中遇害，让整个社会在愤怒中探究资本催生下的民生服务如何守住安全的底线。企业在游离和试探中不断回归到价值的基准线，寻找更加真实的需求，输出更有价值的供给。

这一年，制度层面更加严厉。国务院发声，禁止民办幼儿园上市，试图遏制业绩报表KPI压力下的不规范发展；资管新规出炉，金融界发生了大地震；全年438次房地产调控，坚持房子是用来住的，中国经济"脱虚向实"，已然是壮士断腕般的决心；净网专项活动，低俗网站公号大面积取缔，数亿条视频被封，上万个人工编辑一夜上线坚守社会主义核心价值观的底线。

消费降级？NO！

消费降级，是2018年的热门词条。

这一年，榨菜、方便面、二锅头火了，销量大增。而在此前，方便面的销量已经以两位数的速度下滑了三四年。这一年，中国汽车销量终结了28年来连续的增长态势，为2 808万辆，较上一年下降3.6%。让人们有更为直接的感受的是，主打"低价低质"的电商App拼多多入驻了各大娱乐综艺频道，嵌入在诸多热门的电视剧中，迅速走红，还未满三周岁，就成功地实现了赴美上市。

剖析这些事件的纹理，我们发现，电商市场上，受人关注的除了拼多多的品牌侵权和质量参差不齐的奇葩打法，还有一片辽阔无垠而又令人浮想联翩的长尾地带所蕴含的商机。这个被称为"下沉市场"的地带，有3 000个县城，4万个乡镇，66万个村庄，有97%的国土面积和近10亿的人口数量。

2018年，快手用户已经超过7亿、日活1.2亿，号称中国第一大短视频应用App。另一家公司趣头条，在今日头条的眼皮子底下悄悄崛起，只用了18

个月就做到了 1 000 万日活,这样的成绩今日头条用了 3 年。这像极了在面对拼多多抢下的"五环外"市场,早早布局,心有不甘的阿里和京东。

被称为下沉市场三巨头的 PKQ(拼多多、快手和趣头条),都有一个共同的特点,那就是有点土,有点 low。快手合伙人曾光明公开过其用户画像:二线城市以下、最高学历低于高中,25 至 29 岁的年轻人。这甚至成为抖音锚定高档次用户群体的有力证据,社会精英们对拼多多的"假冒伪劣"有过很长一段时间的口诛笔伐。这也似乎是过去多年,互联网巨头一直据守在消费能力和基础设施都堪称一流的"五环内"市场的心理优势。

但那又如何呢?这个隐秘沉寂多年的市场,以其体量和惊人的爆发力,正在成为一、二线城市之后新一波的流量红利,让一众巨头没有胆量忽视它。

2019 年的"双 11",天猫新增的年度活跃用户 1 亿人中,有 77% 来自三、四线城市及乡村地区。在和拼多多的直面对抗中,阿里祭出了"雪藏"多年的聚划算。

虎嗅财经在《下沉市场背后的真实中国》一文中贴切地描述道,无边无际的"五环外",微不足道的"五环内",快速崛起却依然廉价的 10 亿长尾市场,继续引领渐觉力不从心的 4 亿精英,他们共同构成了一个真实而又完整的中国。汽车市场上,在入门车一片颓势中,豪华车涨势喜人。过去三年,高端豪华车市场复合增长率高达 14.8%。这才是消费的全部面貌。

在乡村和城市之间,也涌现出一些力量,来打通二元结构,在满足人们对现代田园风光、民俗文化的美好向往中,以互联网的玩法,赋能乡村振兴。在民宿短租行业做得风生水起的石绍东,整合装配式建筑的先进技术和旅游民宿运营的经验,扎进了乡村度假市场,创立了途远。途远从老房改造,到新建农庄,让当地百姓可居住,可分享;又从线上导入客源,线下精细运营管理,再将每一栋房子都纳入全国交换入住的体系,提升了乡村旅游的触达性和优质感。此外,途远还用创业基金支持当地人员参与民宿管理和运营,打造"一村一品"的特色伴手礼,建立爱心书屋,给留守儿童和旅居的人以精神食粮,乡村建筑和旅游都将变得更加有生命力。

2018年，石绍东拜访褚时健老先生，请教如何推动乡村振兴。老先生嘱咐，乡村振兴主要靠群体的消费，要进入农村经济的循环体系中去，才能使农村的生态链转动起来。显然，途远正在朝这个方向努力。

2018年，我国GDP已经突破90万亿元，人均GDP达到9 960美元，眼奔着1万美元而去。此时，讨论中国的消费特质，单纯说消费降级或者升级都失之偏颇。"五环内"的发展经验和技术手段，已经具备赋能的条件。嗷嗷待哺的乡村市场，移动互联和手机硬件入口已基本布局完备。中国消费的未来，是中国整体经济增长带来的消费进步，更是城乡消费的融合、互补所带来的消费活力的提升和潜力的激发。

这将迎来一个新的消费时代。

曾经被网购浪潮冲击得遍体鳞伤的李宁，在几年前关店潮中一度灰暗，却在2018年金光闪闪起来。

2月，纽约时装周，胸前绣着"中国李宁"四个方块字的服装设计在社交媒体上炸了。人们疯狂转发，这四个方方正正的汉字成就了李宁在新一代年轻人心中的位置，一如"中国李宁"这四个字连在一起在众多"70后"心中具有非凡意义一样。在大多潮牌都为外国人主导的时候，终于有了中国品牌的影子。那些曾被认为"土得掉渣"的国货也走向时尚的秀场，中老年人的保暖神器波司登也开始和加拿大鹅、Moncler和始祖鸟这些"蓝血"老牌掰起了手腕。

李宁和波司登们扛起了"国潮"的大旗。

在沉寂多年之后，李宁的销售额进入了百亿元俱乐部，股价涨了3倍。人们很难理解，当初李宁讨好般地把品牌改成"90后李宁"，都没能让这些年轻人买账，四个字的营销活动就带火了李宁，就像很难理解淘宝上有好几家汉服店竟然销售额过亿元。这些汉服怎么穿、啥时候穿困扰着很多中老年人。

这就是新消费的力量，它猝不及防地出现，给人们以惊喜。或许它一直存在，只是在消费大潮的奔涌和代际更迭中，这种个性化的时尚感、敢于尝试的新鲜感、身份认同的文化感从小众亚文化逐渐流行起来。

中国这个超大规模的市场，不仅体现在数量上，还体现在消费的结构性和层次的差异上。无论巨头多么强大，总是有一些足够大的空白需求，让新入局者去探索。满足"长尾市场"需求而诞生的大平台生机勃勃，小众文化、潮牌圈子、垂直电商等细分领域依然会有自己的舞台。"便宜"具有足够大的市场，"正品好货"也能站稳脚跟。

这一年，为促进消费，激活国内庞大的内需，政策层面拿出了诚意。个税起征点由每月3 500元提高至每月5 000元，"赡养老人、子女教育、继续教育、大病医疗、住房贷款利息或住房租金"等专项附加扣除政策也同步实施。这是继2011年，我国个税起征点从2 000元调整到3 500元，初始税率由此前的5%降为3%之后，个税改革的又一次重大调整。

对大多数人而言，新政带来的可支配收入提高或许并不显著。这一系列操作是否解渴，又能够在多大程度上刺激消费尚有争议。但个税调整的不断上涨呼声背后，正是人们收入提高的现实，这才是消费提速的底气。可以印证的是，2011年个税改革时，消费对经济的贡献率达到了51.6%，成为我国经济增长的第一引擎。而消费的表现，是餐饮、是购物，也是娱乐教育，最终都体现在了服务业发展的成绩单中。

TMD新一代长成

2018年这个时点上，BAT三大巨头相继转向基础设施领域，打造"水电煤"式的支撑平台，在社交关系、搜索服务、消费平台、人工智能这些基本盘上保持稳定长青。就像当初中国三大电信运营商搭建起来的基站和流量为BAT的腾飞立下了大功一样，虽然在OTT之下面临管道化的风险，但中国移动一家的净利润，就已远超BAT三家企业的净利润之和。BAT也正在朝这样的角色转变，逐渐摆脱"唯增长论"的烦恼。

这一年，中国互联网行业再一次迎来了上市高潮，小米、美团、B站、拼多多、蚂蚁金服、爱奇艺等明星公司均在其中。BAT江湖之下，新生力量强势崛起，在2018年的IPO市场上完成了它们的成人礼。

其中，王兴鸣锣、美团上市成为这一年重要的新闻事件。

前者显然具有更多八卦的成分，从校内到饭否，这个每一步都踏在点儿上，却没有一个美好结局的持续创业者，此次终于带领着美团在香港将铜锣敲得"震天响"，王兴终究撕掉了"犯了创业者所能够犯下的所有错误"的标签。令人感慨！

美团上市，却扎实地让人兴奋。从百团激战中保存实力，到外卖领域O2O成为寡头，再到如今从餐饮外卖延伸到酒店、旅游、出行诸多领域，短短八年的时间，美团在"帮大家吃得更好，生活更好"这件事上，正在向大平台冲刺。2019年第二季度，美团市值突破5 000亿港元，成为继阿里、腾讯之后中国第三大上市的互联网企业。

此时，今日头条对媒介形态的颠覆，美团对消费习惯的重塑，滴滴对出行效率和体验的提高，TMD所展现出来的活力让人心生佩服。而从诞生到长成，它们调用着高德/百度地图和支付宝/微信的接口，在微信、微博里获得分享，接受着BAT给予的真金白银的支持，运行在小米、华为和VIVO的终端设备里。它们所进行的创造是在完备的肩膀之上，也因此，被视为BAT江湖之下的互联网新一代力量。

在BAT的熏陶下，TMD依托优势业务，进行产业上下左右的延伸。美团的food+platform（食物+平台）模式，滴滴在出行领域从四轮到两轮延伸，字节跳动（今日头条的母公司）则是基于一套成熟的标准化迭代流程，在资讯、视频、娱乐领域，以手机App工厂的姿态，批量生产出头条、抖音、火山、懂车帝、皮皮虾、飞书等多款App。它们吃通产业链，搭建产品矩阵，沿着修缮完备的信息公路兴建"加油站"和"服务区"，构筑着各自的竞争壁垒。

2018年，这波扎堆上市中，还有平安好医生和111集团，前者有全球AI医疗科技第一股的美誉，后者是著名的医药电商平台。这是消费互联遍地开花中，从基础的生活领域到医疗难题、生命之重，攻下的最后一块堡垒。自此，购物、餐饮、金融、出行、娱乐、旅游、健康等几乎所有与人们消费相关的领域，都在互联网的影响下发生了重大变革，并结出硕果，产生了行业的领军者。

围绕着消费端，市场基本被开发完毕，这是人们常说的消费流量红利见顶。剩下的是如何在消费存量中进行协同深挖。

这不，直播带货兴起，抖音凭借高转化率与便宜的流量激发了淘宝极大的兴趣。字节跳动和阿里巴巴果断出手，建立起了合作共赢模式。字节跳动提供内容完成用户导流，阿里巴巴负责电商供应链，两大平台的合作顺应了内容电商化与电商内容化的大趋势，更开启了大平台之间的竞合阶段。

在互联网服务的这条路上，基础设施和服务形式正在不断创新、不断完备。前辈可鉴、后辈来追，这些开创者和后来者正携手将互联网带入下半场。互联网平台之间将进行更广泛的协同、合作和竞争。

从新零售到新供给

过去十多年的发展，中国服务业有两种力量，一种是新兴，另一种是传统。它们曾互助、颠覆、竞争、对抗，但最终走向融合。电商之于商超，"宝宝们"之于银行莫不如此。此时它们从降维打击到握手言和，从此紧密相连。

2016年，马云在云栖大会提出"五个新"——新零售、新制造、新金融、新技术和新能源，一时霸屏互联网。很多人表示过于花哨，看不懂。然而，这些超前性的提法表达出了互联网技术和思维对于传统业态重新塑造的可能性，火热的新经济大都来源于此，实践从业者们也进行了一系列的有益探索。

新零售概念提出不久，阿里巴巴很快就打造出盒马鲜生，永辉超级物种、京东的7FRESH紧跟其后，它们试图将超市和餐饮融合在一起，紧接着无人超市、无人货架出现一拨地推热潮。巨头们都在打造着各自的新零售样本，并提出了智慧零售、无界零售等概念来表达对新一轮零售革命的热情。在本质上，不过都是运用互联网技术将门店进行数字化改造，从线上下单、支付到线下体验、物流完成一轮闭环。这场零售的争夺已经不是电商引流的入口之争，比拼的是供应链、跨界整合和增强用户体验的能力，已然超出了传统零售的边界。

在新零售的布局中，饱经摧残的实体门店不再一无是处，摇身变成了"最后一公里"这个关键环节上的优质资产。它们发挥遍布各地、最能贴近客户的终端触达优势，完成体验、销售和物流配送的多重角色，成为巨头们争相抢夺或者联合的对象。阿里巴巴牵手高鑫零售、混改百联、私有化银泰百货，以"人、货、场"三个维度重构传统零售的存在方式；京东牵手永辉，与沃尔玛达成战略合作，实施供应链体系和物流能力的强强联合，提供到家服务。一直在规模扩张主航道上的苏宁宣布，到2020年要达到2万家门店，并形成"两大两小多专"[①]零售业态群，覆盖从一、二线城市到三至六线市场和乡镇的纵深布局。

2018年伴随着一句"迟到的正义依然无比珍贵"，物美的领头人张文中重新回到大众的视野。这一年9月，网上一则消息宣布物美首次入围中国企业500强，似乎是在将物美拉回到主航道上。其实早在2002年，这份榜单发布的第一年，物美就位列其中。回归的张文中带领着物美，和昔日的竞争对手一样打造线上、线下一体化的店铺体系，多点App冲进了新一轮的赛道中。

曾经让哎呀呀遍布大街小巷的叶国富，又利用五年的时间打造出另一个零售实体店——名创优品。2018年，名创优品已经在全球开店3500家，销售额达到170亿元。

相比于哎呀呀单一的饰品，名创优品包含了更丰富的品类，从生活百货到数码配件不一而足。名创优品延续了哎呀呀的风格和操作手法，从产品出发，

[①] "两大"指的是苏宁广场和苏宁易购生活广场；"两小"指的是苏宁小店和零售云店；而"多专"就是苏宁易购云店、苏宁极物、苏鲜生、苏宁红孩子、苏宁影城、苏宁体育、苏宁汽车超市等各种垂直领域的零售业态。

整合从研发、设计、生产、物流到终端的供应链，以"三高三低"，即高颜值、高品质、高效率，低成本、低毛利、低价格的导向，让消费者以合理的价格买到称心实惠的产品。名创优品以"10元店"著称，常被冠以"无印良品、优衣库眼中可怕的对手"的名号。

叶国富于2013年创立名创优品，此后这些年，正是电商对实体店碾轧最激烈，传统零售在关店潮中哀鸿遍野的阶段。名创优品逆势崛起并获得了快速增长，这让叶国富有底气直言"线上电商的作用不值一提"，谈到马云和王健林的世纪赌约，称"始终不会做线上"，甚至还公开叫板马云，"如果实体店输了，愿替王健林出这个钱"。

叶国富革新了传统零售渠道的陈旧与沉重，改变了过去品牌商对价格的贪婪控制，缩短了工厂到店铺的环节，拉近了消费者与生产端的距离。名创优品模式因此被树立为零售实体店的典范。

但进入2018年后，名创优品增长出现迟缓，实体门店面临触顶。叶国富快速掉转船头加紧电商布局，与线上渠道展开合作。从6月到8月，名创优品线上订单增加了540%，总的GMV增长了510%。第三方平台跑出的数据让叶国富看到了绝对值得一提的电商作用。

零售的本质就是在于"触达"，全渠道已经成为标配，谁都逃不过。新兴与传统、线上和线下的边界日渐模糊，它们正携手一起推动着中国进入零售新时代。

在消费互联遍地开花，产业互联已经悄然崛起的时代，巨头们将"战火"引向了生产制造环节，这也是马云提出的五新之一的新制造，即用数据手段，实现制造的智慧化、个性化和定制化。这场反向定制的布局中，互联网大厂们都成绩不俗。

网易严选已经小有成就，此时正联合珠三角和长三角的众多国际大牌代工厂，倡导着"更好的品质和更低的价格"，硬生生地在阿里和京东占领多年的"长尾市场"中，切出了一块中产崛起的"新头部"。

阿里从数据优势出发，扶持原创设计师品牌，以C2M引导制造，对工厂进行数字化改造，在深圳东莞的数码3C、中山的小家电、浙江诸暨的袜业中，打造出了一个个爆款。在这种新制造的模式下，阿里曾在三天时间卖光了29万份高品质电动牙刷。

以用户拼团起家的拼多多，此时也推出"新品牌计划"扶持1000家"拼工厂"品牌升级。京东2018年年底推出的699元的王茅酒，首发2万瓶珍藏版，瞬间被抢购一空。

早早O2O双线布局，坐拥庞大线下终端的苏宁正向所有商家开放数据、激励政策和流量支持，同时利用互联网技术收集消费数据、感知消费习惯，预测消费趋势，引导生产制造。

互联网巨头们从消费端出发，用数字化工厂打造出来的"源头好货"，正带领着中国制造业摆脱低价低品的印象，走向优质平价的新国货。

这是一种新的供给方式和新的零售方式，也带给了我们重要的启示：从生产到流通，从工厂到顾客的这整条产业链上，参与者的话语权正在发生变化。品牌商对终端消费者的掌握能力、对于价格的控制能力日渐式微。那些距离消费者更近，能够协同设计、物流和交易等全供应链能力的平台巨头正在接棒。

2018年8月31日，世界上首部电子商务领域的综合性法律——《中华人民共和国电子商务法》正式出台，这部关系到亿万消费者"买买买"的法律，历时五年，经历三次公开征求意见、四次审议及修改才得以问世。其中，电商平台对于平台经营者给消费者造成的损害，应该承担什么样的责任，引起了社会的广泛讨论。"连带责任"显然遭到了电商平台的反对，"相应的补充责任"又似乎太轻，最终在各方利益博弈的平衡中选择了"相应责任"。

自此，平台更加当仁不让地成了零售的主体力量。它或是从电商壮大，或是从实体连锁触网而来。它们都携带庞大的消费群体，推动着零售业的竞争升高维度。单纯的进销差价模式很快将成为历史，取而代之的将是包含品牌推广、产品定制、物流供应链、数据挖掘，甚至于资金增值和管理等多维度的价值创造体系。

资产新规下的各归其位

在另一场新老业态的恩怨中，银行与互联网金融的关系也进入一个全新的阶段。2017年的夏天，不足三个月的时间里，中国最大的四家商业银行和四家最大的互联网企业展开了集体合作。建行与阿里签署合作协议，打通信用体系；工行和京东启动金融业务合作；农行和百度成立金融科技联合实验室；中行和腾讯打造金融科技联合实验室。中农工建和BATJ，头部力量们正在探索"金融+科技"的范式。

究其根本，传统商业银行在"三重门"中饱受煎熬，占比60%左右的公司贷仍旧以息差模式为主导，吞噬制造业利润的质疑声未曾减弱。随着资本市场的多元化发展，债权模式的公司贷款将逐渐被撼动。零售业务中个人房贷占大头，受政策制约显著。小额、分散、高频的消费贷显然是可以奋力一搏的蓝海。2018年招商银行的净利润超过交通银行，这让人们对零售型银行的前景充满期待。以科技和数据武装公司业务、拓展零售业务成为银行转型的必备良药，但几年尝试下来终不得法，亟须外部力量的破局。

BATJ互联网金融巨头，对信息技术的积累，对开放、共享等互联网精神的实践，以及微信和支付宝所拥有的10亿级客户背后庞大的消费场景，都是传统银行转型的重要支撑，但自身却在资源、规模、政策支持和客户源等层面存在较大的短板。

于是，银行和"宝宝们"的争吵似乎还未消散，传统金融与新兴科技的联合已经到来。

与此同时，金融的政策层面迎来了史上最严厉的整顿，三大攻坚战之首的"防范化解重大风险"祭出了撒手锏——资管新规，确保金融的发展回到正确的轨道上来。银行和互联网企业在携手向前中要不断纠正和完善自我。

过去几年，虽然监管不断加强，但影子银行的发展并未放慢脚步，这是在层层嵌套中，资本逐利的天然结果。据统计，截至2017年12月，国内资产管理业务包括银行理财、信托公司、基金公司公募基金、基金公司专户（含子公司）、证券公司资产管理、私募基金管理机构、期货公司在内的资产管理业务，总计109.35万亿元，抛开重复计算的部分，影子银行也能达到60万亿元左右。

资管新规措辞严厉，针对金融机构的表外业务，也就是人们熟知的影子银行展开了一揽子的风控措施。

"按照产品类型统一监管标准，明确资产管理业务不得承诺保本保收益，打破刚性兑付。严格非标准化债权类资产投资要求，禁止资金池，防范影子银行风险和流动性风险。分类统一负债和分级杠杆要求，消除多层嵌套，抑制通道业务。"

此文一出，业界震动。

微观层面关系到万千家金融机构未来的生存转型之道，以及数量更为庞大的金融民工的年终奖能拿多少；中观层面关系到百万亿元规模的资管行业如何进退；更为重要的是，这百万亿元资产管理计划背后的实业关联以及可能引发的连锁反应，宏观层面国家金融稳定和经济稳定都在人们关心的范围之内。

随后，银行、保险、证券和信托相继出台了配套指引，百万亿元资产将被逐一清理整顿，表外转表内，整个资管行业开始了艰难的转型。连环效应之下，股市爆仓，很多上市公司的控股权让出，甚至还引发了民营经济离场论，让人心生彷徨。好在2018年11月1日，习近平总书记主持召开了民营企业家座谈会，民营企业作为自己人，要和国有企业一道肩负起"培育全球竞争力，走向世界一流"的重任，才算让民营企业家吃了定心丸。

资管新规拉开了资产管理行业统一监管标准的序幕。组织层面也做好了准备。2018年，国务院机构改革方案落地，银监会与保监会合并，组建中国银行保险监督管理委员会。中国人民银行上收银保监会政策制定及审慎监管职责，银保监会专注于提高监管专业性。前一年国务院金融稳定发展委员会成立，如此，一委一行"两会"的全新金融监管体系正式形成。历经金融七年"混业"经营后，中国迎来了金融大监管的时代。

在资管新规的强势效应中，在金融领域杀红了眼的互联网公司不再高喊"颠覆传统金融"，开始强调"不做金融，只做科技"。

2018年6月，手握多张金融牌照的蚂蚁金服宣布未来重心将由支付及消费金融转向技术服务，目标是技术服务占收入比重由2017年的34%升至65%。

从消费金融到金融技术输出，互联网巨头们做出了相似的选择。

京东逐渐将金融资产转让给银行等金融机构，转向To B，为金融机构服务，京东金融也正式升级为"京东数科"。百度也不再对金融牌照心心念念，只是通过"试验田"打造金融科技能力。低调的腾讯压根儿就没有将金融业务分离出来，马化腾给出的答案是金融和其他业务存在很强的耦合性，没有必要。

轰轰烈烈的互联网金融奋力回归科技，海航、中植、明天、九鼎民营金控也纷纷剥离相关业务，"主动瘦身"。

2018年，陈峰开始整理海航家务，果断"卖卖卖"，陆续放弃手中持有的所有金融机构股权，在断舍离中，从一家拥有保险、信托、券商等牌照的大型金控集团，不断向航空主业回归。

海航的过往在企业发展中颇具代表性。这一过程是对做大规模的青睐，对金融高利润的逐利，是对产融结合的跃跃欲试，而后经历风险甚至灭亡的危机。到了"而立之年"，逐渐找到了每个微观企业所需要的主业坚守，放弃与自身能力不相称的业务。

高光中的房地产转型之路

这一年被拷问的不只有金融业态，处在高光时刻的房地产企业也在奋力地活着。

这一年的世界500强排名中，我国6家房地产企业上榜，并承揽了这个行业入围企业的所有席位。相较于上一年，各自都有大幅度进步，其中碧桂园幅度最大，提高了176个名次。这是我国房地产企业在世界舞台的高光时刻。

但有几则消息与之形成强烈对比。

6月24日，碧桂园在上海的一个在建售楼处坍塌，1死9伤。一个月之后，碧桂园在安徽的建筑工地坍塌，6死13伤，在频发的事故中，被业界视为标杆的高周转模式，成为碧桂园耀眼业绩中的阴影。

碧桂园的"456模式"为人熟知，即拿地4个月开盘，5个月资金回笼，6个月资金再周转。2018年的一份内部文件在网上公开，碧桂园试图进一步压缩工期，"开盘工期≤3个月，奖励20万元"。在对效率极致的追求中，天平导向了安全隐患。

另一家房地产巨头，万科在厦门的别墅出现五折甩卖，秋季例会会场中的标语"活下去"迅速传遍全国，人们觉得有点蒙。

2018年，上市房企平均净负债率升至92.52%，达到十年以来的高值。这意味着，此时房地产企业距离资不抵债平均只剩下7.48%的空间。稍有不慎，房地产就会出现破产。

2018年，地产调控异常严厉，坚持"房子是用来住的，不是用来炒"的导向，全年各地超过450次调控政策出台。小型房企受困于流动性危机，接连破产，曾经位居中国企业500强多年的银亿集团也没能幸免。2019年，宣告破产清算的房企超过400家。

在房地产预售制下，众多房地产商依靠高周转、高杠杆，摸准拿地周期，在短时间内实现规模爆发性增长。碧桂园的高周转模式引发的安全事故受到广泛的批评，但其实"唯快不破"是行业多年来的共同遵从。此时，正在经历深刻调整的房地产，无论是高周转还是降价甩卖都是快速回笼资金、求生存的应对方案。

除了努力守住地产的堡垒，房企巨头们纷纷朝向多元化转变，喊出再造新的千亿级增长。"恒大地产集团"变更为"中国恒大集团",形成了地产、旅游文化、健康养生、新能源汽车四大产业。以住宅领域专业化著称的万科,以地产业务板块为核心,在物业管理、商业和物流、养老教育等方面不断扩大业务的半径,转型成为"城乡建设与生活服务商"。

2019年4月,一篇文章《黑龙江鹤岗房价惊现"白菜价":一套房卖1.9万》火遍网络。

鹤岗又称为煤城,典型的资源型城市。新中国成立之初,因重工业布局,以鹤岗为代表的东北成为全国人口集聚的核心,也带动了房地产的迅猛发展。但随着资源日渐枯竭,鹤岗逐渐走向收缩型城市的道路,整个东北的人口都出现大面积外流,鹤岗这样的城镇开始面临着"空巢"的尴尬。1.9万元买下一套房可能有点夸张,但5万元左右在鹤岗买一个二手房并不是难事儿。

在全中国大多数城镇的房价不断攀升中,这则新闻给人们造成了很大的冲击。1.9万元在北上广深这样的大城市仅能买下一只脚所站立的面积,在小县城也不过就是一张床的大小。鹤岗这样的小城市在房地产去库存中,一片哀号,但这正是中国房地产发展这枚硬币的另外一面。

随着高层对房地产强监管的决心不断付诸实际,在经济转型中逐渐放弃对房地产的依赖,加上城市化进程的减速,房地产行业从增量市场逐步转为存量市场。房地产行业中,市场关系从卖方转向买方,成交疲软、库存高企、价格低开、利润摊薄等现状将伴随楼市的艰难调整,二手房交易相比新房更能成为市场的风向标。一众房地产商也在存量见顶中,更加理性,更加回归到房子作为一个商品本身的竞争力打造上。

受挫与监管中的反思之年

2018年,在服务业态中发生的诸多事件,引来了监管层的强力治理,让这一年注定成为整个服务业的反思之年。业绩冲刺中的道德底线、技术中性的价值导向、模式创新中的灰色地带……这些问题的讨论和界定都让服务业的发展不断回归到价值的基准线。

这一年，净网行动异常严厉。3月29日，《人民日报》发文《警惕！短视频沦为"低俗秀"》；4月1日，央视曝光了未成年妈妈主播，对短视频领域乱象进行了批判，随后广电总局约谈了相关负责人，要求限期整改。

监管层以儆效尤。拥有2亿用户的"内涵段子"客户端及公众号被关停，成为一颗重磅炸弹。工程师出身，倡导"技术中性"的张一鸣，第一时间发亲笔信致歉，"产品走错了路，出现了与社会主义核心价值观不符的内容，没有贯彻好舆论导向，接受处罚，所有责任在我"。

数亿条视频被下架、清理；数亿个账号被永久封禁；今日头条、抖音、快手等平台开始了持续的整改工作。无一例外，它们都全面扩充了人工审核队伍，顺带加上了"共产党员优先"来表明自己的认真态度。

从电商平台淘宝、拼多多的假货，到直播平台中的主播们不断突破底线，再到社交平台的饭否、微博、公众号及短视频领域抖音、快手中的低俗、暴力内容，互联网产品因质量、内容和尺度问题，一度遭遇困境。有些经历阵痛，很快调整恢复，有些则直接被拍死在了沙滩上。起初，它们大都以试探者的姿态入局，草莽生长，而后历经持续的审查、整改，走向优化。

这一年的"两会"上，携程亲子园和红黄蓝幼儿园发生的两则虐童事件被当作典型案例写进了2018年最高人民检察院的工作报告。各地频繁曝出幼儿园虐童事件，孩子们被强喂药、被扎针，引发了全社会的关注和思考。2017年，我国适龄儿童毛入园率达到了79.6%，距离2020年85%的目标是不小的差距。民营资本进入学前教育，在很大程度上缓解了这一领域发展不平衡不充分的症结，但民营幼儿园如何监管？在装摄像头、严把教师质量等建议之上，中央层面拿出了学前教育新规，禁止民办幼儿园上市，试图从源头上遏制业绩报表KPI压力下的不规范发展。

2018年的5月6日，郑州一名空姐乘坐滴滴顺风车遇害；8月24日，温州乐清一名 20 岁女子同样悲惨。三个月内，两起女子遇害的刑事案件，让滴滴紧急下线了顺风车业务。9 月 11 日，交通部等多部门宣布，完成整改前，滴滴无限期停运顺风车，并对全国所有网约车平台开展全面进驻式检查。

这个匹配顺路出行的车主和乘客，最接近共享经济本质的模式引发很多争议。顺风车和黑车遇害的概率哪一个更高？共享经济平台的责任边界是什么？人命关天，在舆论和监管之下，滴滴遭遇了前所未有的压力，两年前刚获得合法地位的网约车市场又面临新的难题，即效率与安全如何选择？

在一次媒体开放日被问及顺风车何时上线时，柳青说："我们比较尿，很彷徨如何能笃定一个 100% 安全的产品。"时隔下线 450 天之后，滴滴顺风车还是低调回归了。这次滴滴打出的口号是"All in 安全"，从信息筛查入手，提高用户准入门槛，同时升级安全功能，提供全程安全保障，并有针对性地推出了女性安全助手。

据说滴滴此次投入了 20 亿元用于安全领域，这是平台型企业所必须付出的代价，尤其是吃螃蟹的头部企业。正如柳青在微博中的自我拷问，公司要解决的到底是滴滴的安全还是出行的安全？显然有了出行的安全，才会有滴滴的安全。

2018 年年末，权健风波将保健品非法传销产业链连根拔起，那个被权健疗法耽误治疗的 4 岁内蒙古女孩父亲的控诉，丁香医生的勇敢发声，给人们以警醒。保健品需要遵从的是商品的属性，而不是药品，虚假宣传和乱象丛生的保健品市场必须回到正确的道路上来。

除此之外，还有一段名为《杯子的秘密》的视频，曝光了五星级酒店的卫生乱象，占据了热搜很久。近几年，这样的曝光并不是第一次，每一次都会引发一波声讨，但似乎这已经是行业公开的秘密，是常态化的卫生标准和操作规则。何时会有所改变，人们深感不安。

2018 年，跨时代、高立意的电影《无问西东》热映，文科天才却迷失在"理工科才叫实业"的观念中，吴岭澜问清华大学校长梅贻琦，什么是"真实"？

梅校长答："人把自己置身于忙碌当中，有一种麻木的踏实，但丧失了真实。什么是真实？你看到什么，听到什么，做什么，和谁在一起，有一种从心灵深处满溢出来的不懊悔，也不羞耻的平和与喜悦。"这是一种遵从内心，无问西东，摒弃世俗的真实。

2018年年底，B站联合中国社会科学院共同发布了这一年的年度弹幕——"真实"，B站用户共发送了超过10亿条弹幕，其中"真实"共出现了477 065次，位列第一位。这是B站的年轻用户们在视频场景中所表达出的一种"与现实相符、与认知相符、与心意相符"的情感共鸣。

四十不惑的年纪，人们在总结成绩，也在反思，一切都在回归真实和初心，回归到价值本身。

第五篇

回望过去　展望未来

（2019—2020）

站在 2019 年回望过去，可以知兴替。

十四年间，大企业风起云涌，小企业熠熠生辉，上演着兴衰和变迁的故事。传统业态和新兴力量在肆意生长、较量竞争和互动融合的完整周期中，找到了各自的价值。外部力量改变着服务业的发展曲线，技术的支撑和中立、政策的支持和束缚、资本的支援和裹挟、需求的增长和迭代，让企业速生也速亡，快速的新陈代谢中，服务业发生了天翻地覆的变化。

十四年前的经济发展附属，已经扛起半壁江山的责任；十四年前的红头文件，早已落地开花；十四年前的星星之火，已经成为燎原之势；十四年前的辉煌，经历市场的洗礼，已然完成优胜劣汰；十四年前，所有的边界都是清晰的，如今跨界融合中难分雌雄。十四年中的一些理所当然，人们开始反思其价值和初心。

一个轮回之下，一切都是圆满，一切也是重新出发。

站在 2020 年展望未来，可以早布局。

着眼未来，服务业的发展空间依旧广阔，技术、政策、资本和需求等外部力量犹在，并将继续影响服务业的发展水平和节奏。疫情之后的服务业将更加分化，也更加融合，员工的活力、组织的开放、技术的投入都将是企业需要努力的方向。这些叠加在一起，将书写出下一轮的精彩。

2019 一个轮回下的天翻地覆

2019年，发生了很多可以载入历史的大新闻。

这一年，人们一边在北京长安街上老牌商场"赛特"关店中，追忆着传统零售的风光；一边惊叹着天猫"双11"总成交额又创下了2 684亿元的新纪录。被互联网影响最深刻的零售业完成了一个回合的较量。

这一年，人们一边在人人公司宣告放弃社交、移动梦网下架、百度贴吧关闭时，追忆着内心奔腾的青春年华，一边不知不觉地刷起好几个小时的抖音，有了新的集体记忆。是基于社交的自发推荐，还是基于大数据给你所喜欢的，引发了一波关于"善良"的讨论。

这一年，人们一边对流量明星略带偏见，一边学着饭圈小朋友们，为周杰伦做数据，冲刺超话榜首，忽然发现如今的偶像成了C2B流行趋势下打造出来的产品。

这一年，人们一边惊叹李佳琦创下1秒钟228万元的销售纪录，一边质疑顶上半个CNN传播效果的李子柒背后是个大的团队运作，殊不知新一代网红已经成为一个职业工种。

这一年，中国高铁运营里程3.5万公里，约占全球高铁网的七成，大半个中国进入每小时300公里的速度。很少人记得，十二年前，那列从上海站始发的动车组刚刚标志着我国进入动车时代。

这一年，人们在天安门广场的阅兵中看到了如期所愿的盛世，在夜晚的烟花绚烂中迎来了新中国成立70周年的礼成。无数人在睡梦中哼唱，"我和我的祖国一刻都不能分割"。

这些新闻就像电影结束时的彩蛋,是一段跋山涉水之后,时间给我们的礼物。人们惊呼着,也惊喜着。透过彩蛋回顾过往,发现当初那些我们熟悉的人和事,已经变换了模样,那些不经意间出现的,已经成长为不容忽视的新势力。

中国服务业的发展,更是在这种迎来送往中不断更迭进化。

一个轮回的剩者为王

2019年初春,有几则消息,引发了一波"回忆杀"。

一是北京长安街上老牌商场"赛特"闭店。

二是万达百货更名为苏宁百货。

三是苏宁用48亿元收购家乐福中国80%的股份。

人们一边感慨着曾万众瞩目的赛特沦落至此,也一边佩服苏宁不差钱地一路开疆拓土完成两万家门店的宏愿。

曾经"英雄般"存在的北京赛特购物中心,在商业业态更新和消费年轻化浪潮中,难逃岁月的洗礼,从辉煌到迟暮,接受闭店重改的安排。第一个进入中国、辉煌一时的外资大卖场家乐福,在22年之后仅剩60亿元的估值,令人大跌眼镜。外资巨头在互联网浪潮中的不适应性又何止家乐福一家,英国翠丰集团的TESCO(乐购)也悄悄和本土零售巨头华润万家进行了合并。

成立于2007年的万达百货,是商业地产进军百货的典型代表。鼎盛时期的万达百货全国门店总数达到110个,年开店15到20家,一度是中国最大的百货连锁企业。相比于赛特的"高端"特质,万达百货更加注重连锁的规模效应、品牌效应和购物体验,是百货业态多元化升级的引领者。然而"史上大规模关店潮猝不及防",万达百货首当其冲。2014年,万达百货出现亏损;2015年,关店超过40家;2016年,万达百货更是直接被王健林"踢"出半年业绩报告。

赛特和万达都是百货业态标志性的存在，代表了不同时代的商业模式和消费方式，然而它们都有一个共同的特征，那就是实体门店终没有挺过零售演进的车轮。这场始于2012年的"关店潮"，在传统商超与电商融合式发展中，画上了句号。

马上迎来30岁生日的苏宁，还活跃在舞台中央，故事还在继续。苏宁贯穿了整个商业零售发展的进程，历经了2007年传统零售的辉煌，2012年电商的冲击和颠覆，2017年新零售的消费革命等每一个阶段。

在从未停歇的零售业"战争"中，苏宁战国企、战外企、战同行、战电商、战自己，"剩者为王"成了"胜者为王"。并不是每一家企业都能担当行业变革见证者的殊荣，在中国零售业激烈和残酷的竞争中，更是少有企业能走得长远，"剩"下来的苏宁算一个。对苏宁而言，没有所谓辉煌的顶峰，因为它一直在战斗和自我更迭，张近东的不断创新和远见卓识正是企业精神的本质内核，很珍贵。

规模扩张一直伴随着苏宁成长，据中国企业联合会发布的数据显示，苏宁在2018年年末的分公司数量达到11 290家，排在第一位。这是什么概念呢？排在第二位的中国邮政，肩负着向全中国每一个角落提供邮政服务的重任，拥有分公司仅为3 028家。苏宁的扩张速度和网络覆盖能力可见一斑。

如今，苏宁在零售O2O大平台上，一步步实践着当初呼应者寥寥的"智慧零售"。美好愿景的实现，需要组织、管理、文化的系统能力，是"天时地利人和"的结果，在高速发展的互联网浪潮中的企业尤其如此，苏宁任重道远。

十二年，被互联网影响最深刻的零售业完成了一个回合的较量。从对抗厮杀到博弈角逐，再到融合式发展，线上和线下都已经趋于理性，实体门店在竞争中两极分化。

邮储银行的负担变得甜蜜

2019年12月10日，中国邮政储蓄银行在上海证券交易所上市，成为A股市场十年来最大IPO。三年前，邮储银行已经完成香港联交所H股上市，至此"A+H"两地上市圆满收官。在银保监会官网发布银行业金融机构法人名单中，邮储银行也成功晋升为国有大行，与工、农、中、建、交同列。

大多数人可能不知道的是，今天的邮储银行服务个人客户达5.65亿户，拥有近4万个营业网点，已经超过宇宙第一大行——工商银行。2018年，邮储银行营业收入达到2 612.45亿元，储蓄存款市场占有率10.96%，居行业第四位。

与其他五家国有大行侧重于大城市、大型企事业单位不同，邮储银行的优势是服务社区和"三农"。在邮储银行的4万个网点中，城市、县域和农村网点分别占比30%、22%和48%，县级以下网点数目占比达到了70%左右。邮储银行约有17万名员工，其中中部、西部和东北地区占比60%以上。

这样的格局由早期母公司邮政集团承担普遍性服务的国家责任所致，并非银行自身刻意推动实现。农村和小城镇的定位让邮储银行在支撑发展农村经济中被赋予更多的"政治任务"。随着互联网公司带动的市场渠道下沉，村镇市场的价值将被深度挖掘，尤其是在个人零售业务中，而早已在此深耕多年的邮储银行也将迎来更大的发展空间。2019年6月底，邮储银行的零售存款占全部存款的比例高达87.02%，这一比例在其他大行中也就是30%左右。

邮储银行晋升为国有上市大行，要回到2006年拉开的邮政改革大幕，明确认可中国邮政储蓄银行作为全资子公司，独立运作，这份批复对邮储银行成为国有六大银行之一具有奠基意义。

2006年，正是工、农、中、建的集中上市之年。此时，邮政系统改革刚刚破冰，2012年股改、2015年引战、2016年H股上市，再到2019年登陆A股，比肩其他国有大行，邮储银行用了12年。这些年，邮储走过的改革历程与2006年之前的国有大行别无二致，却在这些年的追赶和竞争中多了扎根基层的担当。邮政不仅追上了规模和资本上市，还将因为"亲民"获得更大空间。

过去很长时间内，邮储银行的"三农"特质，布局繁多的网点，是发展中很大的包袱和负担。然而，随着村镇个人可支配收入的提高，下沉市场红利得到极大释放。十二年过后，"三农"早已是一片希望的田野。

这是改革的成果，更是服务业发展的见证。时也、命也、运也。

偶像成为一个产品

2019年7月16日，一位网友在豆瓣上真诚发问：周杰伦微博数据那么差，为什么演唱会门票还难买啊？

一下捅了马蜂窝。

新浪CEO王高飞直接点名周杰伦超话。不争排名也要争口气，已经步入中年的"80后""90后"粉丝"被迫营业"，展开了一场无组织有纪律的打榜行动。对他们来说，做流量数据并不在行也没时间，但很显然为了周董拼了！大家纷纷自学超话，摸索打榜规则，甚至还用起了多年前大行其道的QQ空间回踩冲浪的方式，"夕阳红"打榜团恍惚间又回到曾经激情燃烧的青春岁月。

7月21日晚23时，周杰伦超话影响力破1亿，力压"顶级流量"蔡徐坤，成为首位超话破1亿的艺人。

尽管这件事情后来被质疑是新浪微博的事件营销，但在这场关于荣誉和尊严的战争中，是两代人的交锋，是两种不同的粉丝和偶像关系的展露。

当下的娱乐圈，流量明星是一个特别的存在。他们有些没有明显的才华，也不乏一些五音不全、乐理不通充斥乐坛，没有演技、全靠抠图的明星活跃在荧屏的极端情况；但靠着粉丝应援的数据还是可以"坚强"地活着。

在某种意义上来讲，这些偶像就像被打造出来的一个产品，同样符合C2B的逻辑。这些流量明星按照粉丝的心愿，在娱乐和商业的流水线上被程序化地雕刻出来。粉丝为其打榜，参与其创造，为其作品或者代言买单，又进一步强化了这一循环。这个过程中,流量小生、小花们可能会被新人代替,会被市场抛弃,也可能会坚韧地成长起来。只是成长的环境,不再纯粹。从这个意义上看,如果成了,将会更加强大。

此役过后,人们终于开始发现粉丝和偶像的关系早已从单向输出转向互动创造,从崇拜作品,到为偶像的作品、代言、带货等全面买单。

网红成为一种职业

回首过去这些年,随着互联网的全面普及,数以亿计网民的关注和传播,网红应运而生。

他们有些成名于艺术才华,比如放荡不羁的"80后"文化偶像韩寒;有些成名于搞怪作秀,比如"S"形的芙蓉姐姐;有些成名或许只是个意外,比如手捧奶茶走红的章泽天,开启了颜值即正义的时代。他们从互联网的文字时代到图片时代,很快火了起来,但大多是偶然的、短暂的,数量也极其有限。

如今,在音视频时代,网民们所受到的感官冲击更加直接,网红们普遍更加主动和努力,运作的方式更加专业化,变现之路更加成熟和商业。一批路人走上了网红之路。B站上一批UP主火了,抖音上一批玩家火了,中国蓬勃发展的直播中,李佳琦火了。

2019年,李佳琦在抖音有超过3 500万的粉丝,创下过1秒钟228万元的销售纪录,"双11"当天的24个小时,保守估计靠着直播带动了10亿元的销售额,目测这一年赚到了两个"小目标"。

李佳琦的背后是一个300人的团队,大家都围绕着他,分工明确,各司其职。他在成名之前做过6年的美妆,3年的主播职业,按一万小时定律来看,这近十年的刻意练习,才让他成为顶级专业网红。这种硬实力,显然不是学几句"OMG",就能企及的。

而同样有才华的,还有被央视点赞的古风文化网红李子柒。她荣登"2019

年度文化传播人物",被外媒誉为能顶半个CNN,一个FOX,两个CBS。李子柒手上的老茧和清爽的面容一同让人们震撼。虽然一度辩解,但背后的团队运作也是不争的事实。

李佳琦、李子柒们,自身硬核,运作专业。相比于之前的网红,新一代网红们成了一种职业工种,和商业的无缝对接中,一个网红创造的利润,堪比一家上市公司。在全民娱乐的时代,网红已成为一个价值万亿元的经济体,是很多年轻人寄托梦想的地方。

光环和暴利之下,越来越多的UGC转向PGC,从无意识的生产转向更加专业的创作。各大平台也开始了专业资源的争夺。2016年,百度视频宣布独立运作,融资10亿元,全力发展PGC。不但发挥聚合作用上线了PGC自媒体排行榜,还以技术手段和千人千面的搜索体验为"诱惑",推出了PGC自媒体开放平台。腾讯也启动了"惊蛰计划",签约了100个PGC优质项目。已经投入阿里怀抱的优酷更是以此起家,打造"精品PGC"内容,已然成为各大视频网站争相追捧的热点。

每个月都有数以万计的人,投身短视频、直播行业,人人争当网红。更有数以亿计的人,在手机前等待网红的出现。

商业模式的精神遗产

理论上,服务业企业创新大概可以分为两类:技术创新和非技术创新。前者强调对技术的投入,以提高服务效率,拓展服务方式,并最终体现在对非技术创新的支撑上。非技术创新包含:服务概念的创新、组织的创新和流程的创新等,这些都逐渐幻化成近年来让人爱恨交织的商业模式创新。

实践中,互联网思维席卷一切的那几年,商业模式创新一度被神化,甚至被视为中国互联网产业弯道超车的有效路径。嗅觉灵敏的资本无疑给加了一把火,让"猪"也在风口上了天。互联网和资本的狂热中,PPT制作和讲故事的能力成了一种重要的融资变量,"商业模式"高频度地占据了各类投融资交流场合,平台、生态、赋能、共享、O2O等概念四起。

过去这些年,在电商、视频、共享单车、本地生活等每一个风口中,商业模式创新的逻辑基本相同,那就是依靠庞大的用户群体根基,以免费战略打开流量入口,而后在增值服务和不断扩大的应用场景中收割利润。

"商业模式决定成败"的理念大行其道时,免费战略开启了很多新业态的发展,并成为击败对手的强大武器。

淘宝堪称鼻祖,在那场与eBay的较量中,后者表现出了很大的不适应性。在视频行业,以免费的影视资源引流量,以重金独家垄断影视资源,以可期的流量来寻求重金支持,在这样一个似乎完美又迅速放大的泡泡中,一个又一个没有靠山、没有金主,也没有胆识投入的视频网站倒下了,被吸收了、合并了,未来留下了背靠着BAT的"爱优腾"格局。而后,不管是团购崛起之时,还是共享经济的混战中,免费都成为快速获取用户、占领市场的不二法门。

免费战略需要大资本的捆绑和支撑。身在其中的人们都知道,烧钱烧不出门槛,用户忠诚难以真正建立,但"大家都在烧钱,我们有什么理由停下来"。一段时间内,很多互联网新兴业态企业快速崛起、迅速突围,又突然陨落,一切都是那么猝不及防。在资本的支持下,它们跑马圈地,上演着补贴大战。随后又在资本的裹挟下,不断"合并同类项",寡头争霸频频上演。当行业经过一轮又一轮的洗牌,从千百家混战,到剩者为王,巨头掌控市场时,又面临着"杀熟"的批判,以及管理能力跟不上商业模式创新的速生型企业难题。

过去这些年,在很多新兴业态的崛起中,烧钱,似乎成为一种信仰。有人精辟地总结了中国创投行业烧钱的血泪史:始于百团厮杀,成于出行混战,衰于直播大战,终于单车对垒。

免费的资源和信息曾经带给我们的生活极大的便利,早些年,视频资讯随心看,免费游戏随便玩,免费的东西充满了致命的吸引力,"互联网上的即是免费的"甚至是一个固有的观念。而随着时间的推移,人们越发珍视时间,开始变得理性，发现海量的资讯、视频轰炸越来越多，精品内容却越来越少。于是阅读付费、视频付费、知识付费应运而生，相比免费战略中从流量争夺到流量变现的复杂逻辑，付费变得更加简单、直接。

互联网从业者们发现，流量黏性比流量本身更加重要，"流量经济"正在转变为"黏性经济"。在黏性经济里，产品从一开始就不只是为吸引眼球或者引流，而是为用户带来切实的价值，与用户建立情感的共鸣。这需要舍弃旁支，舍弃复杂的链条，专注地做出极致的产品。目前，越来越多的平台开始提供精品、收费内容，免费战略的魔咒也正在逐渐被打破。

大浪淘沙中，很多被创投们赋予期望的企业速生，也速亡，尤其是以乐视为代表的一众明星企业遭遇危机，跌下神坛。后来者开始清醒、理性。商业模式的基础终不是单方面的一厢情愿，而是从最开始就要有的敬畏和双赢。然而，平台、赋能、共享这些火热的商业理念并没有错，它们成为此轮创新中的一种精神遗产，待未来传承。

移动梦网的历史价值

2019年12月21日，中国移动宣布正式下架梦网热点资讯服务，这个2G时代就对移动互联网有着成功探索的产品，正式退出历史。消息令人玩味。

移动梦网是2001年前后，中国移动构筑的手机上网平台，囊括了短信、彩信、手机上网、手机游戏等各种电信增值服务。对电信运营商而言，用户的入网协议是一次签约，长期有效，用户定期付费，运营商因此获得了大量稳定的存量客户，这是显著的入口优势。深度开发用户需求，提供增值服务成为自然的选择。运营商们开始集成第三方的产品，获得额外的收益。对第三方而言，依托运营商的入口优势向用户销售产品，与运营商分成，也极具诱惑。移动梦网成功兼顾了不同利益方的目标。虽然在此后轰轰烈烈的互联网浪潮中并没有持续出彩，但却意义重大。

于当时，世纪之交互联网泡沫破裂的恐慌中，互联网企业找到了获得增长的新方式。

网易最先收益，扭亏为盈。此前，网易在纳斯达克市场上已经四个月零成交，一度被停牌。凭借于此，迅速复牌成功。

对腾讯而言，移动梦网也是救命恩人般的存在。此时QQ刚刚兴起不久，虽有流量，但未找到可观的变现方式。在当时靠着流量还难以获得风投的关注，更别说银行的贷款。缺乏收费渠道，腾讯难以壮大。移动梦网改变了腾讯的生存状态。而且，很快腾讯靠着QQ数以亿计的用户增长，击败了搜狐、新浪。腾讯通过与运营商二八分账（运营商20%，腾讯80%）协议，迅速长大，赚到了第一桶真金白银。在这种模式下，腾讯拥有了64%的毛利率和39%的净利率水平。电信增值服务很快成为腾讯当时的第一大业务，也是腾讯的现金牛。

于此后，这是长久以来互联网企业找到的，为数不多的，一种可以直接向终端用户收费的方式。这些年互联网企业以免费战略获得流量，但却在变现方式和盈利中苦苦挣扎，移动梦网的模式无疑是具有前瞻性的。大胆推测，如果直接向用户收费的模式得以延续，互联网企业们专注于产品本身的精耕细作，或许会减弱"羊毛出在猪身上，狗来买单"长逻辑下的浮躁和不确定性，或许会减少那些为了引流量而造成的海量资本的浪费，互联网业态会以另一种姿态成长起来，但其普及速度和繁华程度定不如今天这般肆意。历史从来不会给我们彩排的机会，好的坏的，都是如此。

很遗憾的是，移动梦网中的消费陷阱、糟糕的体验让用户对这项服务小心翼翼，甚至排斥。运营商们也因为客服热线的过度营销和免责思维，在电商、移动支付、社交产品所构建出的新入口中，逐渐失去了入口的价值。

技术中立or请你善良

2019年，微信的日活用户已经超过10亿，这是中国互联网历史上的重大里程碑。

2019年年初的微信公开课上，张小龙一个人站在讲堂上说了四个小时，从现场的画面来看，几乎没有人提前离场。这位不善言辞的"微信之父"，没有任何演讲技巧，"啰里啰唆"地讲述了微信的每一个功能背后的理念和逻辑，以及做一个好产品的原则、底线和善良。这更像是对微信八年初心与原动力做了一个系统性的告白和自述。马化腾在朋友圈里评价张小龙的这次超长演讲：史无前例、十年不遇。

很快，对这次演讲中所涉及的"底线和善良"及其影射，业内吃了好一阵子瓜。

2019年，字节跳动市值突破750亿美元，张一鸣带着抖音和今日头条以颠覆者的姿态和强势的内容生态，悄然杀入第一阵营。对取代百度，构建新的B（ByteDance）AT格局信心满满，甚至于人们开始猜测，字节跳动是否能够颠覆腾讯生态。

这一切都源于张一鸣开创了基于算法的信息分发模式。

七年之前，分发资讯App——今日头条悄然诞生。它没有采编人员，不生产内容，没有立场和价值观，只做内容分发渠道，它运转的核心就是一套由代码搭建而成的算法。员工超过1/3是工程师，他们根据算法模型评估出用户的喜好，然后推送用户最有可能感兴趣的内容。

依靠精准的内容分发技术和个性化推荐，今日头条迅速崛起，2018年日活超过2亿。此后的短视频抖音如出一辙，大数据算法的千人千面中，字节跳动旗下的资讯、娱乐产品都火了起来。相伴随的是，大批报纸倒闭了，门户网站枯萎了。但就像当初门户网站对传统媒体的颠覆，而后展开合作，各自做好内容和渠道一样，几乎所有的媒体都开了头条号。内容和渠道的关系，相比于门户时代有了更紧密的关联和共赢。

2019年年初,今日头条开始尝试打造全网搜索的功能,直逼百度,搅动着中文搜索格局。同样是卖关键词竞价广告,和百度价格越高,广告出现的位置越靠前不同,今日头条的售卖逻辑更加效果导向——价格越高,你的广告越会得到更高的用户匹配度,也就越容易被用户刷到。

这是字节跳动对"算法分发"更极致的应用,以及"信息创造价值"的延伸。凭借多年的用户数据积累,字节跳动已经有了足够多的用户画像,足以了解用户的使用习惯。坚持"技术中立"的张一鸣直言:"你看到什么,就说明是什么样的人。"

人们的担忧在于,搜索的技术中立,会直接导致搜索结果的不中立。每位用户身上都贴满标签,定居在不同的小格子里,不停地观看相似的内容。就像《人民日报》评论文章《别被算法困在"信息茧房"》中所说的,"算法主导下"的内容分发模式,也会带来"自我封闭"的危险。在"你感兴趣的"匹配之下,用户想主动获取多样化的信息时,显然会花费更多的时间,这可能进一步加剧茧房困境。

张小龙说:"如果一个人被贴上了保健品的标签,那么他将会被推送保健品的文章。因为惰性是人共有的特性,如果我们推荐给用户新的知识,用户会离开的。而人类进化而来的社交体系,其实是一个具有纠错功能的复杂体系。如果你走偏了,会有人把你拉回来。"于是坚信"通过社交推荐来获取信息是最符合人性"的张小龙,花费了大力气来做好"朋友圈"这种用户自发的分享机制。

内容的分发是基于算法和程序员的操盘,还是用户的自主选择和分享,成为头条和微信发展的不同底层逻辑及各自清晰的调性。于用户而言,是一直看感兴趣的,精耕深挖,可能被自己的茧房束缚,还是要放开眼界,接受多元化的事物,是不同的选择。无关优胜劣汰,没有成王败寇,这个时代给了人们多元化选择的机会。

用户并不是总是理性和清醒的,这是平台责任,张小龙说"请你善良"。人们对此表达出强烈的 respect（尊重）。除此之外，人们对张小龙的膜拜，还源于他对赚钱的克制，他将更多的精力放在了定规则、做裁判，做好社交的体验上。

恰恰是社交，支撑了整个腾讯帝国。

时间回到 2010 年那场著名的 3Q 大战之前，手握 QQ 亿级用户流量的腾讯，在门户、电子商务、搜索、SNS 等领域四处出击，构建"一站式在线生活"的腾讯帝国，一段时间内让无论是先入者还是后来者都忌惮不已，甚至无路可走。

此时，同样是手握全球顶级流量，这次微信做出了不同的选择，张小龙说这不是克制，这是一个好的产品所坚持的原则而已。

2019 年，腾讯的营业收入达到 3 772.89 亿元，约是十六年前（2003 年的营业收入 7.3 亿元）的 517 倍，十分耀眼。对于未来，腾讯开始 All in 产业互联网。2019 年，在腾讯 21 岁生日之际，确立了"用户为本，科技向善"的新使命，新的增长及再造，让我们拭目以待。

欣欣向荣的互联网业态

中国互联网发展过程中所爆发出的惊人力量令人兴奋。对于每一个体生活的影响，互联网所及之处正在发生天翻地覆的变化。对服务业发展而言，是值得浓墨重彩的篇章；对一个国家，是构建竞争力的重大机遇。当然，也正是中国经济的整体壮大，才有了互联网业态的欣欣向荣。

第一，网民打底。

早在 2008 年 6 月底，我国网民数量就达到了 2.53 亿，第一次超过美国，跃居世界第一。2019 年 6 月，我国网民规模达到 8.54 亿，比全欧洲人口还要多。其中手机网民 8.47 亿，占比达 99.2%。网民比任何其他基础设施，于互联网业态的发展都要来得直接。

第二，消费保障。

2019年，我国社会消费品零售总额达到41.2万亿人民币，在成为第一大制造国多年后，第一大消费国也在招手①。2006年，这个数字只有7.6万亿元。十三年间，中国人消费的体量，增长了五个2006年的消费数额。这是切切实实的需求滋养，互联网新兴业态的风口中最先发端于消费，而后营销、购买、支付、流通每一个环节都充满生机，衣食住行、康养娱乐，每一个领域都被洗礼，于是有了消费互联的遍地开花。

第三，制造基础。

淘宝的"万能"形象深入人心，背后是"无所不能"的中国制造体系。这是电子商务蓬勃发展的制造端逻辑。世界上最流行的样式一露面，只要客户需要，一两天内，在义乌小商品市场就能找到同款。更广泛的层面，网络基站的建设，背后是可靠的设备制造；手机用户的普及，背后是性价比高的手机制造；共享单车的狂奔，背后是完备的自行车生产体系……互联网业态的发展，中国制造提供了强大的实体和硬件基础。

第四，资本支撑。

过去十多年间，创投兴起，创业板开市、新三板开闸、注册制推进，畅通了资本的退出渠道。在资本的加持下，众多新兴业态如雨后春笋。根据清科研究中心数据显示，2018年我国创投领域投出的上市前期的项目个数相当于2010年的3倍。其中金融、移动互联、物流三大行业合计占比45%。风投资本的加持，很多新创企业跑马圈地，快速崛起、迅速突围，成为明星或者独角兽，一个个新兴行业破土而出。资本在很多新兴行业的走向中起到了决定性的作用。

第五，独有的精神。

更懂人性的本地化产品创新，以及那些极致服务，恰都依赖于此。比如我们的快递业和外卖服务。前者，前一晚11点前下单，第二天上午9点就能收

---

① 2019年，美国社会消费品零售总额62 375.57亿美元，约43.03万亿元。

到货物。后者，想吃啥，半小时之内就会有人给你送到。这不是技术的难题，无关商业模式，而是中国庞大的人口数量和吃苦耐劳的精神在这波互联网业态中所体现出的红利。在庆祝中华人民共和国成立70周年阅兵仪式上，人们将快递员称为"救命恩人"，这是一种深深的敬意。

一个轮回后的经济新引擎

以上过往，皆为序章。

2019年，我国服务业增加值53.42万亿元，占GDP的比重为53.9%，相较于2006年39.5%的占比，大幅提高了14.4个百分点。这样的成绩，有制造业在金融危机中的重创下红利渐失的反衬，但更多的还是服务业自身不断地发展优化、在创新创业中迸发出的活力。

首先，大企业的快速增长，对服务产业发展起到决定性的支撑。

根据中国企业联合会发布的数据，2019中国服务业企业500强所实现的营业收入总额达37.63万亿元，是2006服务业企业500强的6倍，是同期服务业增加值的80%。

十四年间，大企业风云际会。商超百货等传统零售终端巨头在网络购物的冲击中出现关店风波，在新零售的洗礼中寻求出实现价值的新方式。贸易巨头们纷纷转型，在资本端或者在制造端重塑生机，或以主业优势，向集物流、资金流、信息流等全流程服务的供应链企业转型。交通运输企业进入整合联盟时代，以中远海运集团成为全球运力规模最大的综合航运公司为代表，铁路、公路、水上、港口、航空等运输资源进行着更大范围的整合。房地产企业在一轮又一轮的调控中仍旧肆意生长，迎来了在世界500强中的独树一帜的高光时刻。BAT三大巨头，在搜索、电商和社交上各自扎实地生长，如今已经成为世界级的互联网巨鳄，它们广泛布局，为互联网生态的发展搭建起基础设施，孵化出TMD和PKQ般的新力量。

新创小企业也熠熠生辉。

在"大众创业、万众创新"背景下，大量创业型公司和创客个人得以孵化。它们被创投资金牵手，在互联网广泛应用的滋养中，拓展着市场的边界，一派欣欣向荣。滴滴、摩拜、美团、头条、小猪短租、VIPKID、陆金所等新业态走进我们的生活，涉及出行、娱乐、本地生活、旅游、教育、理财等各领域，消费服务业崛起，在世界范围内都实现了一定的领先地位。产业服务也开始崭露头角，找钢网将钢铁流通从"批发制"变革为"零售制"；运满满连通了全国80%以上的货车，进行运力的供需匹配；"生意帮"用互联网技术和共享理念盘活小工厂的闲置资源，探索出制造业转型的另一种可能性；住宅公园打通了从图纸设计、采购、施工和装修各个环节，为农村建造个性化的房子。十四年间，这些新创小企业茁壮成长，并从商业的底层逻辑上促进着服务业向新的方向前行。

服务业增长的背后，不同产业间出现兴盛和衰落，产业结构持续优化。

十四年间，批发贸易、零售、交通运输三大传统服务企业日渐式微，互联网、金融和供应链等现代服务业企业快速崛起，产业呈现重大分化。根据中国企业联合会发布的数据，在2006年的中国服务业企业500强榜单中，三大类传统行业包含313家，而历经十四年变迁，减少到208家。与此相对应的，金融、供应链服务、互联网信息服务等行业的企业数量，由2006年榜单中的59家攀升至120家。这在更宏观的层面也得到了印证，根据国家统计局的数据，2007年至2016年，交通运输行业的增加值占服务业的比重从12.75%下降到8.70%，住宿餐饮增加值对服务业的贡献从4.84%下降到3.52%。过去多年，租赁和商务服务业、信息技术服务业因为贡献有限很少单独披露，但2018年它们的占比已经达到12.1%。

服务业增长的背后，不同地域之间的发展也日趋分化，并有强者恒强之势。

受需求的拉动及高素质人口和技术的支撑，北上广三地多数时间都位居地域三强，但冠军宝座北京早已让位于广东。2007年，中国服务业企业500强中，广东入围36家。其间持续发力，在2019年的榜单中增长到99家，遥遥领先于中国任何一个省份和直辖市。上海主要领导曾发出遗憾之问："我们为什么没能留住马云？"这个心结引发了上海对创新能力、城市文化与性格的全面反思。痛定思痛之后，上海再造新经济的土壤，拼多多、大众点评、B站、小红书、趣头条、哈啰等互联网新秀先后崛起，上海"互联网沙漠"的阴影终于见到阳光。近几年，江苏、浙江崛起，挺进第一阵营，大有代替北京、上海之势。地域轮换的背后，是政策环境和需求坚挺的王道。

从企业规模到产业、地域分布，服务业欣欣向荣，正遵循着一条持续优化的逻辑。服务业已然结结实实地成为中国经济发展的新引擎，服务经济时代已经到来。

2020 那些可以努力的方向

2020年，一个个"黑天鹅"接踵而至，不断刷新着人们对艰难的预期。新型冠状病毒来势汹汹，席卷全球，被感染者和地区，数量和程度大大超过"非典"。

在全球范围内，疫情愈演愈烈，经济动荡，股市熔断，货币超发。我国发挥制度优势，率先走出疫情的阴霾，新增病例呈现个位数输入型的稳定态势。与此同时，供应链和产业链体系在全球范围内盘根错节受到广泛关注，在全球经济一体化的现实中，防止供应链断裂、掌控产业链的话语权成为各国竞争能力的制高点。

在疫情的防控中，各地陆续封城，拉响一级响应预警，人们居家隔离，对病毒严防死守。服务过程中产销同步进行，供需双方紧密互动。隔离从供需两端都给服务业企业带来了不小的挑战。然而互联网的力量也正让低成本、高效率的服务跨越时空，精确触达到每一个个体。疫情之下，传统和新兴服务业表现出了冰火两重天。

此后，疫情防控将成为一种常态，无论是对全球政治经济格局，还是企业的发展方式都成为一种重要的变量。站在2020年这个时点上，看待未来服务业的发展态势，不能脱离于此。而在"我国经济长期向好的发展趋势不会改变"的共识之下看待服务业的发展，我们既需要结合过去，更应该关注长远的未来。

过去这些年，在技术、政策、资本和需求的共同推动下，服务业快速增长。未来，这些外部力量的变化，也将显著影响服务业的发展水平和节奏，影响着服务业企业的成长轨迹。我们也将着眼于此，去判断服务业的走向。

疫情之下的服务业分化和协作

2020年的新冠肺炎疫情，几乎所有的企业都受到波及，餐饮、旅游、娱乐、航空等消费服务业首当其冲。IT培训机构"兄弟连教育"和北京K歌之王因资金链断裂而备受关注，"阵亡"的名单不断拉长。西贝餐饮董事长贾国龙的喊话"账上现金流扛不过三个月，两万多名员工待业"，海航因为资金链困境或将面临被收购，一度又到了风口浪尖。一时间，无论规模大小，活着、拥有持续稳定的现金流都成为最高诉求。

在传统服务企业一片裁员的哀号中，"宅经济""智生活""云办公"等新的生活方式和工作方式涌现出来。在线教育、餐饮外卖、协同办公和零售电商等产业逆势增长，并成为人们对经济新增长点的期待。

美团新聘33万骑手，每日优鲜日交易额为平时的4倍。上千万企业使用全套的"在家办公"系统，新的工作方式带着满满的科技感提前向我们走来。"钉钉遭遇小学生1分差评"的新闻令人啼笑皆非的同时，在线教育也以最短的时间完成了对市场的教育。这些新业态模式，在疫情催化之下很快得到普及，技术支撑下的商业模式创新在很大程度上拯救了服务业。

同时，阿里巴巴还以"外星人脑回路"开创性地与餐饮、酒店、影院、百货等行业开展跨行业"共享员工"，让待岗员工有活干、有收入。在很多制造业大省，为了留下一线员工，也让他们在流水线上尝试共享劳动力。

疫情之下，新经济培育新动能和创新管理方式的探索是一种进步。传统服务和新兴业态在此消彼长间，将会有更明显的分化，但一部分行业也会出现从未有过的紧密协作，外卖依托于餐饮的一饭一菜，在线看展、在线旅游依赖于实体景色本身的美妙，直播的前提是有内容可以传播。如此，线上线下将更加依赖彼此，这是在危机中的携手同行。

科技终将改变服务业

长久以来,服务业一直作为工业和农业衍生者的角色出现,难以逾越主导产业的发展水平,新一代信息技术或将推动服务业向先导性产业转变。

21世纪以来,互联网相关技术作用于服务业,不仅催生了一大批新业态企业,也改变了几乎所有存续服务业企业的生存模式、服务方式,重塑了企业的价值创造方式。于服务业的发展,是底层逻辑和基础设施层面的重大改变,是主引擎。从消费互联的全面爆发,到产业互联的跃跃欲试,新技术让服务业换了新颜。

技术的进步让经济运行中的诸多要素都实现了互联互通。过去,信息化解决了人与机器之间数据联通的问题。而后,互联网的普及完成了人与人之间的数据链接。目前正在发生的,以云、大、智、物、移、区(云计算、大数据、智能化、物联网、移动互联、区块链)等为代表的新一代信息技术不断深化应用,将解决机器与机器之间的数据互联。服务业企业也将从消费端,真正向企业端拓展。服务业企业的成长也由"互联网+",走向"科技+""金融+""物流仓储+"和"大数据+",前者体现为连接能力和服务广度的扩张,后者体现为整合能力和服务深度的拓展。服务业企业将成为联结生产端和消费端的中央处理器,并在更高的维度打通行业壁垒,提供一站式、打包式、全过程服务,在产业发展中承担更加主导性的角色。

新冠肺炎疫情的暴发、波及和防控中,如果有什么让人们心中不慌,我国企业展现出来的数字技术能力那一定算一个。医疗方面,医疗机器人、智能化医疗影像分析和远程医疗得到广泛使用。疫情地图中,有覆盖全国的上万个发热门诊,有全球实时动态的病例数量和可视化的疫情在显示。人群追踪和管理方面,有"确诊患者同行程查询"工具,覆盖将近10亿人的健康码,可以对人员流动进行精准防范。生活方面,外卖、网购以及线上教育,让人们在家安心宅了数月,人们对外卖小哥"救命恩人"的称呼更加名副其实。这背后是科技、网络和数据的全面支撑，也是ICT产业在"疫情大考"中的发光时刻。

2020年，在应对疫情、恢复经济发展的诸多政策中，"新基建"和"新要素"的入场，令人期待。它们会在未来更深刻地影响服务业的发展。

相比于2008年，应对金融危机的"四万亿"刺激，新基建不仅挖掘新增长点，更强调赋能新经济发展。相比于过去的政府主导，新基建更强调"政策+市场"双轮驱动。相比于令人心潮澎湃的5G商用，新基建包含的范围更广，除了以5G、工业互联网等为代表的通信网络设施，还有以人工智能、云计算等为代表的新技术设施，和以数据中心、智能计算中心为代表的算力设施，等等。

2020年4月，《关于构建更加完善的要素市场化配置体制机制的意见》（以下简称《意见》）以最高规格重磅发布，数据作为一种新型生产要素，与传统经济学中土地、资本、劳动、技术等要素一起，正式出现在官方文件中。对服务业企业而言，至少从两个方面带来重大突破。

一是相比于制造业对土地和资本使用的依赖，服务业更加依靠劳动、技术和数据。过去，因为这些要素难以准确地定价和质押，银行的债权资本支持不足，很多服务业企业的发展受到较大限制。在《意见》的推动之下，技术和要素的定价、使用、转移和共享将会有更加明确的遵从。

二是此前很长一段时间，数据的收集和使用大都处于灰色地带野蛮生长，不能言明。大数据公司依靠"通道"或者"爬虫"技术，在个人和企业可能留痕的数据源获得了大量的信息，然后经过加工、建模，形成数据产品，下游企业以此来构建用户的画像或者评估信贷中的风险。大数据服务公司的成长一度处于合法合规的边缘地带。2019年年末，大数据行业迎来了严厉的爬虫整肃，灰色的通道来源也受到波及。数据荒中，大数据服务公司成了无源之水，数据服务产业停摆。《意见》中明确要求"推进政府数据开放共享，推动人工智能、物联网、车联网等领域数据采集的标准化"，并"支持构建农业、工业、交通、教育、安防、城市管理、公共资源交易等领域规范化数据开发利用的场景"，从数据源头到数据开发利用都做出了安排，此前大多依靠喂养互联网信贷而获得发展的大数据公司也会有新的上升空间。数字经济将得到极大发展。

数字化是产业升级、社会治理的必经之路，巨大价值已经深入人心。未来，在新基建和新要素的格局中，商业模式、新业态、新经济的创造可能远超我们今天的想象。

那将又会是一个崭新的时代。

发展空间依然广阔

1968年，美国经济学家富克斯（V. R. Fuchs）在他那本著名的《服务经济学》中阐述了服务业发展的动因，一是消费需求，即最终需求的增长；二是制造业发展所引发的生产性服务需求的增长。最终需求取决于人口基数、人口结构和人口的可支配收入能力。生产性服务需求取决于生产制造的发展模式和阶段。显然，这两种需求的增长，依托的是一个国家经济的不断进步和人口红利的显现。

过去这些年，廉价劳动力的优势减弱让人口红利在制造业领域出现了转折，人口红利消失的论断充斥着整个中国经济的发展。然而，于服务业而言，人口红利却正当时。

拥有14亿人口的中国正处于中产阶级兴起的阶段，无论是中产的分子还是总人口的分母，都因庞大的数量蕴含着难以想象的服务需求。

在人口结构上，我国正在加速进入老龄化社会。2000年，我国65岁及以上人口比重达到7.0%[1]，老年型年龄结构初步形成。2018年，这一比重达到11.9%，老龄化程度持续加深。人口老龄化意味着整个社会具有消费属性的人口比例在增长，具有生产创造能力的人口占比在下降。前者带来了显而易见的

---

[1] 国际上通常的标准是：一个国家或地区60岁以上的老年人口占总人口的比重达到10%以上，或者65岁以上的老年人口占总人口的比重达到7%以上，那就意味着这个国家或地区的人口处于老龄化社会。

服务需求，后者正是放弃人口战术、提高全要素生产率的机会。更为重要的是，目前在我国养老体系中，居家养老占比90%，机构养老仅为3%。于服务业的发展而言，养老产业是增量型的契机。实操中，一大批养老院、养老地产已经在建设的路上。

在人口分布空间上，拥有8亿用户的下沉市场兴起，服务需求旺盛。

2020年是中国社会发展历史进程中的重要节点，不仅是"两个一百年"目标中全面实现小康社会之年，还是扶贫工作的收官之年。政策红利让低收入人群的消费能力有了保障。而较低的房价负担让下沉市场的居民有了更旺盛的消费意愿。同时，相比于一、二线城市居民，三线以下地域的人群工作时间更短，闲暇娱乐时间相对更多。时间充裕是消费服务业发展的先天性优势。目前，城乡居民消费增速的"剪刀差"已经形成。从服务供给侧看，长期的二元结构体制使得两者所能享受的服务存在巨大的差异，服务业的梯度转移趋势已经显现出来。

有钱有闲的下沉市场在电商、娱乐方面已显示出巨大的潜力，未来将更加可期。

再从宏观经济发展来看，2006年我国GDP突破20万亿元；2012年突破50万亿元；2014年突破60万亿元；2016年突破70万亿元；2017年突破80万亿元；2018年超过90万亿元大关；2019年达到990 865亿元，接近100万亿元。这期间，我国经济总量增长了80万亿元，相当于创造出4个2006年的规模。

眼见的经济增长带来了人们可支配收入的提高，以及支出结构的变化。这将推动中国的消费从功能型向享受型跨越，从衣食到住行，再到康乐，实现消费升级。这将激发教育、医疗卫生、娱乐、旅游、养老等诸多行业的市场空间扩容。过去以成本和性价比为导向的服务内容也向高标准、个性化、专业化、体验化的方向升级，提升服务品质也将迎来更多机会。

消费带动下的整个服务业的发展壮大，显而易见。未来，消费对服务业的贡献将会进入到数量和质量齐飞的阶段。过去十多年间，房地产、批发零售和运输仓储主导了服务业发展的格局，未来文化娱乐、健康养老、教育医疗将起到更大的引领作用。

不同于消费需求的直接性，生产性服务的出现具有被动性，生产制造发展到一定阶段才会明显出现，而后才会有服务和制造相互促进、相互激发的正向循环。长久以来，我国以资源投入为主的粗放型发展中，并没有出现明显的对服务的引致需求。当然，生产性服务的专业性和价值性也常常受到生产型企业的质疑，并为其难以实现高质量增长"背锅"。

随着制造业企业规模的继续扩大，在对高效率的追求中，服务外包会成为趋势，这将刺激生产性服务业的发展，比如人力资源服务公司中智集团，从原材料的采购到产品分销的供应链服务企业。另一个层面，互联网等新技术的应用正在改变生产性服务的方式，从被动到主动，从配角向主角转变。它们将以大数据、云计算和物联网的手段推动传统制造走向智能制造，也将以平台化的力量，以S2b的方式，赋能我国庞大的、分散的、小规模的制造业企业，为中国制造业的转型升级探索新的思路。

改革催生沉睡服务的觉醒

服务业中有一部分业务长期处于沉睡状态。它们本来可以大力发展，却隐藏在国有企业并不受重视的"三产"中，禁锢在远不能满足实际需求的公共领域。这一类服务企业，大都被控制在中央和各地政府手中，其成长要兼顾经济安全、社会责任和经济效益等多重目标，企业本身的竞争能力和对服务业产业壮大的支撑很难尽如人意。

出于工作的原因，我参与了很多促进服务业做大做强的政策研究，其中"降低服务业的准入门槛"，在很大层面成为共识。尤其是2018年，当经济的增速下降到6.5%，拥有爆发潜力的服务业，被赋予了很高的期待值。兴业证券首席经济学家鲁政委直言，教育、医疗等领域的放开，能够让中国经济的增长规模再上一个台阶。

这一类的服务有着很强的政策供给弹性。实际上，以混合所有制改革和医疗改革为代表，改革在持续推进，并取得了不俗的成绩。未来，沉睡型服务的崛起将是服务业发展中的一大特色。

混改是2015年开始的这一轮国企改革的重头戏，被誉为重塑国企发展的动力体系。这对于分布在服务业领域的国企和它们所属的"三产"而言，是重大利好：一是能够混改的服务业务不太涉及基础性和根本性的命题，并且通常规模较小，容易撬动；二是长期在这些领域中摸爬滚打的民营资本具备很强的竞争力，能够有效激发国有服务的活力和效率；三是服务产业是依靠人的服务，和员工的积极性紧密相关，这一轮混改中对员工持股的突破，能极大增强企业成长的内在动力。

事实上，这一轮被树立为混改标杆的企业大都属于这个范畴。进入第一批混改名单的东航物流，是东方航空的子公司，一度面临业务衰退的挑战，在混改中通过引入联想控股、普洛斯、德邦物流等战略投资者，聚合了产业资源，实现了优势互补，为其打通航空物流产业链的上下游资源提供了条件。大央企中海油旗下的安全技术服务公司，原本是为海油集团提供劳务派遣服务的三产，因新《劳动法》实施，业务受限，一度萎靡。通过几年混改的推动，安技服公司已经成为海洋石油领域走向世界的安全技术服务机构。

医疗领域，也在互联网医疗和民营医院两个领域进行了诸多探索。

早期互联网医疗肆意生长，乱象频出，甚至出现叫停风波。2018年《互联网诊疗管理办法（试行）》《互联网医院管理办法（试行）》和《远程医疗服务管理规范（试行）》三大文件密集出台，界定了实体医院的主体责任，互联网此后将更好地发挥连接和匹配功能，提供线上问诊、私人医生等服务。

监管政策陆续完善，互联网医疗赛道上的资本属性更加清晰。和医疗、健康有着天然联系的保险资金，正携带庞大的用户基数进军而来。阳光保险于2014年开始布局医疗产业，中国人寿500亿元的大健康基金计划也开始实施。

早早布局的泰康集团据说砸了1 000亿元,完成了医疗领域线上到线下的闭环布局,提升了患者对医疗和保险的双重服务体验。同时,医疗数据反哺保险模型,也有利于保险本身的发展。

野蛮生长的莆田系因为"魏则西事件"很长时间都处在"不正规"的阴影中,但这并没有阻碍民营资本进军医疗领域的步伐,它们以更加专业的能力和市场化的手段,投资建设新医院,成为公立医院的重要补充。2018年年底,民营医院数量达到2.1万个,占全部医院比重的63.5%,但需要面对的事实是,民营医院诊疗人次仅占比14.8%。民营医院继续发光发热,还需要医疗政策的扶持、专业能力的提升以及品牌信任的建立。

因此,对改制的公立医院进行投资或者运营管理成为很多资本退而求其次的选择。拥有"国家队"背景的资本在医疗这件事情上更是有着天然被信赖的优势。2014年前后,华润医疗完成对昆明市儿童医院的改制,在"企业化、流程化、信息化、酒店化、科研化"发展思路的驱动之下,医院的运营指标、患者满意度、医生待遇等都发生了脱胎换骨的变化。这极大地振奋了当时的医疗市场,也进一步推动了社会力量办医院的步伐。一时间,华润医疗、北大医疗、中信医疗、复星医药、新里程、首都医疗以及各大医药上市公司在医院改制市场上纷至沓来,方兴未艾。

资本主导的专业化医疗集团已经先行开路。未来,互联网的手段将会深入应用,健康医疗这个庞大复杂的领域的发展值得期待。

政策扶持与监管节奏难题

过去这些年,关于服务业发展的制度设计和政策扶持都达到了历史上的最高水平,尤其是以服务业企业自身做大做强做优为目标的政策密集出台,健康、养老、体育、文化等产业政策相继落地,供应链创新被提升至国家战略高度,相关产业在扶持中壮大起来。

回望过去，还有两大政策事件影响了很多服务企业的成长轨迹。一是2009年前后的"四万亿"刺激，房地产和金融企业出现新一轮暴利增长。众多大型国有企业也在这一刺激下，开始向与主业相关或者不相关的产业大量投资，在很大程度上促进了难分制造和服务的企业多元化发展。二是2014年前后，"大众创业、万众创新"风靡一时，带着浓重"互联网+"色彩，乘借新一代信息技术的东风，众多新业态服务业小企业如雨后春笋般成长起来。

无论是主动扶持，还是意外之果，国家大的政策导向都给服务业的快速发展添了一把火。但同时，服务新业态的创新速度之快，往往超出人们的想象，很多行为都超出了既有政策所规范的边界。在快速崛起的新业态新模式中，很多具体政策都显得滞后和模糊。因此，最先吃螃蟹的创新者往往是从破界、违法开始的，政策的合法性终成为企业成长之路上最大的不确定因素。终于有一天，千百家企业涌入市场，给社会有序运行带来不少难题，政策大刀举起，对行业的健康发展以规范、监督与管理。企业和政策之间开始真正的博弈，政府关系（GR）团队也几乎成为新业态企业的标配。但"to be or not to be"都不是企业所能全盘掌控的。

其中，最具代表性的应该是共享经济的崛起。被誉为"中国新四大发明"之一的共享单车崛起，占尽了"赤橙黄绿青蓝紫"所有颜色，也带来了乱停乱放、押金难退和废车如山的社会乱象。而后，各地出台"新规"，限制投放数量、划定停放区域、尝试电子围栏。行业经历混战后重新洗牌，尚存活于市场中的企业都以强大的GR团队，保持着和政府主管部门的密切沟通。

网约车，其兴起和发展也是一波三折。2016年11月，我国首部网约车管理办法正式实施，这意味着网约车这一代表着"互联网+"的新兴出行方式正式进入法制轨道。此时距离滴滴上线已经4年，滴滴、快的结束轰轰烈烈的补贴大战，完成合并已经一年，滴滴收购Uber中国已经半年。处于绝对头部的滴滴迎来了网约车的合法地位，同时也面临着对驾驶员、车辆严格的准入条件。北京、上海等地，外地司机不得接单，让滴滴平台的司机数量大幅下降。后来，滴滴顺风车乘客遇害事故接连发生，在政府的强监管下，企业开始强调要在坚守安全底线中创新发展。

过去这些年，互联网新模式的崛起，很少是政策规划出来的，更多的是自下而上奔涌而出的试探。在成规模发展或者对社会运行产生一定影响之前，往往没有政策可循，企业大胆创新，也肆意投机。但政策的合法性始终是悬在他们头上的达摩克利斯之剑。某种程度上，政策也成为最重要的假想敌，企业的政府关系能力变得越来越重要。

政府扶持与监管、企业创新和自律的节奏或将是一个长久的命题。

产业属性将越发模糊

2017 年的乌镇互联网大会上，马云语出惊人："海底捞是制造业，从火锅料的采购开始，整条生产链都是制造业，只有服务员把菜端上来的那一刻才是服务业。未来到了物联网时代，将没有纯制造业，没有纯服务业，未来的制造业一定是服务业，服务业也一定是制造业。"还有一个广受关注的例子，小米到底是硬件制造企业，还是具有众多功能的互联网企业，成为小米 IPO 定价中资本市场和雷军之间的最大争议点。

这些都是某个极端层面诉说着服务和制造不可阻挡的互动与融合。我们需要厘清的是，从产业这一中观概念来看，服务业还是那个服务业，制造业还是那个制造业，与它们诞生之初的边界并未发生本质的不同，仍旧遵循国民经济中三大产业的划定。

变化的是微观企业层面。在互联网的广泛连接中，科斯的交易成本大幅下降，企业间以虚拟联盟的组织形式进行着协同；也或者随着企业某一能力的强大，在内部自建代替着在市场获取。在制造业和服务业的范畴内，企业边界逐渐模糊，发展成为制造型服务企业或者服务型制造企业。此时，这个企业是否还能够划归到制造产业或者服务产业，成为难题。或许，在未来将打破以企业对象划定其归属的产业界限。

无论如何，制造业企业延伸出的服务，还是服务业企业向制造端的拓展，都在丰富着微观服务业企业的发展实践。

新冠肺炎疫情之下，构建强有力的供应链体系，掌控产业链的话语权成为竞争的制高点，服务和制造的融合，不同服务的跨界和整合趋势将会更加清晰。

一是不断受到市场认可的一站式和一体化服务模式的推动，很多制造业积极转型。多年来，中国制造受制于微笑曲线低端低利润的困境，要么抵上身家性命进行研发创新，从而走出一条创新研发之路；要么在产业链上下游进行战略性的拓展，进行制造业服务化，提供从产品到服务的打包式解决方案，以提高综合竞争能力。比如，以装备制造起家的陕鼓集团，逐步发展成为用户提供分布式能源的系统解决方案商和系统服务商，工业服务已经成为陕鼓的重要一极。

二是诞生于特定历史阶段的众多服务业企业在垄断经营权丧失后，积极谋求转型。这里面最突出的例子莫过于国有商贸企业，过去二十多年，外贸权从中央到地方，从国有到民营，对各品类商品全面放开，粮食、钢铁、化工、能源、纺织、机械等曾经掌握流通绝对话语权的国有大型贸易商纷纷转型，努力向上下游拓展。例如，中粮从大健康需求出发，践行"从农田到餐桌"的全产业链发展；国机集团从贸易向制造延伸，如今机械装备制造早已超越服务贸易成为排在前两位的产业。这些遍布在经济生活中的商贸企业将成为服务和制造融合的重要力量。

三是技术变革为企业发展植入了新的基因，构筑出新的服务模式。新旧业态相互竞争迸发出了融合的力量。餐饮和超市完美结合在一起，购物和本地生活真正做到了线上线下相结合。而已经成长为巨头的互联网平台公司，它们直面顾客，也以强大的数据资产赋能制造企业。以此为依托，制造业企业和服务业企业更加有条件向彼此延伸，呈现相互融合助力式的发展态势。

服务业企业的未来之路

一切趋势的判断,都还是要回归微观企业这一层面来顺应、来落地的。而那些在人们心中根深蒂固的观点,也将在这些新的趋势中被打破。服务业作为一种衍生性和需求性产业,在其发展中,外部的力量自然不容忽视,而服务互动性的本质特征,又让企业在提升服务能力、做大做强的过程中必须发挥更多的自身能动性。员工是服务的主体,企业需要像重视客户一样重视员工。除此,未来的服务业企业应该有技术密集、数据密集、人力成本密集的特点。服务业企业作为一个有机体,整体的效率提高和发展也依赖于各类要素的集成和耦合。

那么在未来,服务业企业的发展应该怎么办?

第一个问题,企业怎么发展做大?

答案是:要么做平台,要么靠标准。

服务业企业规模性成长,意味着企业经营资源的增加,这是企业生存和拓展所需的生产要素,能够提高服务的便利性,比如银行网点的密集设立;也意味着知识和经验优势的积累,能够为服务的专业性提供保障,比如历史更为悠久的四大会计事务所。为顾客提供一个网络化或者一个专业化的服务体系,是服务业企业做大的意义。

那么服务业企业如何快速形成规模?与制造业企业的流水线产品不同,服务业企业快速扩张必须解决服务产品的可复制性,既消除了服务质量的不稳定,又最大限度地满足消费者的个性化需求等问题。

在企业实践中,那些不复杂的、能够实现标准化的服务交易活动会在空间布局上趋于分散,商超、百货等流通性企业表现得最为突出,而那些复杂的、不能实现标准化的服务交易会选择集聚的布局模式,依靠协同效应和范围经济实现成长,比如商务服务业和近几年如火如荼的互联网平台。因此,服务业企业规模扩张可以遵循两种思路:标准化成长和平台化成长。

标准化成长，这类企业的规模扩张必然以空间边界的突破为前提。曾经活跃的南宁百货和京客隆超市，偏安一隅，在相当一个时期内并没有突破地域上的成长，没有在全国乃至世界范围内获得规模上的扩张，很快落寞。长久以来，餐饮企业鲜有做大，而麦当劳却一直是美国500强的常青树，差别在于中餐的标准化困境，地域上难以实现迅速扩张。

平台化成长，是将多项服务产品在一个平台上进行虚拟的聚集，从而满足个性化的需求，并达到一站式的服务体验。腾讯曾经构建"一站式在线生活"，聚集了新闻、购物、社交、搜索、娱乐等众多产品，让腾讯很快成为巨无霸。另外，依靠平台化，产品边界与企业组织边界被打破，核心企业通过基础设施的分享、能力的共用，为合作伙伴赋能，能够打造有机、紧密、共生、共赢的开放生态系统。BAT的例子不必言说，大多数服务业企业也正以这种平台化理念进行大规模的迅速扩张。

第二个问题，制造业服务化，万物互联等趋势下，服务业企业如何存在？

答案是：构建有机开放的组织体系。

随着制造业企业向服务端拓展，服务业企业的生存空间似乎正在被压缩。然而，当今的竞争格局不是企业单体的竞争，而是价值链、价值网的竞争。打造价值可持续创造的开放整合模式，正在取代原有的以资本增值和利润为中心的零和博弈模式。服务业企业的定位不应该只是制造业企业的衍生和附庸，而是应该发挥更加主导型的作用。服务业企业的价值创造不能在自身封闭的系统内完成，而是要和环境融合在一起，以开放和共享的心态重塑与顾客、竞争者、供应商、服务商等利益相关者之间的关系。

首先，服务业企业要借助互联网进行端到端的重塑，借鉴互联网业态所具备的平台属性、共享属性、协同属性，整合企业的研发、设计、采购、生产以及营销等各个环节形成网络化的平台，最大限度地打破信息壁垒，进而实现对客户需求的即时响应。其次，拓展企业边界，实现产业融合式发展。这一融合不仅是制造和服务的融合，还有服务业态之间的互动和跨界。过去几年，零售、餐饮等领域建出一种线上+线下融合模式；互联网金融和传统银行也从博弈走向集体合作——这些都是传统服务与新兴模式融合式发展的范式。最后，提升"三链"（供应链、产业链和价值链）的整合能力，打造综合服务体系。服务业决定经济运转的效率，其根源在于服务的管道和流通功能，比如贸易零售、交通运输和金融服务，它们强大的终极体现就是让商品、要素的传输更加高效、便捷、低成本。交通运输行业的整合联盟和多式联运、供应链行业的"四流"合一、流通渠道的扁平化都是有益的尝试。

第三个问题，服务业企业是不是轻资产运行？

答案是：随着成长和规模的扩大，企业资产将经历从轻到重再到轻的过程。

我从712家A股上市服务业企业的研究中发现，员工和硬件基础交替性地主导着一个企业服务能力的提升。具体而言，硬件支持与服务能力呈现出反向曲线关系。意思是最初随着硬件投入的增加，服务能力会下降，但到达一定阶段后，服务能力又会随着硬件资源投入的增加而提升，在随后的下一个阶段，随着硬件投入的增加，服务能力又会出现下降。员工满意度对服务能力的影响，则呈现出正向曲线关系，与硬件支撑呈现出完全相反的变化。同时硬件支持在员工能力和服务能力之间具有正向调节作用，即硬件支持力度越大，员工能力能更好地转化成服务能力。

因此，很难说服务业企业是轻还是重，要取决于企业所处的发展阶段。但可以肯定的是，硬件的支撑一定必不可少，不同规模的企业存在一个合理的区间。一般而言，一个服务业企业的成长，极有可能遵循的是由轻资产到重资产再到轻资产的一个过程。

任何一类服务都需要一定的场景和设备支持，硬件设备的支撑能力决定了服务水平所能够达到的高度。以物流企业为例，这类企业对仓储场所和运输设施的强化投入，完成了跨行业、跨地区、数量庞大的运输需求，实现了单单依靠人力难以企及的服务水平。

在过去十多年间，A股服务业上市公司中人均使用固定资产有大幅提高，尤其表现在仓储物流、批发零售、金融等行业。对于大部分服务业企业而言，目前可能正处于需要"增重"的阶段。以轻资产运营著称的互联网企业，在探索中也发现仅以轻资产做对接匹配服务，以平台模式和互联网流量去撬动某个庞大的实体产业并不现实。京东物流的重资产布局、美团与饿了么的外卖骑手配送队伍、共享经济所依赖的自行车投放以及直接参与商品生产的小米生态链，都开始走重资产路线，并深入介入产业链条对之进行大改造。腾讯和阿里的"买买买"，也是以资本手段对重资产有了权属的控制。

第四个问题，企业的员工有多重要？

答案是：像客户一样重要，要像重视客户一样重视员工。

"员工是服务的主体，员工满意决定了顾客满意"这一服务营销理论正广受认可。由哈佛商学院詹姆斯·赫斯克特等五位教授在1994年提出的"服务利润链"，阐述了员工满意和顾客忠诚是企业获得成长的有效办法。黄铁鹰教授在《哈佛商业评论》上发表的那篇关于海底捞的著名案例也是以此为出发点，详尽地叙述了海底捞的变态服务背后是"变态地"让员工满意和忠诚。

从现实来看，餐饮、零售、物流、金融、互联网、文化娱乐等行业在较长一段时间内依然具有劳动密集型特质。这些企业的关键人才不仅是高科技高端人才，也有"快递小哥"这样决定企业核心竞争力的一线普通员工。与此同时，就业市场发生了显著的变化，新生代员工的崛起，让长久以来惯用的管理方式和领导方式受到挑战。

在"新经济"的召唤下，越来越多的年轻人放弃长三角的制造流水线，成为职业更加自由的外卖/快递小哥。出租司机不再专属于一个公司，而是在打车平台接活，新冠肺炎疫情催生出的"共享员工"兴起，未来越来越多的人可能会成为自由或者半自由职业者，灵活用工会大力发展。

此外，以互联网连接和激励机制为纽带的人才虚拟平台开始流行，"让世界成为我的人力资源部"的理念被更多企业接受。拥有哪些人才可能不再重要，发挥其价值才是重点。显然，企业的关键员工不再局限于组织内部，很可能在组织之外。他们像企业的客户一样，也需要用心服务。

如何留住人并激发其工作潜能是一个企业发展中的长久课题。如今，员工的结构在变化，雇主与雇员之间的关系在重新定义。服务业企业未来的发展中，提高员工满意度、增加员工对企业的黏性，显得更为重要。像对待客户一样，挖掘员工需求，以物质、以精神满足，以硬件支持、以环境和文化匹配和尊重其价值，是企业必须认真对待的命题。因为，员工就是企业的内部客户，更何况这些"内部客户"和企业的关系越来越松散。

第五个问题，技术投入对服务企业而言，意味着什么？

答案是：意味着掌握行业话语权，意味着无形要素和有形要素之间的匹配和转换，意味着企业未来能走多远。如果说，服务业企业遵循的是由轻资产到重资产再到轻资产这样一个过程，那么技术决定了轻和重的程度，以及它们之间的转换时间节点。

科技正在改变，也终将改变服务业。技术不仅能够让企业获得先发优势，更是一切创新的底气和基础，其影响已然从模式创新到企业管理的方方面面。还需特别强调的是：

技术投入对服务范围和核心能力具有提升作用。快递行业中，电子面单、自动化分拣、大数据的实时预警等技术的广泛使用，让我国的快递数量连续六年稳居世界第一。二十多年从不主动实现盈利的亚马逊，将更多的资源投到"送货更快"这件小事上，以及未来科技的研发中。在商业迭代的浪潮中，它依然在舞台中心。

技术投入能够减少劳动依赖，优化员工的工作环境，甚至是提升安全性。不管是传统的以家政为代表的生活服务企业，还是"互联网+"模式下的外卖模式服务创新，劳动力密集依赖的掣肘都影响了企业未来的发展。外卖骑手将派送速度置于人身安全之上的行径显然不可持续。这些问题的解决需要技术的不断投入，优化服务方式，甚至进行劳动力的替代。

技术正对标准化和个性化服务提供可以想象的支撑：其一，技术可以让众多服务以更小的颗粒度实现模块化运营，从而实现服务的模块化和标准化，企业的规模可以快速做大；其二，在一些专业化的场景中，小样本的开发和迭代正在解决人工智能服务的个性化难题。如此，大数据的开发不仅能够挖掘需求，结合人工智能强大的学习能力，还有望兼顾服务的标准化和个性化。

后记

做研究是个清苦的事儿，我却有着怡然自得的心境和不拘泥于职业生命的坦然，这应该是自由中比较高的段位，精神的自由，我喜欢，因此乐在其中。这本书能够有幸出版，也算是观察、研究服务业发展这些年，时间馈赠的礼物。

服务业是个"剩余型"的产业，是国民经济中除了工业和农业之外的"大杂烩"，包罗万象，纷繁复杂。在人们的固有印象中，服务业是中国经济发展的配菜，长期处于被动、边缘性的角色。瞧，在这个领域做研究，有点费力不讨好。有时候被问到研究的领域，我答：服务业。每每总能收到鼓励中带着安慰的眼神，但我还是满心欢喜又执着也笨拙地在这个领域观察了十多年，其实终不过就是我们每个人做选择的三要素：必要性、可能性和重要性。

我所在的机构——中国企业联合会从2004年开始，每年都会向社会发布"中国服务业企业500强"榜单。作为这项工作的负责人，做好这个研究属于KPI的范畴，这是必要性。也因此，我有幸能够走访大量企业、接触企业成长实践，参与一些政策的制定，见证了这些年服务业企业从无到有、从小到大、由弱到强的发展历程。另外，我的博士论文粗浅地对服务业企业的成长机制进行了研究，得出了一些有意思的结论。姑且这就算有了经验和理论的准备，这是把服务业研究透的可能性。

过去十五年，服务业发展日新月异，以每年一个百分点的速度贡献着GDP的增长，壮大成了中国经济的半壁江山。服务业自身不断迭代，传统服务被颠覆得支离破碎，而后又快速调整，拥抱新革命，新一代信息技术推动下的新兴服务业快速崛起，在一些领域形成了和欧美国家并跑的姿势，并成为中国经济升腾的重要力量。也因为技术的深度参与，我国服务业跑出了与发达国家同阶段的不同情形，在一定程度上解决了"成本病"难题。这些年，服务业一半海水一半火焰，大量鲜活的、奋斗的企业在成长着，成功或失败都是精彩。因此，尝试找寻服务业进步的力量，剖析服务业企业成长的密码，这是有价值且重要的事情。

尽管三性合一，但把格子爬好，却并不容易。再加上这是我独立出版的第一本书，心绪难免起伏，也颇在意是否能够给读者想要的东西。

龚自珍说，一代之治，即一代之学也。我想，首先，要做好服务业大发展浪潮的观察者，做好一批典型企业兴衰成败的记录者，这是一个研究者朴素的初衷。其次，这本书算是历经很多年，对自己持续关注领域的一次集中审视。沉浸式的调查，又能抽离出事物本身，提炼出有价值的观点，本就应该是做研究的追求，我也在尽力靠近。于是如大家所看到的，在对服务业企业风云变幻的铺陈中，这本书评述了技术、政策、资本和需求这些因素如何发挥作用，企业和企业家又是如何接招、布局的。最后，从时间这个最大变量上把握大势，站在今天看过去的跌宕起伏，站在未来看今天的应对之道，这就有了本书的篇章结构。

解决了内容和结构问题，很长一段时间内，我都很犹豫到底用什么样的文风。引人入胜的故事性叙事，还是报告式的呈现？前面几章，写了删，删了又写，持续了有近半年的时间。一次和新华社记者许晟聊起这个问题，他说"你写得舒服了，别人读起来才会舒服"。如梦初醒。清新明快的语言风格，是我擅长的。说到这儿，要特别感谢这些年来身边的媒体朋友，每每与他们交流，都是对话语体系重塑的过程，我也逐渐学会将学术研究转化为可读性的文字。

写作不仅是和读者的对话，也是和已有的研究者的对话，我在他们丰富的、有价值的成果基础上，努力往前迈出一小步。清华大学的江小娟，社科院的夏杰长、李勇坚，人民大学的宋华等都是服务业研究的前辈。栾笑语、王猛、韦三水、任泽平、仝思考等对零售、商贸、房地产、银行等行业的追踪和见地，虎嗅、雪球、亿欧等平台上很多作者对相关企业成长进行的白描，为本书提供了丰富的研究素材。吴晓波、陆新之等财经作家在企业史这个题材的写作中蹚出的宝贵经验，给了我很大的帮助。写作更是要和企业的伟大实践对话，感谢阿里巴巴、贝壳找房、找钢网、怡亚通、途远、住宅公园、弘阳、运满满等企业给予的帮助和研究机会。

终究，写作还是构建自我知识体系并将其升华的过程。全书从起意到成稿有两年的时间，中间几易其稿，一度要放弃。疫情期间，终于集中精力全部写完。最后看着全书二十多万字的心血，十五年的时间跨度，十几个大产业的变迁，一百多家企业的成长故事，内心确实有无限的充盈感。

在这个过程中，时有彷徨，能够坚持下来，要感谢的人很多。首先感谢我的先生任家河，当今的大环境，女性往前冲还是多少有一些障碍的，相识十余载，任先生带给我一份"进可攻、退可守"的自由度，让我可以任性时全情投入工作，也可以懒惰下来回归家庭。感谢父母、感谢马达，是你们给我的温暖和幸福，让我有足够的勇气去追求自己的梦想。感谢在我的求学生涯中遇到的恩师们，不但给了我谆谆教导，还有家人般的扶助。感谢中国企联的领导和同事给我以鼓励和支持。朱宏任会长不但为本书作序推荐，还为以后的研究提出了三步走的思路。感谢一众好友同窗帮我想办法，陪我聊天和吃抗焦虑火锅。

书籍出版是个非常专业的事儿，感谢资深出版人杨莹女士、孙庆生先生、刘刚先生、张明晰女士给予的点拨和指导。感谢顾光杰先生、陈楠女士、苏格女士对本书所倾注的心血。

作为一个30+的小姐姐，我关心成功也关心失败，关心要面对的那座山，更关心持续成长的路。这是我在服务业这个领域的第一本书，尽管研究和写作过程有种种不易，但相比于这个领域资深的大家，这本书是浅显的和入门的。好在我已经找到了方向，我会不断积淀，深度观察，继续剖析服务业企业的成长密码。

所有过往，皆为序章；所有将来，皆是可盼。

高蕊

于北京，2020 年 9 月 11 日

图书在版编目（CIP）数据

破局：中国服务经济15年崛起与突破之路/高蕊著. -- 北京：中国友谊出版公司，2021.6
ISBN 978-7-5057-5209-2

Ⅰ.①破… Ⅱ.①高… Ⅲ.①服务经济－经济发展－研究－中国 Ⅳ.①F726.9

中国版本图书馆CIP数据核字(2021)第067948号

书名	破局：中国服务经济15年崛起与突破之路
作者	高蕊
出版	中国友谊出版公司
发行	中国友谊出版公司
经销	新华书店
印刷	天津旭丰源印刷有限公司
规格	700×980毫米 16开 19.75印张 279千字
版次	2021年6月第1版
印次	2021年6月第1次印刷
书号	ISBN 978-7-5057-5209-2
定价	59.80元
地址	北京市朝阳区西坝河南里17号楼
邮编	100028
电话	（010）64678009

如发现图书质量问题，可联系调换。质量投诉电话：010-82069336